理科教育における化学工業教材の意義と変遷

郡　司　賀　透　著

風　間　書　房

目　次

序　　章

第1節　はじめに

本書は，日本の理科教育における工業に関する教材を対象にして研究を進めたものである。日本の理科教育における工業に関する教材の歴史性と社会性が明らかになっていない実態を踏まえて，工業に関する教材の歴史的な移り変わりを探ったものである。

なぜ，理科教材は新たに出現したり，掲載され続けたり，消滅したりするのだろうか。多くの理科教育関係者が，主たる教育内容を科学概念と捉えている。そのため，理科教育研究は一般に，科学概念をわかりやすく教えるための教材開発に直結しがちである。理科教育研究の中心的課題が，関連諸科学の知見を活かした教材開発にあることはいうまでもない。一方で，個々の授業づくりから目を転じてその事象を広く捉えるならば，これまでの学校教育における教材選択とその移り変わりが，教育関係者の意図と社会的背景から切り離されていないことも事実である。理科教材には歴史性と社会性があるはずだが，歴史的な移り変わりと特質を明らかにする研究が低調であったといわざるを得ない。

理科教材の種類はその背後にある科学の諸学問との関連において２つに大別することができる。１つめは，純粋自然科学に関する教材である。たとえば，「エネルギー」，「粒子」，「生命」，「地球」等々の基本的な科学概念をわかりやすく理解させる教材である。２つめが，本研究の対象である工業に関する教材である。工業に関する教材は社会に直結していて，教材内容は純粋自然科学に関するものに比べて変化を受けやすい。そこで，工業に関する教材に着目することで，理科教材の移り変わりとその特質を明らかにできるのではないかと考えたのである。とくに，高等学校化学では，純正化学[1]と化学工業が主要な教育内容・教材であって，化学知識，原理，法則のみならず，化学製品，化学物質，工業的製造法もまた教育内容・教材とされてきた。しかし，純正化学の学問の系統性といった，理科教育関係者のなかで，ある程度共通理解の得られた選択視点がある前者に比べて，後者の選択視点は明確になっていない。

日本の理科教育において，工業に関する教材はどのように移り変わってきており，その特質はいかなるものか。これまでの理科教育研究では２つのアプローチが試みられてきた。１つめが，日本の理科教材史研究および理科教育史研究である。２つめが，1980年代以降の欧米を中心にして進展した科学教育の歴史社会学的研究である。本研究は，これらの研究から多くの示唆を得ている。しかしながら本研究の目的を達成するうえで，以下の点において差異が認められる。

１つめの理科教材史研究および理科教育史研究においては，（1）個別史研究の必要性を認めながらも，工業に関する教材の移り変わりの解明にまで発展していない。（2）研究の目的を科学教育の発展の構造と論理の解明とするものの，考察対象が1970年代までに留まっている課題が認められる。

２つめの科学教育の歴史社会学的研究においては，（1）欧米を中心としたものであり，日本の実態に即した具体的な教材史とはいえない。（2）教育内容・教材の移り変わりを説明するモデルが多様であり，適用可能性とその限界に関する議論が少ないという難点を抱えている。以上の先行研究について，その水準を確定してから，日本の理科教育における工業に関する教材の移り変わりと教材選択の特質を明らかにする必要があると考えた。

理科教材史研究は，過去の資料を可能な限り収集して，教材変遷の歴史を解説する手法を採用している。たとえば，川教材などのテーマや単元に焦点を当てて，明治期以降の移り変わりを論述するなどしている。理科教育研究者ではないものの歴史社会学者のスコチポルによれば，歴史社会学には，3つの目的類型があるという[2]。すなわち，（1）歴史事象を説明すべく一般モデルを適用する，（2）有意味な歴史的解釈をすべく諸概念を利用する，（3）歴史における因果的規則性を分析することである。その事例は単一であったり，複数事例であったりする。

本研究においても，理科教材史研究の方法を参考にして，戦後資料を可能な限り収集して，教材変遷の歴史を調べている。とはいえ，理科教育研究においては，歴史社会学研究のような，工業に関する教材の移り変わりを示す一般モデルはみられず，有意味な歴史的解釈をすべく諸概念を利用するために，執筆者の意図に着目することにした。

それでは何故に，化学教科書における化学工業教材がこれまで本格的に研究されなかったのであろうか。その理由の1つとして考えられるのが，戦後の高等学校学習指導要領理科編には，化学工業に関連した教育内容がほとんど明記されていないことにある。そのため，高等学校化学教科書における化学工業に関する記述内容は，高等学校化学教科書執筆者によって，教材化されたものであって，化学工業教材の選択は高等学校化学教科書執筆者の判断であったと推察される。そのためか，高等学校化学教育における化学工業に関する教育内容，教材の移り変わりは学習指導要領レベルで論及されていても[3]，化学教科書の教材レベルでは論じられてこなかったのである。

とはいえ，教育学研究者や理科教育研究者が化学工業教材の選択視点をまったく議論しなかったという訳ではない。かつて篠原は，「指物工場，瓦斯工場，電氣工場等に於ける各物理的個體を取り扱ふ事によつて，之から次第に概念，法則を導く」という工業的製造法教材の視点を指摘していた[4]。また，吉本は，「結局日常身辺にみられる技術的応用物の無秩序な導入ということになり，その種類と量の膨大なこと，技術的製品の高度化によって理解の困難とあいまって，動きのとれない膨大な知識の注入ということになってしまい，それでは技術の基礎としてさえ役に立たない理科教育となってしまう」と懸念して，「科学の技術的応用への基礎のみに注目すると，ともすると科学的法則の教条的注入に走ったり，いたずらに応用技術の先端との関係のみに注意して，基本的理解を十分与えることに焦燥を感じてこれを排除するかのように見える」とした[5)]。板倉は，「理科は自然科学を教える教科であるという命題は，それが文字通り理解されるとき，重要なまちがいをひきおこすおそれがあることに注意しなければならない。単純に，理科は自然科学を教える教科であると考える人々のなかには，しばしば，技術を科学の産物としてのみとらえ，科学の所産としての技術の教育の意義は認めるが，〈科学教育に先行する，あるいは独立するものとしての技術あるいは特殊な法則性〉についての教育の意義を認めない人々が少なくないからである。（略）体系的な理論に基づく，一般的な法則によってとらえられなくとも，〈特殊ではあってもきわめて有用な法則性を見いだすことができればそれを技術として有効に利用することができる〉という知識と展望を与えるのも，理科教育の一分野として認めなければならない」と持論を展開している[6)]。

このように，教育学研究者や理科教育研究者が以前から理科教育における工業的教材選択の視点を指摘してきた事実から，理科教育には実践の場におけるノウハウの集積があったのかもしれないけれども，その体系化が図られているとはいい難い状況にある。さらに，日本の理科教育における化学工業教材の移り変わりを解明してその特質を明らかにする本研究は，今後の高等学校理科カリキュラム編成を考えるうえでも求められているのである。

たとえばOECDは，理科教育，数学教育，技術教育の相互関連強化を力説して，具体的なカリキュラム編成法を提案した[7)]。OECD以外にも，理科と他教科，他領域を統合したり関連づけたりするカリキュラム編成法が提案されて，理科教育と技術教育の相互関連を強化する議論がみられ，第1章でも論じるように，実践報告もいくつかなされている。Hofsteinほかは，高等学校化学の普通教育課程に化学工業を組み入れるねらいを，以下の4点に要約した[8)]。すなわち，（1）基本的な化学的原理の工業化学への応用を提示する，（2）社会経済に対する化学工業の重要性を例証する，（3）化学工業の確立に密接に関連する技術的経済的環境的要因の基本的知識を育成する，（4）地域の化学工業の直面したいくつかの問題，たとえば工業プラントの設置場所，原材料と労働力の供給を探究するなどである。とはいえ，このようなねらいは直ちに日本の理科教育に適用し得る訳ではなく，理科教育と技術教育の相互関連を議論するにあたっては，日本の理科教育における工業に関する教材の移り変わりを明確にする必要があるといえる。

理科教育と技術教育との関連は，以前から議論されてきた。たとえば，文部省初等中等教育局職業教育課の関係者は，ある教育団体の全国研究大会において，理科教育関係者の間で，理科教育を「あぶらくさい」教科にすれば，技術・家庭科に含まれるような内容はほとんど解消されてしまうから，技術教育は不必要であるという結論に達したことに，危惧の念を抱いていた。彼によれば，「技術は自然科学の応用である」とする前提こそが誤りであり，自然科学を生産に応用するためには，まず何らかの生産目的を前提としている「技術学」に媒介する手続きがあるというのである。また，科学技術教育は「創造的，実証的な思考方法を発達させ，適応能力を伸ばすことに重要なねらいがあるので，こうしたねらいを十分に発達するためには，直観し推理し，あるいは実験し観察するなどの科学的方法だけでは不十分で，生産的実践を通して自然科学的な法則や技術学の主要法則を認識することが大切である」と提起していたのであった[9]。

そのテーマは，技術教育から理科教育への提言にあって，本研究における理科教育における工業に関する教材の移り変わりを対象にしたものではない。理科教育における工業に関する教材に関する研究は進んでおらず，その変遷に至っては本格的な研究が着手されていないのが現状である。

第２節　研究の目的と方法

前節の冒頭で述べたように，本研究は日本の理科教育における工業に関する教材を対象にしたものであり，研究目的を２つ設定する。第一に，日本の理科教育における工業に関する教材の移り変わりを典型事例に即して明らかにすることである。第二に，工業に関する教材の移り変わりに影響したと考えられる理科教育関係者の意図だけでなく，化学工業の動向と環境問題の顕在化に焦点を当てて，工業に関する教材の歴史的な特質を明らかにすることである。日本の理科教育における工業に関する教材の移り変わりを典型事例において調べるにあたって，事例を選ぶ基準とその根拠を論じることとする。

事例を選ぶ基準づくりにあたって，背後にある親学問に着目した。物理学，化学，生物学，地球科学の学問領域のなかでも，とりわけ化学には，基礎研究と応用研究が密接に関連して発展してきた歴史がある。この歴史的背景を踏まえて，化学の応用である化学工業に関する教材が特徴的な移り変わりを示すと考えた。学校段階でいえば，科学の専門性が最も現れる高等学校を対象とすることにした。多くの化学工業教材のなかから，典型事例を選び出すための基準として，以下の２つの基準を設けた。１つめの基準が，教科書において特異的な移り変わりのパターンを示しているものである。そのパターンとは，教科書において出入りの多いもの，新たに登場したもの，ほぼ変わらずに安定的に掲載されているもののいずれかである[10)]。２つめの基準は，１つめの基準を満たしつつ，化学工業界において当該工業が特徴的な位置づけにあるものである。化学工業には，新規性が高く評価された工業製品，関連産業の中間物質や基幹物質を合成する製造法，あるいは化学工業外部の要因によって製法転換を余儀なくされた製造法など，さまざまな工業製品，工業的製造法が存在する。このように，典型事例を選ぶ基準は，一般性よりも特異性に着目したものとなっている。

研究方法は，理科教科書，教師用指導書および学習指導要領（「要項」および「試案」を含む）の記述内容，学習指導要領解説，関連する教育雑誌の記録および各種議事録の内容分析に基づいている。基本的な分析視点の１つは，理科教科書執筆者の意図を探ることにある。教材選択の意図を探るため，必要に応じて教科書執筆者に対するインタビュー調査およびアンケート調査も並行して行っている。また，産業界の動向を探るため，各種白書の統計データ，業界関連雑誌等々の資料における記事内容も手がかりにしている。学習指導要領の規定構造について，貝塚は以下のように述べている[11)]。

> これまで文部省（現在の文部科学省）が学習指導要領を作成するにあたっては文部大臣（現在の文部科学大臣）がその諮問機関である教育課程審議会に対して教育課程の基準の改善についての諮問を行い，これを受けた教育課程審議会がこれについて審議する手続きとなっていた。
>
> 教育課程審議会の答申を受けて，学習指導要領を作成する仕事は，文部省の初等中等教育局及び体育局が担当することになっていたが，その実際の作業は，「学習指導要領作成協力者会議」において検討されてきた。ここで作成されたものが文部省の省議を経た上で文部大臣によって決定されたものが，「官報」に告示されるという流れになっていた。
>
> しかし，2001（平成13）年１月６日の省庁再編によって，これまでの学習指導要領の作成の手続きは変更された。同日に施行された中央教育審議会令によって，これまでの教育課程審議会は廃止され，学習指導要領の作成に関わる教育課程審議会の役割は，中央教育審議会の中に新たに設けられた初等中等教育分科会教育課程部会の所掌事務として引き継がれた。

なお，衆議院会議録第28回国会文教委員会第12号における当時の文部事務官（初等中等教育局長）・内藤譽三郎氏の答弁にもあるように，教育課程審議会の議事録については，「部内の会議で，発言の自由ということもございますし，またこれは速記を入れておりません。要領筆記のような程度はやっておりますけれども，これはかえって誤解を招くおそれがあるから，教育課程審議会としては，正式に答申した答申案以外には外部に出したくないという決議をいたしておる次第でございます」[12]とあるように原則非公開のため，その入手が困難であった。

研究方法としては，主として，以下の研究の手順を踏むことにした。

（1）典型事例を選出して高等学校化学教科書における化学工業教材の変遷を調査する。

（2）高等学校化学教科書執筆者に必要に応じて質問紙調査とインタビュー調査を行い，事例とした教材の選択の意図を分析する。並行して，教師用指導書の内容分析も行う。

（3）主として文献調査により，化学工業教材の技術的社会的背景を調べる。

研究方法について３点補足したい。１つめが，化学教科書における化学工業教材の取り上げかたについてである。写真 0-2-1 は，化学教科書に掲載された鉄鋼業教材を例示したものである。本事例の場合，鉄の用途（自動車，橋，工作機械，レール，くぎ）が具体的に示されており，溶鉱炉で鉄鋼石から鉄が連続的に大量生産される仕組みが化学反応式とともに示されている。この製法は，化学教科書において「工業的製法」として示されることが一般的である。「工業的製法」に対して，高等学校の理科実験室で少量の原料から金属鉄を得る製法は「実験室的製法」と呼ばれている。代表的な化学物質の場合，一般的に，両方の製法が解説されている。「酸素」が，過酸化水素水を二酸化マンガンで分解する（実験室的製法），水を電気分解する（工業的製法）と記述されていることがその好例である。

２つめが，高校の他教科における化学工業教材の取扱いである。生徒の化学工業に関する学習は，学校教育全体を通して展開することから，他教科における教材の取り上げ方をみれば，理科における当該教材の特徴がより鮮明になるものと思われる。

しかし，戦後発行の高等学校教科書における化学工業教材の移り変わりを全教科について網羅することは困難であるため，鉄鋼業教材を事例にして，社会科，工業科に限定して，教材の選択に影響する，高等学校学習指導要領の「鉄鋼業」に関する記述内容を調べて，他教科における鉄鋼業教材の移り変わりを例示することにする。

1951年度版『中学校高等学校学習指導要領社会科編（試案）』には，高等学校１年の学習単元「われわれの国の経済は，どのようなしくみによって動かされているか」の活動例に，第一次世界大戦中の生産の発展に関する調べ学習などが具体的に示された。同年度版『高等学校学習指導要領工業科編

2　鉄

鉄は，自動車，橋，工作機械，レールからくぎにいたるまで，さまざまなところで使われ，身のまわりの金属の90％以上を占める。

鉄は鉄鉱石（主成分 Fe_2O_3）を原料として，溶鉱炉（高炉）を用い，コークスと酸素から生じる一酸化炭素と反応させて製造する。▶▶▶口絵⑯

$$Fe_2O_3 + 3CO \longrightarrow 2Fe + 3CO_2$$

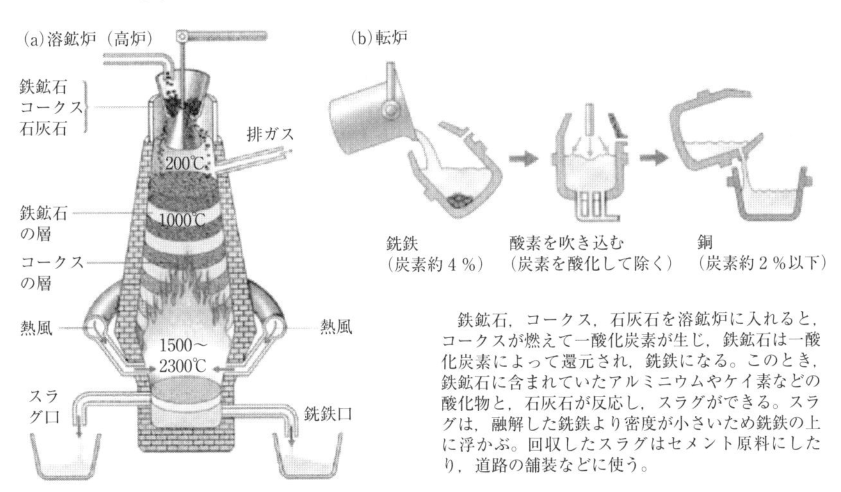

写真 0-2-1　化学工業教材の一例（鉄鋼業教材）

【出典】白石振作ほか（2004）：『化学Ⅱ』，大日本図書，110頁。

(試案)』の「採鉱課程の指導計画」には，５つの学習内容・活動（採鉱，鉱物・地質，選鉱，鉱山測量，実習）が示された。

1956年度版高等学校学習指導要領社会科編には，日本の資本主義経済の成立とその発達の過程，近代産業の取扱いが示された。同年度版工業科編には，「採鉱に関する科目」が14（実習，製図，採鉱，選鉱，地質鉱物，火薬，鉱山保安，石油，鉱山機械，鉱床，工業分析，測量，土木施工，鉱業法規），「冶金に関する科目」が11（実習，製図，金属製錬，電気冶金，金属材料，加工冶金，炉・燃料，金属組織，工業分析，選鉱，地質鉱物），各々設けられた。鉄鋼業に関連する科目は，戦後の高等学校学習指導要領工業編において最多であった。

1960年度版高等学校学習指導要領社会編には，「地理Ｂ」の内容に，「鉱工業」が示された。同版工業編には，12の鉄鋼業に関する科目（採鉱実習，採鉱，選鉱，地質鉱物，火薬，鉱山保安，石油，鉱山機械，鉱床，探査，鉱業法規，や金実習）が示された。1970年度版高等学校学習指導要領には，「地理Ａ」の内容に，引き続き「鉱工業」が示された。同年度版工業編では，鉄鋼業に関する科目が，７つ（地質工学実習，地質工学製図，地質工学Ⅰ，地質工学Ⅱ，地下資源開発，火薬）に集約された。

1978年度版高等学校学習指導要領には，「地理」の内容として，「鉱産資源の開発と需給」が示された。同年度版工業編には，鉄鋼業に関する科目は３つ（金属製錬，金属材料，金属加工）に厳選された。

1989年度版高等学校学習指導要領には，「地理Ｂ」の「生活と産業」において，「産業の立地と地域の変容」，「産業の国際化，情報化と地域分化」が示された。また，「日本史Ａ」に，「近代産業の発展と国民の生活」などが示された。同年度版工業編には，金属の精錬を取り扱う「材料製造技術」，鋼と鋳鉄を含む「工業材料」が設けられた。1998年度版高等学校学習指導要領には，「日本史Ｂ」の内容に，戦後の経済復興，技術革新と高度成長，経済の国際化など日本経済の発展と国民生活の向上について考察させる「経済の発展と国民生活」が示された。また，「地理Ｂ」の「現代世界の系統地理的考察」には，世界の資源・エネルギーや農業，工業，流通などから系統地理的に捉える視点や方法を学習するのに適切な事例をいくつか取り上げ，世界の資源，産業を大観させる「資源，産業」の項目が設けられた。同年度版工業編には，金属製錬を含む「材料製造技術」，鋼と鋳鉄を扱う「工業材料」，鋳造を学ぶ「材料加工」などがあった。以上の通り，戦後の高等学校学習指導要領では，理科・化学以外の教科・科目でも，鉄鋼業に関する記述内容があり，学校カリキュラム全体における鉄鋼業に関する学習の重要な位置づけを認めることできた。社会科が，鉄鋼業の発展過程を地理的歴史的視点から取り上げる一方で，工業科では，実習や鉱業法規までをも含み込む実践的な内容になっていた。

3つめが，学習指導要領の作成に影響を与える審議会の答申内容である。審議会レベルで産業界の高校理科教育への要望がみられた1950年代後半から1960年代前半の答申を調べたものの，化学工業に関する教育内容・教材にまで具体的に踏み込んでいた答申はなかった。国民所得倍増計画の実現を目指した1963年の経済審議会の答申である『経済発展における人的能力の課題と対策』の「中等教育の完成と職業教育訓練体系の整備」において，「普通高校における技術教育」を報告しているものの，1960年代に導入されたいわゆる高校のコース制に関する言及に留まるものであり，具体的な教材選択のレベルではなかった。同答申が出される前から，コース制の導入を提言していた，1957年の中央教育審議会答申『科学技術教育の振興方策について』では，「高等学校および中学校の卒業者は，上級学校へ進学する者と直ちに職業または家事に従事する者とに分かれる。進学者については，特に基礎学力の向上が望まれ，就職する者については初級の技術者・技能者としての資質の向上が切望されている。このためには，高等学校および中・小学校を通じて，基礎学力ないし科学技術の基礎である数学（算数）・理科教育等を強化するとともに，高等学校においては産業教育，中学校においては職業に関する基礎教育を強化する必要がある」と認識されていた。しかし，「教育内容および教育方法の改善」は，「内容を精選して基本的・原理的事項が系統的にじゅうぶん学習されるようにする」，「進路指導をいっそう強化する」といった包括的レベルに留まるものであった。付言すれば，1966年の中央教育審議会答申『後期中等教育の拡充整備について』の「高等学校教育の改善」でも，普通教育を主とする学科および専門教育を主とする学科を通じ，学科等の在り方について教育内容・方法の両面から再検討を加え，生徒の適性・能力・進路に対応するとともに，職種の専門的分化と新しい分野の人材需要とに即応するよう改善し，教育内容の多様化を図るとされたに過ぎず，教材選択のレベルまでは到達していなかった。

なお，「化学」の履修者が高等学校卒業後，どのような進路をたどるかについて明確な調査はみられなかった。しかし，国立教育政策研究所プロジェクト『中学校・高等学校における理系進路選択に関する研究』によれば，2011年の段階で，「化学Ⅰ」は文系大学進学者の77%（大学志願９割以上の普通科高等学校），60%（大学志願９割未満６割以上の普通科高等学校），70（大学志願９割未満６割以上の普通科高等学校），77%（大学志願３割未満の普通科高等学校）が全履修または選択履修している。「化学Ⅱ」は，同順で，25%，18%，31%，32%である。理系大学進学希望者については「化学Ⅰ」が，100%，98%，97%，90%，「化学Ⅱ」については，98%，98%，93%，68%の履修率であった。このように，大学進学希望者の多くが「化学」を履修する実態がある[13)]。

以下，本書の章構成を述べる。第１章は，理科教育学における工業教材史研究の動向をまとめたものである。はじめに，第１節では，理科教材の「変化」の原因について，理科カリキュラム論における先行研究から整理・分析した。各々のアプローチの利点と課題を指摘し，本研究では，教科書執筆者の意図に着目して，実証的にアプローチすることを論じた。第２節では，日本の高等学校化学教科書における化学工業に関する教材の選択について，内的条件として教科書執筆者の意図とすること，また，産業構造や社会動向を外的条件として調べることの理由を述べた。第３節では，数多くの化学工業教材から，典型事例を選び出す基準を２つ説明した。１つめの基準は，化学教科書において特徴的な移り変わりのパターンを示すものである。そのパターンとは，ほぼ変わらずに安定的に登場しているもの，教科書において出入りの多いもの，新たに登場したもののいずれかである。この基準は，永田が教材変遷のパターンを理科教材の「断絶と復活」と表現したことに基づいている。２つめの基準は，１つめの基準を満たしつつ，化学工業界において，以下の特徴のいずれかを満たすものである。第一に，化学工業界において基幹産業と呼ばれているものである。化学工業には，生徒が普段見聞し得ないような素材を製造する側面がある。日常生活や環境問題とは異なり，生徒の生活世界と関わりの希薄な化学工業に関する教材を選ぶ点において，教科書執筆者の意図が明らかになると考えたからである。第二に，公害問題の発生と環境問題の顕在化の影響を受けて発展した，環境低負荷型の化学工業である。この基準は，公害問題の発生と環境問題の顕在化が1970年代における化学工業のイメージを激変させたことに起因している。社会全体における化学工業のイメージの悪化は，高等学校化学のイメージ変化と深い関係があるので，教科書執筆者の意図が瞭然たるものになると考えたからである。第三に，高付加価値型の化学工業である。これは，安価な原料をもとに高い機能性を有する材料を開発する，日本の製造業の特徴をもとにしている。将来の化学工業像を考慮する点において，教科書執筆者の意図が鮮明化するのではないかと考えたのである。このように，９通りの組み合わせから典型事例を選出し，教材の変遷を調べた。いうまでもなく，各々の事例は，完全には独立していない。たとえば，環境問題の影響を受けた基幹産業があれば，ある製造法が公害問題を発生させたこともある。第２章から第４章までの各節は，１つの主題に関する研究を記した，モノグラフのような形式をとるものの，教科書執筆者の意図の解明を基軸にして，相互に密接に関連したものになっている。

第5章では，第2章から第4章までの事例分析を踏まえて，工業に関する教材の歴史的な移り変わりとその意義を論じている。

第3節　本研究で用いる「化学工業教材」の定義と具体例

本節では，本研究の主題である「化学工業教材」を定義して，具体例を挙げて説明する。その後，定義と具体例を踏まえながら，「教育目的」，「教育内容」および「教材」の違いを論じる。

理科教育研究者のなかで，「化学工業教材」の意味は必ずしも明瞭ではなく，共通の理解に達しているとはいい難い状況にある。たとえば，国会図書館雑誌記事索引データベースを使って「化学工業教材」を検索したり，ERIC を使い“teaching materials”および“chemical industry”で検索したりしても，当該用語をタイトルに含む論文をみつけることはできない[14)]。この用語は，理科教育界において一般化されているとはいい難いのである。

そのため，当該用語の明確化に向けて，まず「化学工業教材」を「化学工業」と「教材」に分けて，各々の意味を明らかにする。そのうえで，2つの意味を連接する手順で定義づけを行うことにする。

はじめに，「化学工業」の意味を明らかにする。明治以来，化学工業関係者の間でも，当該用語の意味の不明確さが繰り返し指摘されてきた。インプットとしての原料物質に着目するのか，製造工程で分類するのか，あるいはアウトプットとしての製品（その製品が中間物質となり，他製品の原料物質になることも多い）で見分けるのかをめぐって，論者によって差異が認められた。明治以降に出版された各種書籍・辞典等に示された語義を探ることにしたい。

明治期に，一般市民を対象に発行された『工業大意』によれば，「化学の理論を応用して種々の物品を製造するは古昔より不識不知の間になせし事も夥多あれども晩近化学の進歩せしに従ってこれが応用するもその論理と相伴って長足の発達をなし，現今化学工業の数は一々これを枚挙することができず硫酸，アルカリ，瓦，煉化石，セメント，玻璃，陶磁器，飲食物，石炭，瓦斯，染草，絵具，染色，織物，紙，砂糖，薬品，鞁皮，石鹸，香油，香水等は化学工業の一端なり」[15]とある。当時の化学工業には，従前の伝統工芸に，西欧から輸入された最新の化学工業が加わって，新旧の技術が混合していた。同書では，製品に注目した分類がなされていた。

続いて，大正期に一般市民を対象に発行された『化学工業大勢講話』には，「ある工業品を製造する工程において，変形作業と変質作業との中，何れかが技術上最も困難で，その工業の使命を制するかということによって，変形工業品（機械工業品）たるか，変質工業品（化学工業品）たるかを分類するのが実際上至当である」[16]と記されていた。同書では，「変形」と「変質」という物理変化，化学変化に着目して，製造工程と製品の２点から大別を試みていた。しかし，著者が「化学工業品として採択し，又は化学工業品中より除外した物も，他の人から見れば自ら多少の異論は免れまい」と付言していたように，やはり化学工業関係者の間で，共通見解に達してはいなかった。

上述の２つの書籍にもあったように，アウトプットとしての製品から化学工業を分類する試みはポピュラーであったといえる。明治期の化学工業を大正期に回顧した『明治工業史化学工業編』に列挙された化学工業の項目は以下の通りであった。すなわち，「木炭，石油工業，石炭乾溜工業，染料，繊維素工業，染色工業，酸及びアルカリ工業，窯業，油脂工業，顔料，塗料，漆及び漆器，護謨（ゴム），樟脳，薄荷，皮革工業，人造肥料，澱粉，砂糖，塩業，寒天，醗酵工業，清涼飲料水，香料，香油及び化粧品，写真，燐寸（マッチ）工業，医療薬品，電気化学工業」[17]であった。電気化学工業を除けば，化学の理論を応用した日常品を生み出す工業が取り上げられていた。なお，電気化学工業は，グリセリン，皮革に似せた擬革，液化ガスに関する工業とともに同書の出版された大正期に急速に発展したものであった[18]。

いわゆる科学戦と呼ばれた第一次世界大戦を経て，第二次世界大戦を迎えた時期に発行された『化学工業大辞典』によれば，化学工業の意味は以下の通りであった。明治・大正期に比べて概念が整理されていて，製造工程にも関心が集まっている点が，従前の定義とは異なるものであった。

> 化学工業とは原料に施すべき諸工程において化学的処理が重要必須なる要素を成すところの工業をいう。詳しくいえば，1種または1種以上の原料に主として化学的操作を施し，1種以上の製品または副産物を製出し，それらが原料に比して一層価値ある物品となる場合には経済的に有利となる。かかる工業を化学工業と称するのである。化学工業のうちには，3大別がある。（1）単に原料中の不純物を除去して製品に仕上げる工業，（2）原料と製品とは全く異なるものを製する工業，（3）原料と製品とは同一物質であるが，非常に複雑な化学的方法を施して初めて製品に仕上げられるものである。化学工業の種類は，広義に解釈すれば，製薬工業，冶金工業，農芸に関する工業等もまた化学工業に属すべきものであるが，便宜上これらは化学工業の間から除去することが普通である。また化学工業はその範囲において各国政府でそれぞれ差異がある。ただし普通学術的の化学工業と範囲として取り扱う部門は次の如くである。「（A）無機化学工業に属すべきもの」として，「酸，アルカリ，及び肥料工業」，「無機工業，薬品工業」，「圧縮ガス工業」，「窒素固定工業」，「電爐工業」，「窯業（珪酸塩工業）」，「顔料工業」，「爆発物工業」，「冶金工業」，「電熱工業等」である。「（B）有機化学工業に属するもの」として，「石炭乾溜工業」，「タール工業」，「染料，染色及び染織工業」，「石油工業及びアスファルト工業」，「木材乾溜工業」，「油脂，塗料工業」，「芳香油，樹脂及びゴム工業」，「革及び膠（にかわ）工業」，「製紙工業」，「セルロイド及びフィルム工業」，「人造絹糸工業」，「製糖工業」，「澱粉工業」，「醸造工業」，「有機工業，薬品工業」，「食品及び栄養剤工業」，「爆薬及び化学兵器工業」，「医薬品工業」，「農業薬品工業」[19]。

同書の定義によれば，戦後の高等学校化学教科書には一貫して登場している製薬工業，冶金工業および農芸に関する工業は，この時点ではまだ含まれていない。なお，戦時体制ということもあってか，「爆薬及び化学兵器工業」が化学工業に含まれていた。

戦後発行の『化学大辞典』によれば，化学工業は「化学的処理が工程の重要な要素をなす生産工業。統計上分類するとき，化学工業は鉱工業または製造工業の中に含められ，普通鉄鋼業，窯業，石油石炭製造業，ゴム工業，紙パルプ工業などと並置されている。この分類法では，化学工業はその製品が化学反応によって得られるものだけに限定されているようにみえるが，一般にはもっと広く解釈して，上例のような化学的処理を加えるものを含めた製造工業を化学工業の範囲に入れるのが普通である。実際にも，石油化学，合成ゴム，合成繊維などの発達により，この間に境界線を引くことは不可能になっている。（略）化学工業はその主要な工程中に化学反応または物質移動を伴い，操作中に物質内の化学結合の変換，物質分子の他の相への移動が行われるのが特徴である。これらの変化を利用して，原料とかけ離れた物理的性質または化学的性質をもった製品をつくり出して各種の用途に供しようというのが化学工業の目的である。したがって，化学工業の原料，中間体，製品の種類は全く無数であり，工程中の温度，圧力などの操作条件もきわめて広範囲にわたっている。化学工業およびその技術の系統的な考え方がきわめて困難であるのは全くこの多様性にある」[20]とされた。製造工程に着目しつつも，多様化が進み，「化学工業および技術の系統的な考え方がきわめて困難である」という表現になったのが特徴的であった。

最近の『化学大辞典』によれば，化学工業は，その生産の主要な工程に化学反応などの化学的過程を含み，化学製品を製造する工業であり，化学工業を他産業と比較して際立つ第一の特徴は，装置を中心に生産されることにあるという。また，第二の特徴は，原料と製品の関係の多様性である。化学工業の製品の製造する方法は１通りではないことが多い。化学反応は分子中の原子配列に変化を与えることであり，したがって異なった原料から出発しても，化学反応を選択することにより，同一の製品（化合物）を得ることができる。化学工業の範囲はきわめて広範であり，またこれを分類することは大変困難であるが，化学工業の製品を基準にした分類によると，26種類が示されているという。このように，化学工業の製品は非常に多岐にわたっており，この傾向はさらに強まると考えられている。それは従来の素材を大量に安価に提供する型の産業から，より精巧な高度に知識集約的な産業への転換を化学工業が志向しているからであるとされた[21]。

渡辺・林は,「化学工業は，地球上のある資源に，特定の条件のもとで化学反応を起こさせしめ，人間の生活に必要なさまざまの新しい物質をつくりだす工業であるわけであるが，その過程で，原料となる特定の資源はもとより，エネルギー，水などの消費率の高い産業である。すなわち，化学工業は本来的に資源・エネルギー多消費型の産業である」[22]とした。彼らの定義はアウトプットである製品とプロセスである化学反応を両立させた包括的なものである。包括的な定義は,「化学産業は，様々な原料から，様々な目的のための，様々な製品を，主として，化学技術を用いて製造する産業。ただし，鉄鋼のように，別途分類されるものは除く」[23]という記述にも現れている。アウトプット（製品）としての化学工業の定義を考究すると，化学工業界においても統一的な見解が存在しないことがわかる。このことは，日本化学工業協会が作成したパンフレットのなかに典型的に現れている[24]。以下に，その一文を引用する。

> 化学工業は，世間一般の方から「分かりにくい産業」とよくいわれます。化学工業は一般の方にとってイメージしにくい産業であると同時に，さまざまな定義や分類があるため，同じ化学工業という言葉でも表す対象（内容）が異なることがよくあり，関係者にとっても「分かりにくい産業」であるかもしれません。（略）化学工業は，包括的にはこのように定義される産業であるため,「化学技術」を主に使用する製造業のうち，何を“用途分類”として取り扱うかによってその内容が変わってきます。（略）公にされている国の統計でも，省庁での作成・使用目的等の違いによって，化学工業の定義が異なることがあります。例えば，財務省の貿易統計では，国際条約で統一された分類を使用しているため，合成ゴムや化学繊維，写真用映画用材料が「化学工業」から抜け，放射性元素が加わっています。（略）一方，日本標準産業分類の上では，化学工業の川下産業として別途分類されている「プラスチック製品製造業」と「ゴム製品製造業」を化学工業に含める分類法もあります。

上述のように，論者の分類の仕方によって，化学工業の意味範囲は変わるものである。最新の経済産業省生産動態統計では，化学工業には，以下の製品が列挙されている。すなわち，「アンモニア，複合肥料，か性ソーダ，塩素ガス，液体塩素，酸化チタン，カーボンブラック，硫酸，自動車排気ガス浄化用触媒，酸素ガス，窒素，純ベンゼン，純トルエン，キシレン，パラキシレン，スチレンモノマー，フェノール，テレフタル酸（高純度のもの），カプロラクタム，ジフェニルメタンジイソシアネート，エチレン，エチレングリコール，二塩化エチレン，プロピレン，ポリプロピレングリコール，合成アセトン，アクリロニトリル，合成ブタノール，ブタジエン，ポリエチレン，ポリスチレン，ポリプロピレン，フェノール樹脂，エポキシ樹脂，ウレタンフォーム，メタクリル樹脂，酢酸ビニル（モノマー），ポリビニルアルコール，塩化ビニル樹脂，ポリアミド系樹脂成形材料，ポリカーボネート，ポリアセタール，ポリエチレンテレフタレート，合成ゴム，浴用・手洗用石けん，合成洗剤，柔軟仕上げ剤，非イオン界面活性剤，シャンプー，ヘアリンス，染毛料，洗顔クリーム・フォーム，クレンジングクリーム，モイスチャークリーム，乳液，化粧水，美容液，ファンデーション，溶剤系合成樹脂塗料，水系合成樹脂塗料，印刷インキ」[25]である。

以上，日本の化学工業の定義を検討してきた。その結果，インプットとしての原料物質，アウトプットとしての製品に着目するのか，それとも化学変化，操作，技術といったプロセスに着目するのかによって，あるいはいくつかの要素を総合的に勘案するのかによって，定義が異なっていることが認められた。この状況を踏まえて，本研究では，包括的な定義である「多様な原料を使用し，生産の主要な工程に化学反応などの化学的過程を含み，化学製品を製造する工業」に依拠することとした。この定義を採択すれば，高等学校化学教科書における多様な化学工業教材を網羅することが可能になるからである。

化学工業の意味を定義づけたことから，つぎに，「教材」の意味について考える。先行研究である『日本理科教材史研究』のなかで，永田は次の研究上の難点を指摘していた[26]。理科教材史研究という新しい分野の研究を進めるにあたって，具体的な教材に焦点を当ててその歴史を調べると，とたんにその方法論に関わる困難な問題にでくわすことになる。それは，理科教材とは何を指すのかという問題である。そもそも理科教材の歴史とはいっても，その教材の意味するもの・範囲が人や時代によって異なっているというのである。彼は，教育学および理科教育学関係の辞典・辞書・著作などをもとにして，3つの「理科教材の捉え方」をまとめたのであった（表0-3-1）。

これらの3つの異なる目的とそれに応じた内容，方法があり，①の目的・目標を選択すれば，基本的にはそれに対応した内容と方法がとられることが多い，という。表中の列で区分した，①→①'→①''，②→②'→②''，③→③'→③''の組み合わせからなる3種類の教材の捉え方が多いと彼は指摘した。しかし実際には，目標と内容，方法の立場が入れ換えられることで，少なくても機械的には27通りの教材の捉え方があるとした。この表をもとにして永田は，教育目標・内容を重視して教材をみるか，教える手段としての教材に重きを置くか，つまりソフトに重きをおくかハードに重きを置くかによって，教材の意味に違いがもたらされるとした。たとえば，前者は教科書の記述内容やプリント内容，教師が行う発問・課題など無形のものを中心にして教材とし，後者は実験・観察する対象あるいはそれらにおける器材や薬品，

表0-3-1　永田の提起した「理科教材の捉え方」と教育目的・内容・方法の違い

（1）教育目的	①自然物・現象の事実	②科学上の概念・法則	③科学・生活の方法
（2）教育内容	①' 自然の事物・現象についての概念・応用	②' 物・現象をもとに概念・法則をとらえる	③' 知識よりも操作・方法・態度
（3）方法・組織，素材選択の基準	①'' 物・現象間のつながり，科学上の順序は従	②'' 科学上の順序性，選択する素材は従	③'' 生活などによる系統，概念・法則と自然物・現象は従

【出典】永田英治（1994）：『日本理科教材史』，東京法令出版，53頁。

教具をさすことになる。

この表を使って，化学工業教材の分類を試みると，化学の応用という点において，①自然物・現象の事実→①'自然の事物・現象についての概念・応用を満たす一方で，そのプロセスに化学平衡など，主要な化学概念が含まれるため，②科学上の概念・法則→②'物・現象をもとに概念・法則を捉える，とも関わりが深い。しかも，化学製品の浸透する現代社会において生活するために必要なものも多く，③'知識よりも操作・方法・態度→③''生活などによる系統をも含み込んでいる。この分類では，化学工業教材の概念規定が難しくなってしまう。

稲田は，戸北によるメディア別の教材区分を参考にして理科教材を，4つ（活字教材，現実教材，モデル教材，視聴覚教材）に分類した[27)]。この分類に従えば，活字教材は，「視覚を通して情報を得る印刷された教材で，自然科学に関する用語や概念が，活字によって共通の表現で示されるため，学習のまとめとして利用するのに適している。その代表である教科書は，学習指導要領を忠実に実現する配慮がなされているため，一定の学習基準をなし，教材として欠かせない」とされた。また，現実教材は，「形のあるもの，姿を示す現象，機械，器具といった観察や実験の対象となる現実の実物の教材である」と分類された。モデル・模型教材は，「実物を観察しにくいものや抽象的な概念に関して，モデルを利用することで具体的なイメージを得ようとする」ものとされた。視聴覚教材は，「視覚または聴覚，あるいはその両方に強く訴えることにより学習効果をあげることを期待する教材である。スライド，OHP，VTR，DVD，コンピュータソフト等のほかに，絵や図表，写真等も含まれる」ものである。

本分類によれば，教科書は教材として欠かせないものであるとされ，その考えは理科教育研究者だけでなく教育学研究者でも共通に理解されている。たとえば，教科書教材について，中内は次のように述べている[28)]。

> 教科書は，学校教育では教材のもっとも主なものである。また，そのあり方をめぐって，各時代の為政者や知識人が深く関心を示してきた教材である。教科書に対して知識人だけでなく政治指導者層の関心が高かったのは，その素材になる文字文化が官僚制（広い意味での）に結びついていたからにほかならない。
> そういうわけで，官僚制の発達しているところでは，教材といえば書きことばだけを考えがちである。たしかに，読本は子どものためのものだ。しかし，教室を出れば子どもには遊びの世界がある。遊びは子どもの「世界認識の方法」である。読本もふくめて，教材は，子どもが世界を認識するときの媒介物として考案されてきたものであるといってよい。そうだとすると，遊びもまたひとつの教材である。ただ，この教材は，教科書と違って，映像文化や手労働や話しことばの文化を主な素材とする。

中内は，教材を「大人と子ども，あるいは子どもと子どもがつくりだしている教育関係のなかに登場し，教育の媒介となるすべての文化財」であると捉えていた。また，教材・教具の社会性について，「教材・教具の研究と適用は，その当事者に意識されている次元では，人間の観察力，注意力，直観性，思考力，形態知覚，そしてこれらをささえる言語能力の発達や，理解，習熟の進化などに果たすその役割という観点から進められる。（略）一定の人間観が採用されており，この概念の導入によって発展を遂げた現代の教材・教具の体系は，この人間観に対応する社会認識と組織のパターンの承認なしには成立しえなかったはずのものといわねばならない」と指摘した[29]。

柴田によれば，教材とは，授業のなかで教師と子どもによる学習活動の直接的対象になるものであり，教科内容の習得を助ける手段となるものである。この定義もまた，かなり広い意味である[30]。長谷川は，教材の概念を次の3点から説明する[31]。すなわち，（1）教材は子どもが学習のために取り組む対象である。子どもは教材から学習する。（2）教材は特定の事実や事象などの具体的内容である。教材は具体性を特質とする。（3）教材は学習させたいねらいとしての一般的・本質的内容を含んでいる。このねらいとしての一般的・本質的内容は，教育内容のことである。この概念に基づいて，教材は，「教育内容を具体化した素材であり，子どもにとっては学習する対象であり，教具に担われた意味内容」と定義された。小笠原は，教材が教育内容と学習内容（学習者認識）を結びつける関係概念であるとする[32]。彼によれば，教材とは，一人ひとりが，何かの内容を自分なりの認識にする，そうした行為の別名であり，個々の学習者が文化内容に触れて自分なりの認識を形成する，そうした行為を導く働きをする，内容と学習者を関連づける概念であるという。

以上の先行研究に基づいて，本研究では，永田の定義を参照しながらも，教育内容と学習内容を関係づける関係概念としての教材の定義を採用する。上述の手順に従って，本研究における「化学工業教材」の定義をまとめると以下の通りである。

本研究における「化学工業教材」の定義

多様な原料を使用し，生産の主要な工程に化学反応などの化学的過程を含み，化学製品を製造する工業。当該工業を掲載した化学教科書における活字教材のこと。

つぎに，上述の「化学工業教材」について，具体例を挙げて説明する。その後，定義と具体例を踏まえながら，「教育目的」，「教育内容」および「教材」の違いを述べる。

具体例として，大正初期の旧制中学校における化学教育内容の「水銀」と「アンモニア」を示す。当該時期の教科書を選出したのは化学工業教材が選出され始めた時期であり，当時の水銀関連教材とアンモニア関連教材には特徴的な記述傾向が認められ，教育目的，教育内容および教材の定義を明快に説明できると考えたからである。

はじめに，大正初期に発行された中等化学教科書の水銀関連教材を示す（写真 0-3-1）。この教科書から従来みられなかった金属水銀製造法が示されるようになり，同時期の他社発行の中等化学教科書でも金属水銀製造法が登場するようになった。

当該教科書が出版されるまでの経緯について述べる。1902年2月，文部省は「中学校教授要目」を制定した。教授要目は「要目実施上ノ注意」と各学科の教授要目から成り立っており，この要目が国家基準として示されたのであった。中等化学教育の目的は，「中学校令施行規則」の教授要旨に「物理及化学ハ自然ノ現象ニ関スル知識ヲ与へ，其ノ法則並ニ人生ニ対スル関係ヲ理解セシムル」と明記されていた。つまり，自然現象に関する知識の伝達を通して，生徒に化学法則と日常生活の関連理解を目的とした教科であった。この教育目的を達成するため，教育内容として「アムモニア及塩化アムモニウム」と「銅，銀，水銀，金，白金及其の化合物」が示されたのであった。

とはいえ，水銀もアンモニアも化学物質の名称のみが提示された教育内容であり，このままでは生徒の知識・概念理解が困難である。そこで，教育内容と生徒の学習内容をつなぐ関係概念としての教材が必要不可欠になる。当時の教育目的に照らせば，生徒の学習内容は，自然現象に関する知識とその理解に基づいた化学法則と日常生活との関連性にあったと思われる。前者の化学法則などの概念理解を促すものとして，理科実験が注目され，大正初期の「理科実験奨励運動」が進展した。一方，後者の日常生活との関連理解を深めるものとして，教科書に化学工業教材が数多く登場することになった。しかし，当時の金属水銀は工業的に重要な化学物質であったとしても，ほとんどは輸入されており，写真 0-3-1 の金属水銀製造法が生徒の日常生活に直結していたとはいい難い。今日の理科教育研究では，生徒の化学概念獲得を促す活動として化学実験の意義は一定の共通理解に達しているといえる。しかし，確かに化学工業教材は教育内容と生徒の学習内容を関係づけてきたものの，化学工業が飛躍的に成長した戦後の化学教育においても，その移り変わりについては未解明のままである。

2つめの具体例は，大正初期の教育内容であるアンモニアである。アンモニアもまた化学用語だけでは，生徒の理解が困難である。生徒の学習内容には，アンモニア自体の刺激臭，水溶性あるいは塩基性といった化学的性質に

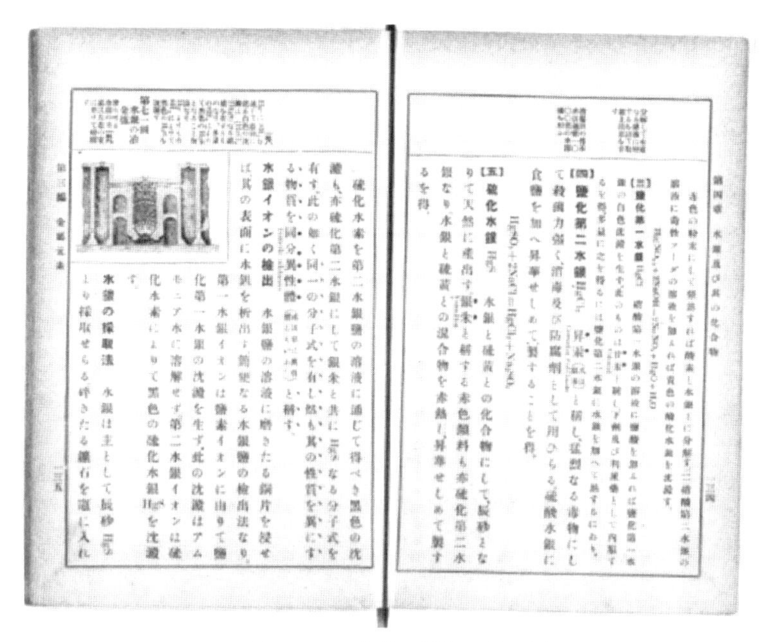

第四章　水銀及び其の化合物　一三四

【四】鹽化第二水銀（$HgCl_2$）……昇汞と稱し、猛烈なる毒物にして殺菌力強く、消毒及び防腐劑として用ひらる。硫酸水銀に食鹽を加へ昇華せしめて製することを得。

【五】硫化水銀（HgS）　水銀と硫黄との化合物にして、辰砂となりて天然に産出す。銀朱と稱する赤色顏料も赤硫化第二水銀なり。水銀と硫黄との混合物を赤熱し昇華せしめて製するを得。

第三編　金屬元素　一三五

硫化水素を第二水銀鹽の溶液に通じて得べき黑色の沈澱も、赤硫化第二水銀にして銀朱と共に（HgS）なる分子式を有す。此の如く同一の分子式を有し然も其の性質を異にする物質を同分異性體と稱す。

水銀イオンの檢出　水銀鹽の溶液に磨きたる銅片を浸せば其の表面に水銀を析出す。簡便なる水銀鹽の檢出法なり。第一水銀イオンは鹽素イオンに由りて鹽化第一水銀の沈澱を生ず。此の沈澱はアムモニア水に溶解せず。第二水銀イオンは硫化水素によりて黑色の硫化水銀（HgS）を沈澱す。

水銀の採取法　水銀は主として辰砂（HgS）より採取せらる。砕きたる鑛石を竈に入れ

写真 0-3-1　化学工業教材の一例
（大正初期の中等化学教科書における水銀製造法教材）

【出典】和田猪三郎，倉林源四郎（1917）：『中等化学教科書』，10版，金港堂書籍，135頁。国立国会図書館デジタルコレクションから転載した。
http://dl.ndl.go.jp/info:ndljp/pid/986362（確認日：2019年１月10日）

関する知識や化学平衡概念があったのかもしれない。大正初期の化学教科書をみると，アンモニアに関する化学工業教材のパターンは３つあった。すなわち，（１）第一次世界大戦下のドイツにおいて開発された空気中の窒素と水素からアンモニアを直接合成し肥料や爆薬の原料とする当時最新のハーバー・ボッシュ，（２）冷蔵庫（生寒機）の冷媒および，（３）まったく化学工業を取り扱わないものであった。

写真 0-3-2 は（１）のパターンを示す教科書である。現在の化学教科書では，ハーバー・ボッシュ法の化学反応機構が重点的に記述される傾向にある。しかし，当時の教科書では機械装置全体が示されていて，化学平衡概念に関

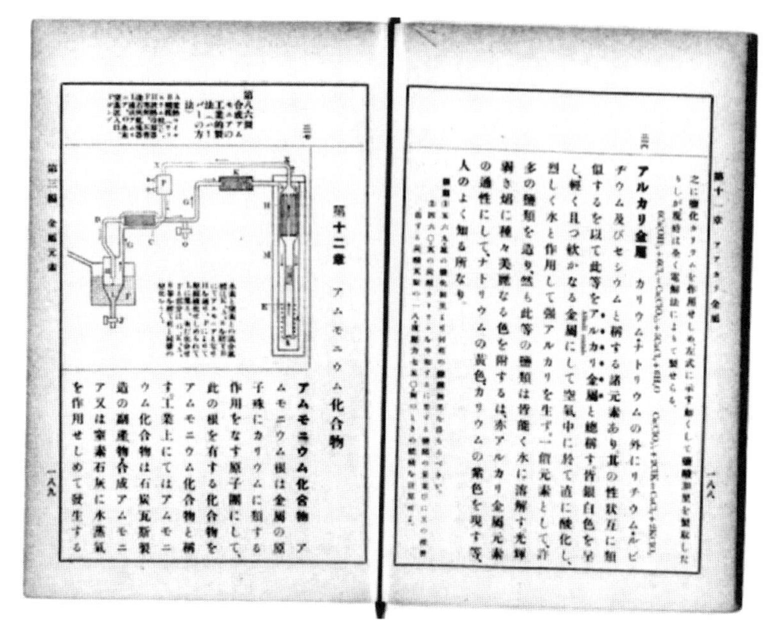
第十一章　アルカリ金屬　一八八

之に鹽化カリウムを作用せしめ左式に示す如くして鹽酸加里を製取したりしが現時は多く電解法によりて製せらる。

アルカリ金屬　カリウム、ナトリウムの外にリチウム、ルビヂウム及びセシウムと稱する諸元素あり其の性状互に類似するを以て此等をアルカリ金屬と總稱す皆銀白色を呈し、輕く且つ軟かなる金屬にして空氣中に於て直に酸化し、烈しく水と作用して強アルカリを生ず。一價元素として、許多の鹽類を造り、然も此等の鹽類は皆能く水に溶解す。光輝弱き焔に種々美麗なる色を附するは、亦アルカリ金屬元素の通性にして、ナトリウムの黄色、カリウムの紫色を現す等、人のよく知る所なり。

第三編　金屬元素　一八九

第十二章　アムモニウム化合物

アムモニウム化合物　アムモニウム根は金屬の原子殊にカリウムに類する作用をなす原子團にして、此の根を有する化合物をアムモニウム化合物と稱す。工業上にてはアムモニウム化合物は石炭瓦斯製造の副産物、合成アムモニア又は窒素石灰に水蒸氣を作用せしめて發生する

写真 0-3-2　化学工業教材の一例
（大正初期中等化学教科書のアンモニア製造法教材）

【出典】和田猪三郎，倉林源四郎（1917）：『中等化学教科書』，10版，金港堂書籍，189頁。国立国会図書館デジタルコレクションから転載した。
http://dl.ndl.go.jp/info:ndljp/pid/986362（確認日：2019年１月10日）

連する圧力，温度の条件は記述されていなかった。

写真 0-3-3 は，（2）アンモニアを利用した冷蔵庫の具体例を示した化学教科書である。その後，技術的にはフロンガスが発明されて，冷媒はアンモニアからフロンガスへと移行していったものの，当該教科書では，アンモニアの化学工業，機械工業への応用が強調されていた。また，他社の教科書では，アンモニアの化学工業・機械工業への応用を記すことはなく，生徒の化学概念の理解を促す化学実験が強調されていた（写真 0-3-4）。

（1）の場合，教育内容のアンモニアには，学習させたい一般的・本質的内容として化学工業製造法が含まれている。それゆえ，化学工業におけるア

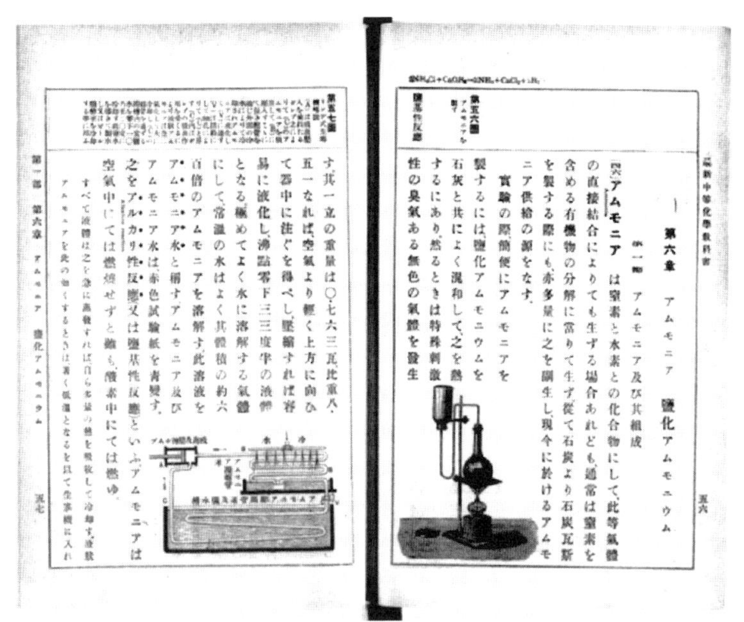

最新中等化學教科書

第六章　アムモニア　鹽化アムモニウム

第一節　アムモニア及び其組成

〔一六〕アムモニア　は窒素と水素との化合物にして，此等氣體の直接結合によりても生ずる場合あれども，通常は窒素を含める有機物の分解に當りて生ず。從て石炭より石炭瓦斯を製する際にも，亦多量に之を副生し，現今に於けるアムモニア供給の源をなす。

實驗の際，簡便にアムモニアを製するには，鹽化アムモニウムを石灰と共によく混和して，之を熱するにあり。然るときは特殊刺激性の臭氣ある無色の氣體を發生

五六

す。其一立の重量は〇・七六三瓦，比重八・五一なれば，空氣より輕く上方に向ひて器中に注ぐを得べし。壓縮すれば容易に液化し，沸點零下三三度半の液體となる。極めてよく水に溶解する氣體にして，常溫の水はよく其體積の約六百倍のアムモニアを溶解す。此溶液をアムモニア水と稱す。アムモニア及びアムモニア水は赤色試驗紙を青變す。之をアルカリ性反應又は鹽基性反應といふ。アムモニアは空氣中にては燃燒せずと雖も，酸素中にては燃ゆ。

すべて液體は之を急に蒸發すれば自ら多量の熱を吸收して冷却す。液狀アムモニアを此の如くするときは著しく低溫となるを以て

第一部　第六章　アムモニア　鹽化アムモニウム　五七

写真 0-3-3　化学工業教材の一例
（大正初期中等化学教科書のアンモニア冷媒教材）

【出典】真島利行（1916）:『最新中等化学教科書』，修正 3 版，三省堂，57頁。国立国会図書館デジタルコレクションから転載した。
http://dl.ndl.go.jp/info:ndljp/pid/942334（確認日：2019年 1 月10日）

ンモニア製造法の具体的事実（教材）が示されている。教育内容と教材は，化学と日常生活との関わりを理解させる全体的目的によって規定されているといえる。（2）のパターンの場合，教育内容のアンモニアは，学習させたい一般的・本質的内容として冷媒の作用を含んでいる。それゆえ，化学工業（機械工業）におけるアンモニア冷媒メカニズムの具体的事実（教材）が示されている。教育内容と教材は，（1）と同様，化学と日常生活との関わりを理解させる全体的目的によって規定されているといえる。（3）の場合，教育内容のアンモニアは，学習させたい一般的・本質的内容として化学概念を含んでいる。そのため，主要な化学概念である化学平衡に関する具体的な化

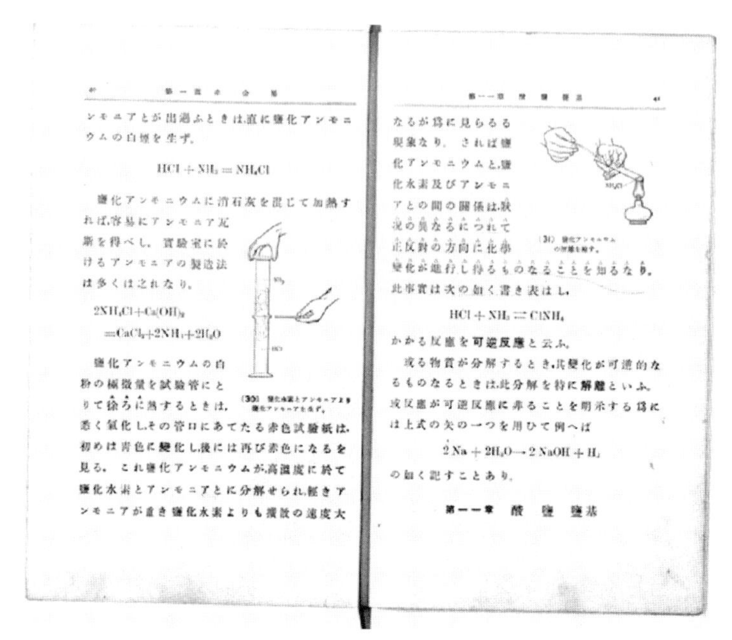

ンモニアとが出遇ふときは直に鹽化アンモニウムの白煙を生ず。

$$HCl + NH_3 = NH_4Cl$$

鹽化アンモニウムに消石灰を混じて加熱すれば,容易にアンモニア瓦斯を得べし。實驗室に於けるアンモニアの製造法は多くは之れなり。

$$2NH_4Cl + Ca(OH)_2 = CaCl_2 + 2NH_3 + 2H_2O$$

鹽化アンモニウムの白粉の極微量を試驗管にとりて徐ろに熱するときは,悉く氣化し,その管口にあてたる赤色試驗紙は,初めは青色に變化し,後には再び赤色になるを見る。これ鹽化アンモニウムが高溫度に於て鹽化水素とアンモニアとに分解せられ,輕きアンモニアが重き鹽化水素よりも擴散の速度大なるが爲に見らるる現象なり。されば鹽化アンモニウムと,鹽化水素及びアンモニアとの間の關係は,狀況の異なるにつれて正反對の方向に化學變化が進行し得るものなることを知るなり。此事實は次の如く書き表はし,

$$HCl + NH_3 \rightleftarrows ClNH_4$$

かかる反應を可逆反應と云ふ。

或る物質が分解するとき,其變化が可逆的なるものなるときは,此分解を特に解離といふ。或反應が可逆反應に非ることを明示する爲には上式の矢の一つを用ひて例へば

$$2Na + 2H_2O \rightarrow 2NaOH + H_2$$

の如く記すことあり。

第一一章 酸 鹽 鹽基

写真 0-3-4 化学工業教材の一例
(大正初期の中等化学教科書におけるアンモニア実験教材)

【出典】近藤耕蔵(1925):『新制化学教科書』,光風館書店,40-41頁。国立国会図書館デジタルコレクションから転載した。
http://dl.ndl.go.jp/info:ndljp/pid/942891(確認日:2019年1月10日)

学実験(教材)が示されている。教育内容と教材は,化学法則を理解させる全体的目的によって規定されている,と考えられるのである。

本研究の対象は,(1),(2)の化学工業教材である。水銀やアンモニアといった化学物質の物理的化学的性質は普遍的であり,表記法や単位系の変更,実験の改善にあわせた改訂を除けば,ほとんどの化学教科書で記述内容に変化がみられなかった。一方,戦前の水銀やアンモニアに関連した化学工業教材だけでもダイナミックに変遷していたのであり,戦後日本の化学工業の発展に鑑みると,その傾向が顕著になっているはずである。しかしながら,理科教材史研究において,化学工業教材の変遷は対象とされず,重要でありな

がら理科教育研究の空白領域となっているのである。

第1章　理科教育学における化学工業に関する教材の研究動向

第1節　理科カリキュラム変化の解釈および説明理論の類型化

序章において述べたように，日本の理科教育研究において化学工業教材は等閑に付されてきたといってもよく，本研究では高等学校化学教科書における化学工業教材の歴史的な移り変わりを探ることにした。ここでまず問題となるのが，「移り変わり」の定義づけである。理科教材論の主流は，難解な科学概念をいかにわかりやすく教えるかを追究する教材開発にあって，移り変わりの定義づけを本格的に扱ったものがみられない。そこで，定義づけの根拠となり得る理論については，理科カリキュラム論研究の成果を手がかりとすることにした。

ところで理科カリキュラムの変化を分析する視点に多分に影響を与えるのが理科カリキュラム論者の権力（パワー）の見方である[1)]。理科カリキュラム論者の権力の見方が異なれば，同一の事象であっても，権力の行使とみなされることもあればみなされないこともあり得るからである。したがって，定義づけを有効なものとするためには，理科カリキュラム論にみられる権力観を明らかにしておく必要がある。そこで，理科カリキュラムの分析の枠組みにみられる権力観を分類して，理科カリキュラム変化の要因の捉え方を類型化した。

本節ではまず，直接の先行研究として位置づけられる永田英治の『日本理科教材史研究』にみられる研究目的とその方法を調べた。つぎに，1970年代後半以降に発表された理科カリキュラム構成過程を分析した論文を対象にして，理科カリキュラムの分析にみられる権力観を分類し，理科カリキュラム変化の要因の捉え方を探った。Fensham によれば，1980年頃から理科カリキュラムの社会歴史的分析が進展した[2)]。この事実から，当該時期の論文が理科カリキュラム論者の権力観をより鮮明に反映していると推察し，1970年代後半以降を対象にした。

（1）永田英治の『日本理科教材史研究』にみられる研究目的とその方法

日本の理科教材の歴史を本格的に調べたのが，『日本理科教材史研究』である。この研究では，具体的な理科教材を事例にして歴史的な移り変わりを調べて，「理科教材の歴史は単純な発展ではなかった」事実を明らかにしようとした[3)]。単純な発展ではなかったことを示す典型として，初等教育における糸電話教材の変遷が例示されていた。すなわち，明治初期には竹筒の節と節の間を金属線でつないでいた教材が，大正期から安価な木綿糸で結ばれた糸電話となって普及したのである。児童が科学概念の「音の振動」を理解するには，竹筒を結ぶ素材としては木綿糸よりも金属線が好都合である。というのも，竹筒を結ぶ線が曲がったり，ピンと張ることができなかったりしても，金属線であれば音を伝えることができるからであり，理科教室環境の制約を受けにくいのである。理科教育実践上の利点があるにも拘らず，音の教材として糸電話が浸透し続けてきた状況から，理科教材の歴史は単純な発展ではなかったと，彼は提起したのであった。そこで，糸電話教材だけでなくさまざまな理科教材を調べて，「断絶と復活の歴史」というアイディアでもって，理科教材の歴史的な移り変わりを解釈したのであった[4)]。

彼の主たる研究方法は，当時の理科教科書，理科教育関連雑誌記事などを徹底的に収集して分析する悉皆調査にあった。はじめに，日本の理科教育課程や代表的な理科・科学教科書の変遷から，理科教材（教材の選択・配列方法）を概観する図表を作成した。『日本理科教材史研究』では，「教育課程の変遷にみる理科教材(1)－小学校・新制中学校」，「教育課程の変遷にみる理科教材(2)―旧制中学校・新制高等学校，物理・化学・生物・地学教材一覧（4種)」，「時代を代表する教科書にみる教材―小学校・新制中学校，物理・化学・生物・地学教材一覧（4種)」，「読本の中の理科的教材題目（低学年)」，「『(尋常）小学算術』の中の理科的教材」，「『カズノホン』『初等算数』の中の理科的教材」，「『数学』教科書の中の理科的教材」，『中等数学』の中の理科的教材」および「科学・理科教育史の概観年表（ダイアグラム)」が提示された。つぎに，この図表をもとにして具体的な理科教材史のテーマを抽出する視点が検討された。すなわち，「オリジナルな発見→学説の普及活動→教材として取り上げられた最初の文献→普及して改良あるいは変質させられた教材」を跡づける視点であった[5)]。

この視点から導出された具体的な事例として，『日本理科教材史研究』には，6つの教材が設定されていた。すなわち，「凝集力教材（物質を構成する粒子が互いに引き合う力)」，「ものとその重さ教材」，「落下教材」，「発芽教材」，「地球の形と大きさ教材」，「川教材」であった。物理・化学・生物・地学とのかかわりにおいてみると，6つの教材には，化学教材だけがみられない。永田はその理由をつぎのように述べている。

> 当初は，「本書で取り上げるテーマには，物理・化学・生物・地学の教材の中でこれまでもっとも基礎的だとみなされてきたテーマをすべて設定しよう」と考えていた。しかし，時代を超えて基礎的だとみなされた教材は意外に少ない。ことに化学と生物とでそれが目立っている。(略）ところが，「最初の化学変化」がどうしても時代を通覧できるテーマにならなかった。化学教材では，身近な物質の化学変化が取り上げられることが多く，その身近な物質は時代とともに激変している。たとえば，明治期には〈ローソク・ランプの燃焼〉が身近だとされて，それらの現象から化学を教える構想が定着していたが，わが国での食品化学の発展とともに，食品を使った教材が主流を占めるように変わっている。また，酸などの台所の薬品が身近だという考え方とともに，酸・アルカリの教材が化学の最初に取り上げられた教材研究・(ママ)時代もある。もちろん，「化学変化とは何か」などといった化学上の問題が最初の化学教材だとされる研究もあった。「最初の化

学教材」が限定しきれないのである[6)]。

本研究は日本の理科教育における化学工業教材の歴史的な移り変わりを明らかにすることから，永田の「身近な物質」の考えが著しく変化してきたという指摘には重要な意味がある。なぜならば，「身近な物質」を日常生活にもたらすものがその物質を製造する化学工業だからである。

『日本理科教材史研究』では，理科教材が変化する（しない）動因を「理科教材の保守性」概念で説明していた。さらに，保守性がもたらされる要因を，「変更に合わせて教材の開発ができる保証がない」点に求めていた。そこで，理科教材は，保守性を有し実践的なものであるがゆえに，早急な教育課程の変更や新しいねらいに存在する矛盾を批判する拠り所にできるとされ，理科教材を実践的に研究する人のなかには，みずからが取り組んだ教材や教材論をもとに，理科教育の理念や教育課程，教育目標を批判的に検討した人もいたとして[7)]，理科教育研究者の「理科教材」の概念規定の違いや，教材観の対立や交流を着眼点にして，理科教材の系譜を追跡しようとした[8)]。

本研究は，『日本理科教材史研究』における研究目的と方法から多くの示唆を得ており，その研究成果に依拠する部分も少なくない。悉皆調査を基軸に据える研究方法はほぼ踏襲しているし，化学教育における「身近な物質」の歴史的な移り変わりは化学物質の製造を中心に扱う本研究において重要な意味をもつといえる。しかしながら，永田の『日本理科教材史研究』と本研究には，以下の２点において違いがある。

１つめが，研究対象とする教材の種類とその背後にあるアプローチの違いである。前者の研究は，日本の理科教育における理科教材の移り変わりを典型的な物理・生物・地学教材に即して広く網羅的に，そのオリジナルな発見にまでさかのぼっていこうとする。つぎに，学説の普及活動，教材として取り上げられた最初の文献を探る方法をとる。一方，本研究は従前の理科教材史研究では困難とされてきた化学教材，なかでも化学工業教材に焦点を当てて，その変遷の解明に特化している。その違いは，『日本理科教材史』が理科教材発展の歴史的な様相を述べることを主たる目的とするのに対して，本研究の関心が化学工業の教材選択を技術的社会的背景から説明・解釈することにある。本研究のように理科教育における化学工業教材の移り変わりを明らかにする研究は，カリキュラム研究史における問題史的アプローチに通じるものがある。倉沢は，問題史的アプローチの特徴をつぎのように説明する。すなわち，「まず現代のカリキュラム研究が直面している恒常的な問題を把握し，それが過去においてどのように考察されたか，そして将来はどのように研究すべきかを明らかにしようとするものである。この意味のカリキュラム研究史は，現代のカリキュラム問題が何であるか，これらの問題は如何にして生起したか，どんな過去からの力が現在に生きているか，そして将来はどんな内容をどんな方法で研究すべきかを明らかにする使命を有する。従ってわれわれのカリキュラム研究史は，この使命にてらして著しく選択的でなければならぬ。それはもはや時代から時代への単なる年代史的記述に止まるべきでなく，現在の問題にてらして過去に遡り，そして現在に帰り，将来何をすべきかを決定する背景を与える」[9]のである。

本研究は，永田の研究成果を基盤にしつつも，理科教育の現代的な課題を解決するための手がかりを，間接的ではあるかもしれないが提示したいと考えている。

2つめの違いは，理科教材の歴史的な移り変わりをもたらす要因の考え方にある。永田は事例研究から，理科教育の目標・内容が変更されても，理科教材にはほとんど変化がみられなかった傾向を指摘していた。この傾向は，彼の提唱する「理科教材の保守性」という概念で説明されている。確かに，理科教育実践において，理科教育内容の変更に即応した理科教材の開発が困難な状況もあるかもしれない。そのため，現実的な制約のなかで理科教師が変更後の理科教育内容に迅速に対処しようとして，従来の理科教材を変更したり改変したりする努力もあり得ることである。このような想定のもとに，理科教育関係者の理科教材観の交流や対立が鮮明にされた。しかしながら，仮に何らかの理科教材開発の保証があったとしても，結果的に理科教材に変化がみられないこともあり得ることである。さらに，『日本理科教材史研究』では，化学教材には，その歴史的な移り変わりに関していえば，物理教材，生物教材，地学教材とは異なり，顕著な変化が示唆されていた。とりわけ，本研究の対象とする化学工業教材の場合，社会に直結することから，明確な変化が予想される。

そのため，日本の理科教育における化学工業教材の移り変わりを説明するためには，従来の「教材の保守性」といった考え，その性質をもたらす「教材開発の可能性の有無」あるいは，「理科教育関係者の教材観の交流・対立の鮮明化」という視点では不十分なことが認められる。本研究では，３つの視点から理科教育における化学工業教材の移り変わりを説明することにした。

１つめが，教科書執筆者の意図（ねらい）である。この視点は，永田の研究においても「理科教育関係者の教材観」として重視されていたものであり，本研究でも化学工業教材の選択を規定する重要な要因に位置づけた。また，化学工業教材の選択には，その自覚に拘わらず理科教育関係者のねらいを通して，製造法としての消長や環境問題の顕在化等々，理科教育外部にある社会構造の要因が入りやすいものである。そこで，２つめに，公害問題の発生と環境問題の顕在化，３つめに，化学工業における趨勢に着目することにした。

（2）理科カリキュラムの変化の説明に影響する権力（パワー）観の類型

教科書執筆者の意図（ねらい）は，何らかの影響を受けることがある。この影響を権力（パワー）とすれば，まず，権力（パワー）観を整理する必要がある。主に欧米において1970年代後半以降に発表された科学カリキュラム編成過程を分析した論文を対象にして，科学カリキュラムの分析にみられる権力（パワー）観を分類して，科学カリキュラム変化の要因の捉え方を分析した。結論を述べると，1つめが行動主義，2つめが構造主義，3つめがポスト構造主義につながる権力（パワー）を背景としたものであった（表1-1-1）。

1つめの行動主義的な権力観は，権力を実体的な二者間の関係性において捉えようとするものである。二者の関係性を各々の行動から探るものであり，単純化していえば，先行研究において想定されていた実体的な二者とは，自律的な科学カリキュラム編成関係者と，利害を明確に自覚した権力行使主体（国家，科学者共同体，産業界等）であった。以下，3つの論文について分析の枠組みを素描する。

最も理想化された二者間の関係を想定していたのが，Waringであった。彼女は，イギリスのナフィールド財団科学教授プロジェクトにみられた権力関係を分析した。その際，科学カリキュラム編成関係者や利害団体の行動に着目して，その行動と科学カリキュラム編成過程における出来事との間の因果関係を解明していった。この行動主義的な権力観に基づく分析は，必然的に，非公式な場面で展開された観察困難な活動を除外することになった。だが，現実の科学カリキュラム編成過程では，非公式な場面で展開された活動が，科学カリキュラム編成の決定的な要因となることもあるといえる。その

表1-1-1　科学カリキュラム論における権力（パワー）観の類型

行動主義的・構造主義的な権力観	ポスト構造主義的な権力観
・特定の行為主体（個人，組織，階級，集団）が所有，行使する。 ・中心的地位（国家，企業，支配階級）から遠心的に行使される。	・具体的実体ではない。 ・無数の点から出発する。 ・社会の小集団の人間関係を基盤にして徐々に拡大する。
・レベル（顕在的～潜在的）に相違があるものの，行為主体の行動，意図に還元される。 ・還元できない要素を，偶発的なものに還元する。	・行為主体の意図に還元できない要素を，「ストラテジー」に還元する。 ・ディスコースが行為主体を主体化する。
教育の再配分や再組織化やイデオロギー的な教育内容の撤廃を要求する。	イデオロギー的な教育内容の撤廃の要求を目的としない。

ため，彼女が自認するように，潜在的な活動に結びつけることができずに，偶発的なこととして結論づけられてしまった出来事もあった[10)]。

利害関心に基づいてあらゆる行動を起こす行為主体という前提はまた，次の事実を軽視するものでもあった。利害を実現するために，その利害を隠して，あえて別の行動をとる行為主体も存在するという事実である。行為主体の行動だけでなく，そのレトリックにも着目していたのが，Millar であった[11)]。彼は，スコットランド教育省カリキュラム諮問委員会『カリキュラム報告』を分析して，権力行使主体の根本的利害が労働者階級の再生産にあると断定した。しかし，レトリックという顕在的な次元を分析の対象としていた点では，先の Waring による分析と共通していた。

権力の潜在的な次元にも着目していたのが，Hodson であった。彼は伏在する利害の証拠を，無意識に獲得された，科学カリキュラム編成関係者を支援した，一連の信念，価値，態度，実践の傾向に求めていた[12)]。こうして社会統制（当該社会の秩序を維持するため，その成員たちが支配体制や社会規範に対して自発的に同調し服従するようにはたらきかける一連の社会過程）[13)]の観点から，イギリス科学教育協会刊行『中等科学カリキュラムレビュー』を分析して，科学カリキュラム修正案をその基礎をなす社会政治的な欲求のもとに吟味する必要性を訴えたのであった。

上述の行動主義的な権力観に基づく分析は，いずれも行為主体を想定していた点で共通していたものの，権力現象の指標（利害，意図）に差異がみられるものであった。1990年代後半以降，科学カリキュラム論者は，行為主体の利害，意図のみならず科学カリキュラム・ディスコースに着目して分析するようにもなっている[14)]。そこで，科学カリキュラムを構造主義的，ポスト構造主義的アプローチから分析した２つの論文を例にして，その分析の枠組みを論じることにする。

Neves ほかは，ポルトガルにおける自然科学の教科シラバスを分析した[15)]。現行（1991）と過去（1975）の『自然の科学』（第５，６学年）と『自然科学』

(第7学年) のシラバスを比較し，1991年の理科カリキュラム変化が規制次元の強化を呈示するという結論を得たのであった。

彼らは，この分析においてBernsteinの教育ディスコース論を採用した。しかし，このディスコース論が科学教育関係者のなかで共通に理解されているとはいい難い。そこで，Bernsteinの教育ディスコース論をNevesほかが援用した部分に限って論じることにする。

Bernsteinによれば，主要な文化的再生産論の難点は，教育を教育外の権力関係の運び手としてみなす理論的前提にあるという。そのため，外的な権力関係の運搬手段を提供するディスコースの構造やディスコースの論理が見失われてしまうというのである[16]。彼によれば，教育ディスコースは，規制ディスコース (秩序と関係とアイデンティティを創出するディスコース) に埋め込まれた教授ディスコース (専門的なスキルとその相互関係を創出するディスコース) である。教育ディスコースはまた，ほかの諸ディスコースを領有するものであり，選択的な伝達と獲得のために，互いに特定の関係を取り結ぶ原理であるとも強調している[17]。さらに，教育ディスコースが，ディスコース生産領域 (たとえば，物理学，化学，生物学) から変換される活動領域を，再文脈化領域と呼んでいる。再文脈化領域には，オフィシャルな再文脈化領域 (国家による支配を受けている) と教育的再文脈化領域 (教員養成担当者，教科書やカリキュラム・ガイドの執筆者など) があり，両方の領域はその領域の統制をめぐって競争するという[18]。

さてNevesほかは，Bernsteinの提唱した教育ディスコースを構成する規制ディスコースと教授ディスコースに着目して，先述のシラバスに記された全文章をカテゴリー化した[19]。その数を，カリキュラムに共通の側面 (カリキュラム目的，カリキュラム構造) と専門教科に特有の側面 (教科目的，教科内容，教科に関する指導) に分けて集計して，これらのデータに基づいて2つの科学カリキュラムの比較研究を行った。その結果，1991年の科学カリキュラム変化に規制次元の強化を確認したのである。Nevesほかは，外的な権力関係の提供手段としてディスコースに着目したものの，二者間の関係を想定していたという点で，先の行動主義的な権力観に基づく科学カリキュラム分析と共通していた。このような行為主体自体を想定しない，実体的でない観念図式的な権力観に基づく科学カリキュラム分析もみられる。

この権力観から日本の理科教育界をみてみると，多くの理科カリキュラム・ディスコースが，さまざまなテクスト（理科教育文書，理科教科書，理科教育関連雑誌，理科教育に関係した会話など）のなかに具体化されている。理科カリキュラム編成関係者は，それらのテクストを通して，ある特定の理科カリキュラム・ディスコースの影響を受けるものである。理科カリキュラム編成関係者は理科カリキュラム・ディスコースによって理科カリキュラムの現実のあるヴァージョンを切り取るようになる。こうして理科カリキュラム編成関係者は，その意識に拘らず，ある特定の側面から理科カリキュラムをみるようになる。この過程において理科カリキュラム・ディスコースは，理科カリキュラム編成関係者を主体化することになる。もはや理科教育関係者は，このディスコースの主体化作用から逃れることはできないのである。

理科カリキュラム研究とは，これまで一般に，理科教育内容選定や理科教材開発とその配列等々，カリキュラムの編成を意味するものであった。従来の理科カリキュラムの編成に関する研究が，理科教育実践に多くの知見と成果をもたらしていることは周知の事実である。とはいえ，理科カリキュラムの編成に関する研究は，理科カリキュラム全体の１つの側面だけを対象にしたものである，佐藤によれば，1980年前後，カリキュラムを語る言語は，機能・構成・開発等々，建築工学をメタファーとする用語から，イデオロギー・権力・再生産等々，社会学と政治学をメタファーとする言語へとシフトしたのであり，さらに1980年代の半ば過ぎ頃から，テクスト・文脈・場所・身体・空間・時間・関係・声・語り等々の用語が多用されるようにもなっているのである[20]。この脱領域的でナラティヴの言語をもとにした理科カリキュラム研究は，理科教育関係者の生きられた経験に焦点を当てるものであり，この焦点化によって，理科カリキュラム研究と実践に主体性を回復しようとする点に特徴がある。

ディスコースは談話と訳され，近年の理科授業研究において広く知られている用語である。しかし，本研究におけるディスコースは，出来事の特定のヴァージョンを生み出す一群の意味，メタファー，表象，イメージ，陳述，等々を意味している[21)]。この意味において，談話というよりも社会学において使用される言説に近いといえる。

以上，1980年代以降の欧米における科学カリキュラムの分析の枠組みにみられる権力観を分類して，科学カリキュラム変化の要因の捉え方をまとめた。その結果，欧米における科学カリキュラムが，行動主義的，構造主義的，ポスト構造主義的な権力観に基づいて，分析されていることが明らかになった。また科学カリキュラム論者が科学カリキュラム変化の要因として行為主体の利害や意図ばかりでなくディスコースにも焦点化しつつあることが明らかになった。ポスト構造主義的な視点に立つ科学カリキュラム研究は，カリキュラム研究に主体性を回復させる，鋭い洞察と豊かな表現形式を提供し続けているといえよう。しかしながら，この研究自体が体系的な説明形式をもたないために，現実の科学教育実践には欠かせないカリキュラム構成上の課題には何ら影響を及ぼしていないのではないかという批判もある。

この差異は，科学カリキュラム論者の行為主体へのアクセントの置き方に起因するものである。利害や意図を明確に自覚する行為主体の存在を前提とするならば，その行為主体の一連の行動の因果関係を解明することが研究の主たる目的となる。しかし，行為主体の利害や意図を，他の行為主体の意図と関係づけて，一連の因果関係の解明を図ると，ある行為主体の意図は，ほかの行為主体の意図の一部であり，ひいてはある行為主体の意図が無限に後退することになりかねない。そもそも科学カリキュラム編成のような重要な社会的事象は，実際にはそれに関与した人々の数も多く，ある一人の意図に還元することには困難であるばかりでなく，さらに，その責任をめぐって恣意的な議論になる可能性も否定できない[22]。一方で，行為主体の意図をまったく等閑視してしまい，科学カリキュラム変化の要因を，ディスコースの論理や主体のない状況にのみ還元していけば，科学カリキュラム編成関係者の意図の届かないところでカリキュラムが編成される事態にもなりかねない。広田によれば，「教育の語られ方」に焦点を当ててそれを見直そうとする研究には，２つのタイプがある。１つめが，近代教育の思想的淵源にさかのぼって教育言説の見直しを試みる動きであり，２つめが，社会構築主義やエスノメソトロジーの観点から現代の教育の諸現象をと捉え直す動きである。前者は最も根本的でラディカルなものの，命題の抽象性が高く，今ここに存在する特定の事象をどう説明するかという点で，不十分さがつきまとうことになる。後者は，言説の構築プロセスの平板な記述や一般的な命題の再確認に留まることがあるという。このように，現代の教育のさまざまな事象についての「語られ方」を，その具体性を失わないで歴史的に再検討する必要性を指摘している[23]。

今津は，教育ディスコース（言説）を次のように定義している。すなわち，「教育に関する一定のまとまりをもった論述で，聖性が付与されて人々を幻惑させる力をもち，教育に関する認識や価値判断の基本枠組みとなり，実践の動機づけや指針として機能するもの」であり，「一定のまとまりをもった論述」には，断片的なことばであっても，そのなかに教育についての一定の主義主張が込められている場合もある。そしてこの論述は，学術研究の叙述に限定されず，日常言語から研究言語，さらに政策行政言語をも包含するものとしている。さらに，教育言説の検討課題を６つ指摘している[24]。すなわち，（1）一定の教育言説がいつごろ創出され，その創出者は誰であり，どのような機関や組織であったか。（2）それに対して批判的な見解を示し，さらにはそれに取って代わって影響力を発揮しようとする対抗言説が，誰（何）によってどのように対置されたか。（3）せめぎあう教育言説がどのようにメディアで取り上げられ，流通し広がっていったか。（4）教育言説は，

表 1-1-2　ディスコースのダイナミクスを分析するための20のステップ

※1	規準	段階
分析するテクストの選択	1）ディスコースは，テクストのなかに具現化される。	1．研究対象をテクストとして取り扱う。テクストは記述され，ことばに訳される。 2．他の人々と最も上手に縁を切る自由連想のような方法を通して，言外の意味を探求する。
テクストのなかで構成される主体と対象の体系的な特定	2）ディスコースは，対象に関係している。	3．対象が何に言及しているのかを問い，その内容を記述する。 4．あたかも対象，ディスコースが存在するかのように，その会話について語る。
	3）ディスコースは，主体を含む。	5．どの個人の類型がこのディスコースのなかで語られているのかを特定する。個人の類型のいくつかは，すでに対象として同定されているかもしれない。 6．個人の類型はディスコースにおいて何を語り得るのか，個人の類型を同定したのであれば，何をいうことできるのかを思索する。
	4）ディスコースは，一貫した意味の体系である。	7．このディスコースが表現／提示する世界図を描く。 8．このディスコースを使用しているテクストが専門用語への反論をどのように取り扱っているのかを解く。
	5）ディスコースは，ほかのディスコースに言及する。	9．話す様式とディスコースをそれぞれ比較して，それらを構成するさまざまな対象を調べる。 10．ディスコースが重なり合う地点，すなわちディスコースが「同一の」対象のようにみえるものをさまざまな方法で構成する地点を同定する。
	6）ディスコースは，ディスコース自体の話し方を反映する。	11．おそらく暗黙のうちに生じて，さまざまなオーディエンスに語りかけるようなディスコースを精緻化するために，ほかのテクストを参照する。 12．分析者の一部から生じる道徳的／政治的な選択を必然的に含むので，ディスコースの記述に用いた用語を省察する。

テクストを構成する言説が権力関係を再生産する様子の検討	7）ディスコースは歴史的に位置づけられる。	13. ディスコースの現れ方とその場を調べる。 14. ディスコースがどのように変化しているのか，ストーリーを物語るのかを記述する。どこでも発見されるような物事を，どのようにディスコースが言及しているかをたいていは記述するものである。
	8）ディスコースは施設／機関を支持する。（補助規準）	15. さまざまなディスコースが利用される時に強化される施設／機関を同定する。 16. さまざまなディスコースが出現する時に攻撃されて破壊された施設／機関を特定する。
	9）ディスコースは権力の諸関係を再生産する。（補助規準）	17. ディスコースを採用することで，利得を得たり損失を受ける個人の類型を探る。 18. ディスコースを促進する者とディスコースの消滅を欲する者を探る。
	10）ディスコースにはイデオロギー効果がある。（補助規準）	19. どのようにディスコースが，拘束力のあるほかのディスコースに結びつくのかを提示する。 20. どのようにディスコースが支配グループに対して，現在を正当化するために過去に関するナラティヴを語らせるのか，どのようにディスコースが隷属させたディスコースの利用者を，歴史生成から擁護するかを提示する。

【出典】Parker, I（1992）: *Discourse Dynamics*, Routledge, pp.3-22. ただし※1はWillig（2001）による分類である。引用は，C.ウィリッグ，上淵寿他訳（2003）:『心理学のための質的研究法入門』，培風館，149-150頁による。

立法や行政，司法にいかなる影響力をもたらしたか。逆に，立法や行政，司法が教育言説の教義化にどうはたらいたか。（5）教育言説は，どのような教育実践をどのように導き出したのか。（6）教育言説の教義化において，学問はいかなる役割を果たしたか，などである。

表1-1-2は，Parkerの提起したディスコースのダイナミクスを分析するための20のステップである。ここで提起された分析もまた，その目的が「主体性の理論化」にあるという違いがある。しかし，Parkerの説明するディスコース分析を，たとえば，溶鉱炉教材の事例分析に当てはめて考えてみる

と，理論モデルと教材選択事象との間に説明上の混乱が生じてしまうことになる。すなわち，日本の高等学校化学教科書における溶鉱炉のテクスト（写真や解説文）が理科カリキュラム・ディスコース生成の場である理科授業を通して，学習者と授業者に主体化作用を示すとしよう。この事態を，仮に権力関係あるいは権力関係の再生産と呼称しても，誰が利得者であり，誰が損失者なのか判然としないのである。たとえば溶鉱炉の巧みさにただ感心する学習者が，何を損失するのか，ほとんどわからないのである。あらかじめ，誰かに支配されたと想定される化学工業選択事象を想定しておきながら，説明モデルとして理科カリキュラム・ディスコースという抽象概念を後づけすることにもなりかねず，このアプローチもまた，化学工業教材史研究には理論的難点がある。

（3）理科カリキュラム研究における高等学校化学教科書分析の動向

近年の理科教科書の分析をみると，国際学力調査の結果等々，社会の関心事になっていることもあるためか，数量的であったり記述的なアプローチであったり，あるいは混合型であったりと，多様化の様相を呈している。

日本の理科教科書分析には研究方法論上の蓄積がある。その成果については，浅石によって詳しく紹介されている[25]。この論文等を手がかりにすると，たとえば，国立国語研究所は，国民が一般教養として，専門知識を身につける時に必要と思われる語彙の実態を明らかにすることを目的として，高等学校の理科全科目の教科書を対象にした語彙調査を行っていた。この分析は，単に出現した語彙の一覧表をつくるのではなく，専門知識の体系を記述する語彙・表記・表現の把握を目標としたものであった[26]。

また，上野・安部は，スキャナーとOCRソフトを駆使して，技術・家庭科分野の教科書を量的に分析する手法が理科教科書分析に援用できるか否か，その検証を行った[27]。松森・入山・田中は，理科教科書にみる各用語（元素・単体・化合物・混合物）の概念規定を概観し，いくつかの記述パターンに整理して，各用語の概念規定の記述パターンを比較・照合しながら，妥当性や問題点等を論じていた[28)]。最近では，浅石が理科教科書の記述様式に関する数量的な分析を行っている[29)]。

上述のように，日本の理科教科書分析が発展している一方で，海外においても日本の理科カリキュラム研究にはほとんどみられない理科教科書の分析が実施されている。そこで1990年代以降にみられた海外の中等化学教科書研究における教科書分析の目的とその手法に着目して特徴などを調べた。本節では，学術論文・著書４つを中等化学教科書分析の典型として選び出した。典型事例を選ぶにあたっては，“chemistry textbook”，“analysis”をキーワードにして教育論文データベースを活用した。

文献調査の結果，理科教科書分析の目的や視点に関する類型を見出すことができた。はじめに，Östman の化学教科書分析である。当該研究の目的は，「科学教育における社会的前提条件に関連する諸規則の体系を述べることと，科学教科書における特定の読解を生み出すためにこの体系を活用すること」[30)]にあった。そこで，1980年代に発行されたスウェーデン中学校の化学教科書６冊が検証された。具体的にはこれらの教科書のなかで水，空気および環境問題を扱う文章の一部分だけが解釈された。その理由は，「水，空気および環境問題は，人間はどのように自然を扱うのかに関するここ数十年間にわたるスウェーデンの公開討論の中心的な論点になっている」[31)]からであった。

Östman が化学教科書における意味を読解する際には，単語・概念・考え・意味等々の間の自動的な接続はないとするポスト構造主義的な仮定があった。この意味へのアプローチによれば，テキストの読解およびいわれたことの意味を明瞭にしようとすることは，必然的に，包摂されたものと排除されたもの間にある選択に，焦点が当てられる。選択は常に諸価値を前提条件として必要とするのであり，これらの諸価値が，いわれる事柄から分離され得ることはないのである。表1-1-3は，Östman によって提示された1980年

表 1-1-3　1980年代のスウェーデン中学校化学教科書に現れた諸規則の布置

1．認識論的なカリキュラムの強調点 (実証主義的) 科学の手ほどきの主眼 古典的言語	3．日常生活での対処の強調点 (実用主義的) 脅威としての人間の強調点 生物学的な見地に立つ機械論的な言語
2．日常生活での対処の強調点 (実用主義的) 自然の開発利用の主眼 古典的言語	4．STDの強調点*（実証主義的) 人類の生存の強調点 自然の保護の主眼 生態学的な見地に立つ機械論的な言語

*科学，テクノロジーおよび意思決定の強調点
【出典】Leif Östman (1996), Discourses, discursive meaning and socialization in chemistry education, *J. Curriculum Studiese*, Vol. 28, No. 1, p. 47.

代のスウェーデン中学校化学教科書に現れた諸規則の布置である[32)]。調査対象の化学教科書数は比較的少数であり，化学教科書における文章の一部分（水，空気および環境問題）だけを調査対象とした点が特徴的であった。Östmanは，重層的な諸規則（5つの教科の主眼，3つの自然言語および3つのカリキュラムの強調点）を想定していた。これらの諸規則に従いながら，人間と自然の関係の見方，自然の見方および自然科学の見方が，化学教科書における言説的な意味を決定すると考えていた。表1-1-3は，教科の主眼，自然言語および強調点の組み合わせを4つに類型化したものであり，この類型が後述の意味を生成すると，Östmanは考えたのである。

Östmanによれば，異なる諸規則（教科の主眼，自然言語およびカリキュラムの強調点）は，個々の規則によって生成された意味の総和には安易に還元できないような意味を生成しているのであり，諸規則の相互作用は，明らかな矛盾を生じることもあれば，相互に強化し合うこともあるといい[33)]，表1-1-3を諸規則の布置と名づけた。

第一の布置は，自然が機械のように機能するという意味を，自然科学の正しい知識が提示するという。すなわち，人間が自然の上にあり，人間は自然を道具のように利用する。人間と自然との相互作用への責任について何も言

及されず，人間は自然に対して道徳的な責任をもたない支配者であるとされる。この布置が生成する言説的意味はまさに生命のない機械的な自然像であり，支配者たる人間が，その目的のための手段として自然を利用できるというものである。

第二の布置は，第一の布置が道具化された自然の見方を生じることに由来するものである。日常生活での対処の強調点が自然の開発利用の主眼によって集中される時，この自然の見方はより一層明らかになる。この化学教科書では，どのように科学知識が自然を利益のために利用しているのか，および，利用し得るのかについて，物質に関する言い方で明快な説明があるとされる。自然の道具化は，実用本位の考えと結びついている。この道具化された実用本位の考えは，調査対象の化学教科書において，自然科学から導き出された知識が自然を支配するために直接的に利用され得ると論じられる時に，表明されていたという。

第三の諸規則の布置では，自然は生命の誕生と維持および管理をする機械のように作動しているという意味を，正しい自然科学に関する知識が提示するという。人間は生命を脅かす存在であるけれども，正しい科学知識を手にして，この知識をテクノロジーに変換することで，私たちは人間活動の影響を制御し得るとされる。人間は自然を取り扱うことについて道徳的な責任を負うということは考慮に入れられていない。さらに，自然への関わり方を変革する必要性について何も言及されていない。こうして，私たちが自然を取り扱うこの目的は，受容可能なものになる。唯一の問題は，私たちの充分でない処置の仕方なのであり，その欠点は自然科学と技術によって改善し得るのである。

第四の布置は，自然とはすべての部分がすべての部分に影響を与える自己調整を図る全体であり，自然の機能が生命の維持にあるという意味を，正しい自然科学に関する知識が提示するというのである。生命の維持のバランスに人間が影響を及ぼすということを知っているので，知識をテクノロジーに変えることに責任を有していると論じられていた。

つづいて，Östman は言説的な意味によって生徒にもたらされる自然と社会に関する概念を2つ述べていた。

1つめが，教室において生徒に提示される自然および人間の自然に対する関わりの見方は，生徒は自然との関連においてどのように自分自身を理解するのかに影響するというものである。この論点は，分析対象教科書のなかでひときわ目立つ見方が人間中心主義的なものであったことを根拠にしていた。すなわち，人間を中心すれば，自然は人間の利益のために存在することになるのであり，生物中心主義的な見方（自然は固有の価値をもっており，自然に対する特別な関わり方を生じさせるべきとする見方）が化学教科書から排除されたというのである。化学教科書はまた，ひとびとが自然をケアしたり，審美的あるいは他の文化的価値をもつものとして自然を捉えたりすることも軽視しているという。この見方から，生徒には次のような自己認識が生じるのではないかと Östman は懸念した。すなわち，「私」は自然の所有者であり，「私」は自然によって形成されたり，自然の影響を受けたりはしない。自然と離れて自己を構成する可能性があるという信念で特徴づけられるので，この見方を「モダン的な自己」と，Östman は称していた。

2つめの論点は，市民としての自己認識である。生徒が何らかのやり方で何かを学ぶ時，生徒はまたある論じ方と妥当な論証は何かについても学んでいる。いかなる認識論的なカリキュラムの強調点を適用しようにも，たとえば，「科学の構造」が強調されて教えられる場合，生徒はある科学的な定義だけでなく，特定のやり方でもって，議論を進める必要性をも学んでいるというのである。いわゆる，「科学的な議論」の学びに通じるものであり，その結果，将来もたらされるかもしれない生徒の市民としての自己認識にまで踏み込んで考察している点が特徴的である。

Östman は，生徒が4つのことを学び得るのではないかと考えた。第一に，言明がリアリティに対応しなければならない，すなわち証明されなければならないことである。第二に，立証されてかつ真実なのは科学知識であるということである。第三に，はじめの２つの必然的な帰結として，自然科学者は真実を知る，すなわち，自然科学者は自然に関連した問いの専門家であるということである。第四に，自然科学者が，自然科学者になるように教え込まなければ，学習者は自然に関して何も知らないままであるということである。

生徒がこの授業を受けることによって，市民としての自己の認識が影響されるかもしれないと Östman は考えた。自分自身が無知であり他者（科学者）が有能であると考えることは，市民として消極的な役割を促すようになる。専門家より知らないと自覚しているために，たとえば環境問題に関する議論と意思決定のプロセスに自らを関わらせる理由など皆無になってしまうのである。この自己概念は，人間はどのように自然を扱うべきか決定するパワーを，自然科学者として養成される個々人に割り当てるための前提条件として考えることができる。想定し得る帰結の１つは，人間の自然に対する関わりの問いを扱うには科学的なものとは考えられないすべての見方を排除するというものであると考えた。

日常生活での対処の強調点が適用されれば，生徒はいかに物事が構成されるのかのみならず，問題解決の仕方と問題解決における知識の有用性をも学ぶことになる。生徒はどのように問題は理解されるようになるのかを学ぶ。このカリキュラムの強調点との関連において，生徒が学び得るのは，自然に対する関わりに結びついた問題はテクノロジー的な性質を帯びるものであり，自然科学に由来する知識を活用することで，問題は最も解決されるということである。問題はテクノロジー的なものであり，道徳的なものではないため，提起された解決が最も可能性が高いということに異論をはさむ余地がない。こうして，日常生活での対処の強調点の想定し得る帰結は，認識論的な強調点の帰結と同じものになるという。

上述の論拠をもとに Östman は，科学，テクノロジーおよび意思決定の強調点の帰結は，「私」は道徳的な問題を解決したり，あるいはその立場をとったりすることについて無学で無能であると考えるようになると推断した。教科書に示された科学知識は，客観的に正しい真実の規範の根拠であるため，人間が自然をどのように扱うべきかについて決定する過程において，自然科学者には権威が付与されているとした。

道具的合理性，科学主義および，科学技術的な価値の基礎づけ主義には共通点がある。その共通点とは，これらが自然科学と科学者に社会における特権的な地位を与えていることである。結果的に，私たちの自然に対する関わりを扱った社会における意思決定の過程において，「私」は無学で重要な存在ではないというような，市民として消極的な自己概念になり得る潜在的な可能性を危惧していたのであった。

Niazほかの化学教科書分析は，実証性の担保に努めたものであり，アメリカで発行された一般化学教科書75冊を分析した。「科学の性質」に関する記述内容が，現代科学論の知見を踏まえた9つの規準に従って得点化された。得点結果から教科書には，表1-1-4のように評価されたのである。その規準とは，以下の9つであった[34)]。なお，表1-1-4の平均ポイントは9つの規準の各得点を算出したものを教科書数で割ったものである。つまり，そのスケールは18から0となる。その記述内容の少なさから「科学の性質」の取扱いを拡充するべきであるとする主張がみられた。

表1-1-4　種々の期間における一般化学教科書の比較

期間	教科書数	平均ポイント
1965-1989	15	2.3
1981-1990	27	2.5
1991-2000	23	2.5
2001-2008	10	2.4
全教科書	75	2.3

【出典】Mansoor Niaz and Arelys Maza (2011): *Nature of Science in General Chemistry Textbooks*, Springer, p. 26の一部を訳出して転載。

規準１　科学理論の暫定的性質。

規準２　科学において法則と理論は，異なる役割を担うこと（証拠を付け加えたとしても，理論が法則になることはない）。

規準３　段階的に進む科学的方法はない。

規準４　観察は理論負荷的なものである。

規準５　科学知識はすべてではないものの著しく，観察，実験から得られる証拠，合理的な議論，創造性，懐疑主義に依存する。

規準６　科学の進展は，対立する諸理論の競争によって特徴づけられる。

規準７　科学者は，同一の実験結果を異なる形で解釈することができる。

規準８　科学理論の進展は時折，相反する基礎に基づくこともある。

規準９　科学的な考えは，社会的歴史的環境の影響を受ける。

分析対象の化学教科書の選択は，以下の６つのガイドラインに従って行われた[35)]。

(a) 大学と近隣の図書館での教科書の入手可能性。

(b) 近年の教科書を含む。

(c) 何度かの改訂・増補を行い発行されている教科書を含むこと。改訂・増補は，科学教育のコミュニティに受け入れられていることを示すものである。

(d) 最近の教科書と比較するために，1990年以前に発行されたものを含む。42冊の教科書が1965～1990年に発行されたものになっている。

(e) さまざまな地域にいる科学教育者たちの助言・相談が，本研究における教科書の翻訳という形であらわになっていること。

(f) 科学教育雑誌におけるさまざまな研究が，これらの教科書を使用していること。

この規準は，以下の基準により当てはめられ，点数化された[36]。

- 充分である（2点）：その規準が記述され，かつ，多様な側面を例示しようと事例を記述したのであれば，教科書におけるその取扱いは充分であると考えられる。
- 記載されている（1点）：規準について，わずかに述べたり事例がなかったりする，単なる記述である。
- 記載されていない（0点）：本研究において考えられる規準に密接に関わる課題について，言及していない。たとえば，規準3についていえば，ある教科書は伝統的な諸段階に基づいた科学的方法を記述するかもしれず，「情報を知らせていない」見方として，記載されていないと分類される。

この分析結果から，6つの特徴，すなわち，（1）化学史は「内部からの」化学である（社会との関わりが軽視されている），（2）理想化としての科学法則，（3）化学：量的な科学なのか，（4）科学者の特性，（5）科学者が実践するように，私たちは科学を教えているのか，（6）著者や出版社の影響，が指摘されたのであった[37]。

以上のように近年の海外における化学教科書研究には新たな動向がみられている。本研究は，化学工業教材の歴史性と社会性に着目し，いわゆる個人的な（個人の集積的な）意図から教材選択を説明するものである。ワードカウントや教材数のカウントを中心とする数量的アプローチは，解明された教材選択の意図の根拠としても使用することにする。

第２節　高等学校化学教育における化学工業教材選択の内的および外的条件

前節において，科学カリキュラムの変化を説明する理論について検討を加えた。分析理論を３つ類型化し，教材選択を説明する場面における各々の理論上の利点と課題を論じた。ところで中内は，教育的意図こそが，教育的行動を方向づける中核的概念であると論じている[38]。外的条件は，内的条件である教育者の意図を通してはじめて教育の事実を規定する。内的条件にはみえにくいものがあり軽視される傾向があるという。本研究では，外的条件の産業界からの影響を捉えるだけでなく，内的条件である教科書執筆者の工業に関する教材選択の意図の解明を重視することにした。

（1）化学工業教材選択の内的条件

産業構造や社会構造が変化したとしても，その変化が化学工業教材選択に反映されるには，理科教育の意図に基づく必要があり，この意図を化学工業教材選択の内的条件と呼ぶことにする。化学工業教材の選択行為を方向づける，１つめの化学工業教材選択の内的条件は，理科教育の抱える課題の打開策の提示である。その課題とは，理科教育内容と実社会・実生活との関連づけである。理科教育内容が児童・生徒の実生活・実社会からかけ離れたものになっているという指摘は1970年代以降もたびたびなされていて，理科教育関連学会，研究会等において多くの実践が報告されてきた。文部科学省は，平成16年度に国立教育政策研究所内の日常生活教材研究会に対して，『学習内容と日常生活との関連性の研究―学習内容と日常生活，産業・社会・人間とに関連した題材の開発―』を委嘱した。当該報告書には，内的な関連性という心理学的な知見に基づく教材選択の視点が提示されていて，数多くの工業製品が登場していた。とはいえ，生徒にとって心理的に関わりの深い工業製品の意味するところは広範であり，検討の余地があるといえる。

海外の科学教育に目を転じると，1990年代に入ってcontext-basedアプローチ（contextを起点として，科学の考えを“need to know”とする状況を生み出して生徒の主体的学習を促進するアプローチ）が提唱され，具体的なプログラムづくりが進展するようになった。そのなかで，工業に関する教材を数多く掲載する高等学校化学教科書が現れている。その好例が，アメリカ化学会発行の*Chemistry in Community*，イギリス・ヨーク大学科学教育グループ発行のSalters Advanced Chemistryシリーズの*Chemical Storylines*などである。さらに，地域の特性を活かした工業に関する教材づくりも行われている。たとえば，主力輸出品の１つである臭素をテーマにしたイスラエル・ワイズマン科学研究所の『臭素とその化合物』のプログラムである。

はじめに，*Chemistry in Community*について述べたい。現代の社会は科学技術を基盤にして成立している。一方で，社会のニーズが科学技術の研究・開発の方向性を決めるようにもなっている。この実態を踏まえて，科学教師が「科学とは何か」について生徒に理解を図ろうとすれば，科学・技術・社会の相互のつながりに注目したカリキュラムを構成することになる。とはいえ，科学や技術に起因する社会的な問題は，生命倫理，遵法の徹底，環境汚染への対処等々，多様な側面を含み込んだものになっている。この複合的な問題を解決するためには，科学知識の習得だけでは充分でなく，トータルな思考や意思決定能力，行動力が必要になる。これらの必要性から開発されたものが*Chemistry in Community*である。同教科書は７つの単元から構成されており，その１つに「石油：結合の切断と生成」がある。表1-2-1は内容構成を示したものであり，基礎的な化学概念や化学実験を関連づけながら，想像上のコミュニティにおける社会的諸問題の解決を図るストーリーになっており，問題解決スキルの育成をも目指す点に，本単元の特徴がある。

つぎに，イギリス・ヨーク大学科学教育グループ発行の*Chemical Sto-*

表 1-2-1　*Chemistry in Community* の「石油：結合の切断と生成」の内容構成

セクションA　石油：何か 石油とは何か　蒸留分離（探究活動題材）石油精製　石油の分子を確かめる 炭化水素　沸点（スキル育成）化学結合　アルカンのモデル化（探究活動題材） アルカンの沸点の傾向（スキル育成）アルカン再考（探究活動題材） アルカン異性体の沸点（スキル育成）燃料と気候（意思決定）
セクションB　石油：エネルギー源 エネルギーと化石燃料　エネルギー変換　自動車のエネルギー変換（スキル育成） エネルギー効率（スキル育成）　エネルギーの変換効率　燃焼（探究活動題材） 燃焼熱の利用　燃焼熱（スキル育成）代替燃料　輸送燃料
セクションC　石油：物質をつくる源 新たなオプションの創出：石油化学製品　高分子の構造と性質（モデリング題材） アルカン以外のもの　ビルダー（探究活動題材）　さらなるビルダー分子 酸素を含むビルダー分子　縮合高分子　縮合（探究活動題材） 輸送におけるビルダー分子（意思決定）
セクションD　石油の代替エネルギー エネルギー：過去と現在　燃料源の経時変化（スキル育成）　代替燃料とエネルギー源　バイオディーゼル燃料（探究活動題材）意思決定　石油代替物のバイオディーゼル 代替燃料の乗り物　代替燃料の選択を評価する（意思決定）

【出典】American Chemical Society (2006): *Chemistry in Community*, Freeman, pp. 208-287.

rylines の内容構成を述べる。同教科書は14の単元から構成されており，最後に「化学工場を訪ねる」というユニークな単元がある。表 1-2-2 は当該単元の内容構成を示したものである。化学工業に従事する人々や利潤のような経済性の話題等々，現実の化学工業を映し出したものになっている。この単元には，化学プラントの訪問を強く推奨するユニークな活動が含まれており，プラント訪問には計画を練りレポートを提出するまで，１週間以上かけることが求められている。比較的多くの時間を費やすのには，この活動に明確なねらいがあるからである。すなわち，「実験室における良質のプラクティカルワークは，化学の経験を個人的に促し，化学の考えの理解を促すものである。同様に，化学プラントの訪問は，化学工業における研究作業の仕方を学

表 1-2-2　*Chemical Storylines* の「化学工場を訪ねる」の内容構成

はじめに　研究開発　化学プラントを建設する　化学工業に従事するひとびと 安全な方法　環境問題　建設する場所　原材料を選ぶ　利潤を生み出す　まとめ

【出典】University of York Science Education Group (2000): *Chemical Storylines*, Heinemann, pp. 284-296.

表 1-2-3　『臭素とその化合物』の章構成

第１章　はじめに
第２章　死海の臭素
第３章　どのように臭素が生産されるのか？
第４章　アイディアから製品まで
第５章　臭化物の製造
第６章　臭素とその化合物の応用

【出典】ワイズマン科学研究所：
http://www.weizmann.ac.il/sci-tea/Brombook/contents.html
（確認日：2019年１月10日）

ぶことができるものであり，この訪問が工程において活用される化学原理の理解に寄与する」[39]というのである。日本の観察実験活動に相当するプラクティカルワークに近い重要性が化学プラントの訪問には与えられているのかもしれないのである。化学プラントの訪問は，生徒に次の６つの望ましい変化や機会を生み出すという。すなわち，動機づけと自信の増加，問題解決スキルの向上，学校で学ぶ化学とリアルな生活状況との関連性のよりよい理解，大規模な製造や小規模な研究の理解の促進，職業機会に対する見通し，リアルな探究活動を行う機会である[40]。

最後に，地域の特性を活かした工業に関する教材づくりという点で，イスラエル・ワイズマン研究所の『臭素とその化合物』を述べる。このテキストは６章構成であり（表 1-2-3），「製造プロセス，製品と応用」を中核にして，周辺に，化学原理や安全に関する側面，環境的側面，技術的側面，経済的側面が配置されるカリキュラム構成モデルで，そのねらいは次の９つである。すなわち，（1）化学工業における基本的な化学原理と概念の応用を例示する，（2）生徒個人および，生徒の生きる社会に対する化学工業の重要性と関わりを例証する，（3）化学工場の設置と稼動に密接に関連する技術的，経済的および環境に関する要因の基本的な知識を育成する，（4）化学プラントの設置場所，原材料の供給，労働力，環境に対するケアの仕方および，ケアに関連した経済的な側面のような，地域の化学工業が直面するいくつかの特殊な問題を探究する，（5）基礎技術，経済，工業プロセスの点で工業のなかで使用される専門用語を使用する，（6）実験室と工業プロセスの相違点および，工業生産の構想で必要なスケールアップの諸段階を提示する，（7）工業のダイナミックな性質を例証する，（8）化学工業の直面する経済的環境的技術的な問題に関する情報を提供する，（9）化学産業と社会的政治的課題（道徳的倫理的な矛盾をはらむ環境に関する課題および議論）のつながりを提示することにあった[41]。

先の *Chemical Storylines* における単元「化学工場を訪ねる」と同様に，『臭素とその化合物』もまた工業プラントの訪問を重視している特徴がみられた。『臭素とその化合物』では，以下の7つの規準を工業プラントの選択に当てはめていた。すなわち，（1）その化学工業は地域において重要なものであり，地域の原材料に基づいている。（2）生徒は，ある特定の工業プロセスにある主要な化学概念を理解し応用できなければならない。これらの主要な化学概念は，生徒の先行する化学知識に基づくものでなければならない。（3）ケース・スタディに含まれる工業プロセスと概念は，技術的経済的環境的および社会組織的な課題に応用され得るものになっている。（4）ケース・スタディには，さまざまな教授テクニックと教育的介入を実行することによって，教室学習環境を変化する機会がある。（5）ケース・スタディは，生徒を学習の中心に位置づける潜在的な可能性をもち，個人でも小さい協働グループであっても生徒の知識を構成する。（6）工業は，さまざまな実施段階だけでなく開発段階でも進んで協力する。たとえば，関連性のある背景になる知識を提供したり，教師の現職研修に参加したり，フィールド探索を支援したり奨励したりする。（7）教師は，さまざまな開発プロセスの段階に積極的に関与する，である。

以上，海外の科学教育において化学工業教材を取り扱った3つのプログラムは，いずれもリアリティを重視するものであった。なかでも，*Chemical Storylines* と『臭素とその化合物』では，リアリティを地域の化学工業との関わりにおいて担保しようとしていた。とりわけ，臭素を多く含む死海の海水から臭素を製造する工業の盛んなイスラエルでは，地域の化学工業との関わりを重視する傾向が顕著であった。

とはいえ，教育内容のリアリティを「工業の地域性」において担保しようとすると，新たな難題が生じるといえる。近年の科学技術研究開発は国際競争のなかにあって，今後もその傾向が続くものと思われる。そのため，たとえ生徒の身の回りに化学工業が存在していたとしても，世界規模でネットワーク化されている工業の現状を考えると，「地域性」がリアリティを確実に担保できるとはいえないのである。この難題は，普遍性の認められる主たる理科教材である科学概念を扱ったものにはみられず，工業に関する教材を論じる際に特有の課題となっている。

2つめの内的条件は，学校教育で重視されつつあるキャリア教育実践への寄与である。先述の3つのプログラムには，いずれも科学に関連した職業が具体的に掲載されていた。

Coles は，科学者の仕事の視点から科学を記述することおよび，問題解決における技術的コンテクストを利用する教育課程には，若者を動機づける潜在的な可能性があり，科学や技術以外の職業を志望するかもしれない生徒にも役立つのではないかと提起した。そのため，職業を志向した理科教育課程が産業界のニーズを満たしつつ，職業に最も興味を引きよせるための機会となると述べていた[42)]。

しかしながら，Bell ほかが懸念するように，生徒の動機づけと産業界の意向をともに満たす展望は楽観的なものなのかもしれない。Bell ほかによれば，中等教育において新たに出現した国際的な動向である vocationalization（一般教育の職業教育化）により，イギリスでは応用科学が設置されたという。この改革のねらいは，カリキュラムを将来の職業に向けてより一層レリバンスのあるものにするためであったが，学校に基礎を置いたフィールドワーク，国家レベルのアンケート調査およびその他の情報源をもとに分析したところ，応用科学の理念が明白なものでなく，サポート体制が未発達であり，学校には相当な負担を強いた事実を導き出していた[43)]。

さらに，Solomon は，科学的リテラシーの育成を目指すはずの科学―技術―社会の相互連関に着目したSTS カリキュラムには，産業構造が産業自体の目的のために学ばれるものがあり，コミュニティにおける関心事をめぐる利害関係のようなものを学ばないと指摘している。このカリキュラム編成過程では，産業界の役割が過度に緊密なものとして特定されていると述べている。名の通った数の限られた企業が教材に相当な額を費やしており，生徒がこのトピックについてあらゆる視点に関して学ぼうとするならば，STS コースの教師はこの教材の使用に注意を払う必要があるのではないかと提起している[44)]。

（2）化学工業教材選択の外的条件

高等学校化学教科書の化学工業教材選択の外的条件には，化学教科書の記述内容に関心を呈してきた化学工業団体の存在がある。とくに近年になってキャリア教育や職業教育の充実が学校教育全体で図られており，理科教育における工業に関する教材の開発が求められるのではないかと考えられる。しかし，「化学工業教材」の考えは歴史的に形成されてきたものでありこれまでの歴史的な移り変わりを踏まえて検討しなければ実効的なものにはなり難いのではないかと推察される。

1990年代以降のアメリカやイギリスの化学教育では，教育プログラムの作成過程において化学工業界が密接に関わるようになっている。その背景には，科学技術人材育成といった化学工業界の強い関心があり，財政面においても直接的な支援を行っている。日本においても，化学工業界が化学教科書の記述内容等に関心を寄せている事実がある（表1-2-4）。

科学技術人材育成の視点からいえば，これまで，日本の学校教育に影響を与える要因として考えられてきたのは，主に経済界であった。たとえば，日本経営者団体連盟（以下，「日経連」と略記）は，1954年12月に「当面教育制度改善に関する要望」を発表した。その要望は，「わが国企業の経営の実態，殊にその大部分を占むる中小企業の要請にも充分応え得る学校制度，学校計画，教育内容，学校施設等について一段の工夫と改善を加え，併せて教育行

表1-2-4　化学工業関連団体による化学教育への要望，提言等

年月	団体名	化学教育に関する要望・提言・報告
1976年10月	日本ソーダ工業会	学校教育を対象とした広報予算の計上
1976年10月	化学工学会	機関紙『化学工学』で座談会「産業界から大学教育に望む」
1977年1月	化学工業社	『化学工業』中・高校化学教育の改造（化学工業の大改造計画）
1980年	日本化学工業協会	中学生対象作文コンクール「暮らしと化学」開催
1991年	日本化学会	化学教育振興特別委員会設立
1991年6月	化学工業日報社	社説「見直される化学教育への期待と希望」
1997年3月	日本化学会	学会内に「化学教育協議会」設立
1997年7月	化学工業日報社	記事「科学技術立国の基盤理科教育の強化急げ」
1998年9月	化学工業日報社	社説「教育改革に向けた化学産業からの要望」
1998年9月	日本化学会	教育課程審議会中間まとめに要望を文部大臣に答申
2000年1月	化学工学会	機関紙『化学工学』で副会長，教育行政への影響を模索する発言
2000年8月	化学工学会	ケミカルエンジニア人材育成センターの設置

【出典】国立国会図書館：『雑誌記事索引データベース』および，ジーサーチ社：『化学工業日報記事情報データベース』等をもとに作成。

政の根本的刷新を断行すること」であった。1957年12月には，日経連技術教育委員会は，小学校，中学校，高等学校の理数科教育および職業教育の振興を図るとして，初等中等教育制度の複線型化，中等教育における普通課程と職業課程の分化，中学校と高等学校を連結した6年制の職業高校の早期実現，理工系進学生徒を優先する育英制度の充実を提唱した。熊谷によれば[45]，この段階の要求は政府・与党に強い影響力をもつ経済界からの要求であるだけに政策形成に重い圧力を及ぼすものであったが，まだ自然発生的であり，産業構造上の教育要求を教育政策に連関させるレベルには至らなかったという。しかし，経済界の改革提案の一部は，後に高等学校におけるコースの多様化，工業高等専門学校，技術科学大学の設立として実現したのであった。また，西川・小林[46]は，1945年から1983年に出された，日経連，日本商工会議所，東京商工会議所，経済同友会，経済団体連合会，関西経済連合会の教育に関する要望58件を分析して，科学教育と技術教育に関する経済界の要望増加数と文部予算額の相関関係を指摘した。これらの先行研究は，理科教育に対する経済界の影響を理科教育制度や理科教育予算の視点で論究したものであり，化学工業界の化学教科書の記述内容の関わりに具体化したものではなかった。

先行研究において本格的に論じられていなかったとはいえ，化学工業に関連した団体や学会の機関紙，化学工業の動向を報道する業界紙をみると，化学教科書の記述内容に対して化学工業界は関心を呈し続けてきた。そのいくつかを例示したい。日本ソーダ工業会は，1973年の水銀汚染報道に関連した風評被害の原因をソーダ工業に対する一般の認識不足にあるとして，とくに学校教育を重視して，1976年にPR予算をはじめて計上して，学校教育に向けた広報活動を展開した。当時の日本ソーダ工業会担当者は，学校教育を重視した背景について，次のように回顧した。

> ソーダ工業という名称は，現在の学校教育では全然使われていない。今回，学校の先生方と接触してみますと，ソーダというのは禁句になっていて，あくまでも「ナトリウム」といわれている。昔の方々は「苛性ソーダ」ということで教わ

っておりますが，ただいまの教科書ではこれは水酸化ナトリウムなんです。ソーダ灰は炭酸ソーダでなく，「炭酸ナトリウム」ということになっています。ソーダ工業という名称も，また教科書にはでてこない。（略）ですから，社会人になるまでにソーダ工業に対する知識を得る機会はほとんどなくて，理科の課程で水酸化ナトリウム，塩素，炭酸ナトリウムを教わるだけ[47]。

大学教員や企業関係者で構成される化学工学会もまた，理科教育内容に関心を示して，理科教育行政への影響力の増強を模索した。化学工学会の機関紙のなかで，初等教育内容，中等教育内容，大学教育内容の一貫性の再構成を提起した。そのなかで，当時の化学工学会副会長は，次のように明言した。

学会が教育問題に関して文部省を動かせるだけの影響力を持っていないとまずいじゃないかと，前から思っているんです。それをどう持つか，これからの学会の組織能力が問われるところじゃないかと思います[48]。

2000年8月，同学会は，化学工学会教育部門委員会をケミカルエンジニアリング人材育成センターに発展させて，初等中等理科教育支援をセンターの事業として明示して，運営委員会内に理科教育委員会を創設して，具体的活動を展開し始めたのであった[49]。

化学工業に携わる人材を確保する点において，日本の化学工業界を代表する業界紙『化学工業日報』もまた，化学教育に対して関心を抱いてきた。とくに1990年以降になると，数回にわたって教育に関する要望を社説に掲載した。その1つである「教育改革に向けた化学産業からの要望」[50]をみると，教育課程審議会が中間まとめを文部大臣に答申した事実を簡潔に記した後，「化学業界も，人材育成に与える影響が大きい今後の理科教育に注目する必要がある」と喚起した。日本化学会の中間まとめに対する要望や見解を整理した後で，「日本化学会の見解と要望は，日本の化学工業の人材確保とも密接に結びついているだけに，業界関係者も今後の成り行きを注目していく」必要性を訴えたのである。

日本化学会は，わが国最大規模の化学関連学会である。同学会は，1948年

1月，純正化学に関する学術団体の日本化学会と，工業化学に関する学術団体の工業化学会との合同によって成立した経緯がある[51]。日本化学会は伝統的に「化学教育学会」をもたず，化学教育委員会がこれを行ってきた。この理由を，日本化学会は「化学の世界では伝統的に化学教育を重視し，これを教育を専門にする方達のみに委ねるのではなく，広く研究に携わる人が等しく関心を持つべきとの理念が深く浸透し，化学教育の専門の学会を作る道を避けてきた」と説明した[52]。1998年9月に，日本化学会と日本化学会内化学教育協議会が，教育課程審議会の「幼稚園，小学校，中学校，高等学校，盲学校，聾学校及び養護学校の教育課程の基準の改善について」に関連して文部大臣に対して，教科内容の削減は専門家の意見も入れて慎重に行うように要望した。このように，化学工業関連の諸団体，諸学会は，高等学校の化学教科書記述内容に数多くの提言と提案をしてきたのであった。

ところで，上述の産業界や学界の関心をディスコースとして捉えて，その主体化作用から，理科教育関係者が逃れられないのだとすれば，説明原理は一方向的な対応関係に留まり続けることになりかねない。しかし，理科教育関係者の経験だけに説明原理を求めることも困難である。教科書教材の選択行為は私的なものではなく，ほとんどの場合，大人数によってなされるものだからである。しかも，放たれた理科カリキュラム・ディスコースが，理科教育関係者を主体化させる作用があったとしても，理科教育は意図的行為であり，主体化を変容し得るのもまた，理科カリキュラム・ディスコースになる。

構造と過程なのか，それとも，行為と経験なのか，社会史の抱える難題に対して，コッカは，構造と過程，行為と経験の間にある関係の把握こそを重視していた。すなわち，

> 歴史的構造は，とりわけその生成期にあっては，個人または集団の経験から導き出され，目的に動機づけられている諸行為から発生し，そうした諸行為によって繰り返し影響され，安定化されたり変更されたりするということである。たと

えその構造が，同時に独自の力学をどれほど発展させるものであり，構造の側でも経験や行為を規定することがどれほど多く，また構造が，人々の意図した行為の目的や彼らの経験と一致することがどれほど少ないことが常であるとしても，そうなのである。一方における構造と過程，他方における行為と経験―この両者の連関を，屈折と不一致との歴史的に変化しうる関係として把握することが重要なので，こうした連関を否定したり無視したりすることが重要なのではない。こうした連関を無視することは，方法的に見れば，歴史的現実を客観主義的に構造や過程に還元するか，あるいはそれを主観主義的に行為―経験の連関として誤認してしまうかの，いずれかを意味するだろう。歴史的現実がそうした行為―経験の連関になることを，空想的に願望することは可能である。しかしあたかも歴史が実際に行為―経験の連関であるかのようにふるまうとしたら，それこそ致命的な誤りであろう[53]。

このようにコッカは，「経験，知覚，態度，行為と，他方における構造，過程との間の適切な結合に成功すること」[54]の重要性を指摘したのである。

この両方を結びつけるものとしても，本研究では，教科書執筆者の化学工業教材選択の意図に着目している。化学工業教材選択の意図は，行為主体である化学教科書執筆者に特有のものである。選択行為は経験的なものであり，その判断は主観に基づいている。しかしながら，教材選択の行為自体は，構造と無関係に存在し得るものでない。むしろ，客観的に捉え得る構造，本研究の場合，産業構造等の影響を受けながら，教科書執筆者は教材を記述するので，構造と経験を結びつける1つの要因になっているからである。本研究では，教材選択の意図に着目しながら，典型事例に基づいて，可能な限り教科書，教師用指導書を集めて分析して実証性を担保しようとした。

第3節　典型事例の選択基準の設定

本節では，数多くの化学工業教材から，典型事例を個別に選び出す基準を説明する。1つめの基準は，化学教科書において特徴的かつ特異的な移り変わりのパターンを示しているかである。そのパターンとは，変わらずに安定的に登場しているもの，教科書において出入りの多いもの，新たに登場したもののいずれかである。この基準は，永田が教材変遷のパターンを理科教材の「断絶と復活」と表現したことに基づいている。２つめの基準は，１つめの基準を満たしつつ，化学工業界において，以下の特徴のいずれかを満たすかである。第一に，化学工業界において基幹産業と呼ばれているものである。化学工業には，生徒が普段見聞し得ないような素材を製造する側面がある。日常生活や環境問題とは異なり，生徒の生活世界と関わりの希薄な化学工業に関する教材を選ぶ点において，教科書執筆者の意図が明らかになると考えたからである。第二に，公害問題の発生と環境問題の顕在化の影響を受けて発展した，環境低負荷型の化学工業である。この基準は，公害問題の発生と環境問題の顕在化が1970年代における化学工業のイメージを激変させたことに起因している。社会全体における化学工業のイメージの悪化は，高等学校化学のイメージ変化と深い関係があるので，教科書執筆者の意図が瞭然たるものになると考えたからである。第三に，高付加価値型の化学工業である。これは，安価な原料をもとに高い機能性を有する材料を開発する，日本の製造業の特徴をもとにしている。将来の化学工業像を考慮する点において，教科書執筆者の意図が鮮明化するのではないかと考えたのである。このように，９通りの組み合わせから典型事例を選出し，教材の変遷を調べた。いうまでもなく，各々の事例は，完全には独立していない。たとえば，環境問題の影響を受けた基幹産業があれば，ある製造法が公害問題を発生させたこともある。つまり，第２章から第４章までの各節は，いわばモノグラフ形式をとるものの，教科書執筆者の意図の解明を基軸にして，相互に密接に関連したものになっている。

以下，典型事例についてその概要を述べることとする[55)]。

はじめに論じるハーバー・ボッシュ法教材は，1890年代後半からハーバーが取り組んだ空中窒素からのアンモニア合成であり，工業的規模での実施は

1908年，ボッシュによってはじめてなされた。鉄鋼業教材は，日本の主力産業であり戦後一貫して，安定的に登場してきた教材であり，終戦直後から日本の産業を牽引してきた代表的産業である。石油化学工業教材は，石油および天然ガスを原料として，燃料・潤滑油以外の用途に用いる化学製品を製造する工業であり，石油化学はスタンダードオイル社が重油熱分解の副生ガスからイソプロピルアルコールを合成したのが最初といわれる。その後，多数の化学製品の合成法が開発され，1950年中頃から石油の大量生産に呼応して大々的に行われるようになり，石炭化学に取って代わった。すなわち，上記原料から誘導されるオレフィン（エチレン，プロピレン，ブテン）とBTX（ベンゼン，トルエン，キシレン）などを基礎原料とし，酸化をはじめ重合，アルキル化，水和，水素化，異性化，脱水素，脱アルキル，不均化などの反応を駆使して種々の石油化学製品を作り出すようになった。

第３章では，主に二酸化硫黄を原材料にして硫酸を得る硫酸工業教材を扱う。硫酸は工業上の用途が広く，肥料，繊維，薬品などの化学工業および鉄鋼，金属，食品などの諸工業などあらゆる分野にわたって用いられている。水酸化ナトリウム製造法教材は，隔膜法，水銀法，イオン交換膜法からなる。隔膜法は，無機化学工業で，食塩水を電解して塩素と水酸化ナトリウムと水素を製造する電解ソーダ法の１つであり，電解槽の陰極には鉄網または有孔鉄板，陽極には炭素などが用いられ，両極の間にはアスベスト製の隔膜が置かれる。通電によって陽極には塩素が発生し，陰極では水素の発生と水酸化ナトリウムの生成が行われる。電解液はさらに陰極の孔を通して流下させ，濃縮して食塩を分離し，45%の液状水酸化ナトリウムまたは固形水酸化ナトリウムを製する。隔膜法でつくられた水酸化ナトリウムはふつう２～３%の食塩を含み，水銀法のものに比べて純度が低い。イオン交換膜法を広い意味の隔膜法に含めることもある。水銀法は，電解ソーダ法のうち，電解の陰極に水銀，陽極には炭素を用いるものをいう。隔膜は用いず，電解反応では陽極に塩素が発生し，陰極にナトリウムアマルガムが生成する。アマルガム中のナトリウム濃度が約0.2%に達すると陰極のアマルガムを解汞槽に導き，水で分解して水素と水酸化ナトリウム溶液を得る（解汞）。解汞のすんだ水銀は再び電解槽にもどす。水銀法でつくられた水酸化ナトリウムは隔膜法のものに比べ純度が高い。水銀法は，水銀の漏出を防ぐためクローズドシステム化が進んだが，イオン交換膜法などに転換され，現在の日本では行われていない。イオン交換膜法は，食塩水を電気分解して塩素，水酸化ナトリウムおよび水素を製造する電解ソーダ法の１つで，陽イオン交換膜を隔膜として用いる方法である。イオン選択性，耐薬品性，機械強度が高く，しかも導電性の大きい膜の開発に成功したため，1975年頃にわが国ではじめて実用化された無公害，省エネルギープロセスである。

燃料電池教材は，電池活物質として，正極に酸素または空気，負極に水素，メタノール，炭化水素などを用い，これら反応物を外部から補給し，生成を逐次外部に除去して連続的に長く使えるようにした気体電池の一種である。電解質の種類により，アルカリ水溶液型，リン酸水溶液型，溶融炭酸塩型，固体電解質型などに分けられる。閉じた系内で電池反応を行うふつうの化学電池と異なり，反応物，生成物を通過させて化学エネルギーから電気エネルギーへの変換を受けもつ一種のエネルギー変換器と考えてよい。電極反応を速くするために，電極の表面積を大きくしたり（多孔質物質を電極にする），電極表面に触媒をつけたりする。酸素用触媒には銀，ニッケルなど，水素または炭化水素用触媒には白金，パラジウムなどがある。また温度を高くすることが著しく有効なので，融解塩や固体電解質を用いて数百度で使う高温燃料電池も研究されている。最も開発が進んでいるのは，水溶液電解質を用いる方式である。アルカリ水溶液型は宇宙開発装置用として実用化されている。リン酸水溶液型は電力用に開発が進められている。燃料電池は，化学エネルギーを直接電気エネルギーに変えるので，火力発電方式に比べ高い変換効率が期待されている。また火力発電では，小規模になると効率が低下するのに対し，燃料電池による発電では効率が低下しないので，小規模分散型発電所にも適しているなどの利点がある。

第4章で取り扱う繊維産業もまた，日本の主力産業であり，織物など伝統産業と化学繊維など近代産業の間にあって，多くの教材が消えていったり，新たに登場したりしている特徴をもつ。スーパー繊維教材は，PEN 繊維やポリ乳酸繊維など1990年代になって化学教科書に掲載され始めたものである。医薬品は，生薬と呼ばれる伝統的な薬から分子設計を中心とした現代的創薬まで，多様な教材が出入りしている教材である。窯業（陶磁器，ガラス，セメント）は，戦後の主力産業でありながら，伝統技術を基礎として，セラミックス工業（ニューセラミックス工業，ファインセラミックス工業）に発展を遂げた。高度経済成長の時期を過ぎて，日本の産業構造は重厚長大型から高付加価値を生み出す型に移行した。産業構造が変化するなかで，ファインセラミックス工業が国家プロジェクトに位置づけられて，伝統技術を活かして先端技術が発展した独自性を有している。

9つの典型教材の分析を通して，日本の理科教育における化学工業教材選択の変遷と意図を，第5章でまとめることにする。

第2章　基幹産業型の化学工業に関する教材の変遷と反応装置の象徴化

第1節　ハーバー・ボッシュ法教材の継続的掲載とその背景

本節では，教科書執筆者の意図と化学工業教材選択の関わりを探る事例として，高等学校化学教科書のハーバー・ボッシュ法教材を選んだ。対象としたのは，1952年から1998年に発行された高等学校化学教科書5社86種90冊である[1)]。これらの高等学校化学教科書のなかで，ハーバー・ボッシュ法教材に着目して，戦後の高等学校化学教科書が一貫してハーバー・ボッシュ法教材を掲載してきたことを明らかにする。戦後改訂された高等学校学習指導要領理科編にはアンモニア合成工業は明記されておらず，したがって教科書執筆者の判断によるところが大きいと判断した（表2-1-1)。

なお，窒素と水素を高温高圧触媒の条件下で反応させてアンモニアを合成する製造法は，ハーバー法あるいはボッシュ法，ハーバー・ボッシュ法と呼ばれるが，本節では，ハーバー・ボッシュ法と総称することにする。

1947年度版高等学校学習指導要項（試案）[2)]では，高等学校「化学科」の目標，教材一覧，指導上の注意に，ハーバー・ボッシュ法のようなアンモニア合成法の名称が記されなかった。1949年発行大日本図書『高等学校の科学化学Ⅰ』[3)]では，「窒素・リンの化合物。肥料」の単元で，ハーバー・ボッシュ法という具体的名称こそ記さなかったもののアンモニア合成法がすでに掲載されていた。単元の冒頭には，「農作物の収穫を増すには肥料が必要である。肥料の成分として特に重要なのは窒素・リン・カリウムの化合物であって，これを肥料の三要素という。このうち窒素とリンは同属の元素で窒素にはア

表 2-1-1　高等学校学習指導要領理科編のアンモニア合成工業に関する記述内容

年度	科目	高等学校学習指導要領のアンモニア合成工業に関する記述内容
1947	化学科	記述なし
1951	化学	単元「空気の成分はどのようなはたらきをするか」の目標に「化学平衡の移動が物質の製造に利用されることを理解する」，学習活動に「アンモニア製造工場の見学」が記された。
1956	化学	「生活及び産業に関係の深い物質」のなかで，「肥料」と「アンモニア」が例示された。
1960	化学A 化学B	「指導計画作成および指導上の留意事項」に，「生活や産業（特に化学工業）との関連」について明記された。
1970	化学Ⅰ	内容の取扱い：「無機化学工業，たとえば硫酸・アンモニア・ソーダ工業などは，各事項の中で触れるようにすること」
1978	化学	「触媒」の取扱い：「化学工業においても活用されていることを，例えば，アンモニア合成などで触れる」
1989	化学ⅠA	「空気からできるもの」の取扱い：「例えば，空気という身近にある物質を化学工業の原料としてとらえ，化学反応によって，アンモニアから化学肥料や尿素樹脂などが造られ，人間生活に役立つ物質になることを扱う」
	化学ⅠB	「無機物質」の取扱い：「代表的な無機物質は，化学工業との関連にも触れること」
	化学Ⅱ	「触媒」の取扱い：「身近に見られる触媒の事例や化学工業における利用例に触れ，その認識を深めさせる」

ンモニアや硝酸のような重要な化合物がある」と示されて，「肥料に使う硫酸アンモニウム（硫安）NH_4SO_4 はこのアンモニアを鉛室硫酸に吸わせてつくる」というように，肥料用途を詳しく記していた。また，同社の化学教科書は，ハーバー・ボッシュ法以外にも石灰窒素法を併記していた。

1951年度高等学校学習指導要領理科編（試案）には，単元「空気の成分はどのようなはたらきをするか」の要旨，目標，学習活動にアンモニア合成工業関連の記述がみられた。すなわち，本単元の要旨には，「空気中の窒素からアンモニアが合成され，また，酸素の酸化作用を利用して亜硫酸ガス・硫酸・硝酸がつくられること，およびこれらの化学工業の成功は，触媒の発見や化学平衡に関する研究の進歩に大きな原因があった」と記されて，目標は，「化学平衡の移動が物質の製造に利用されることを理解する」こととされた。その学習活動には，講義形式によるアンモニア合成法，化学平衡に対する温度・圧力等の影響，触媒作用の説明のほか，アンモニア製造工場の見学といった校外学習もまた想定されていた[4]。化学教科書をみてみると，大日本図書発行『化学上』[5]では，「空気の化学」の単元において，ハーバー・ボッシュ法が掲載された。前述の1949年同社発行化学教科書と同様に石灰窒素法によるアンモニア製造が併記されていた。ハーバーの名称を新たに本文中に記載したこと，また，「アンモニア合成法の完成は，化学平衡の理論や触媒の発見などの化学的研究と，高圧に耐える機械工業の発達のたまものである」と装置産業としてのアンモニア合成工業に言及した点が特徴的であった。さらに，毛織物の洗剤，外用薬，中和剤，冷媒，肥料，火薬，乾電池が列記されてアンモニア関連製品の用途が詳述されていた。実教出版発行『化学上』[6]も同様に「空気の化学」の単元でハーバー・ボッシュ法を取り上げていて，「今日では，空気中の窒素をアンモニアにしたり硝酸にする工業も非常に盛んになってきた」と当時のアンモニア合成工業の進展が記述されていた。

1956年度版高等学校学習指導要領理科編[7]では，「化学」の教育内容に生活および産業に関係の深い物質が掲載されて，そのなかで化学肥料とアンモニアが登場した。また，化学変化という教育内容の１つとして，化学平衡が登場した。ただし，これらの教育内容は，「教育的な配慮から必要と認められる場合は，追加し，あるいは削除してもさしつかえない」とされていた。1956年度版高等学校学習指導要領理科編対応化学教科書をみてみると，新興出版社啓林館発行『高等学校理科化学』[8]の「化学反応と熱」の単元で，アンモニア合成法が登場して，そのなかでアンモニア合成工業は，「いろいろの化学工業のうちでも大工業として発達している」と解説された。

以上，1950年代に発行された高等学校化学教科書におけるハーバー・ボッシュ法の記述は，1940年代に発行された教科書に比べると，化学工業におけるアンモニア合成工業の重要性と大規模化を詳述する内容が多く，また，アンモニアとアンモニア関連製品の用途を具体的に紹介する内容が多かった。

しかし1960年代の高等学校化学教科書をみると，記述傾向に変化がみられた。大日本図書発行『化学３単位用』[9]では34行にわたる記述量が，同社発行『新版化学Ａ』[10]において７行に急減して，「酸・塩基・塩」の単元に移動していた。同様に，実教出版発行『高校化学５単位用』[11]では37行にわたって記されたアンモニア合成法が，『化学Ａ改訂版』[12]で８行に減少して，「窒素の化合物」の章に移動していた。また，それまで登場していた石灰窒素法がなくなっていた。これらの化学教科書が準拠した1960年度版高等学校学習指導要領理科編[13]には，「化学Ａ」の指導計画作成および指導上の留意事項に「生活や産業（特に化学工業）との関連を考慮して指導するようにする。実際の応用例などを取り扱うときは，細部にわたったり，特殊な事項にふれたりすることを避け，化学の基本的な事実，法則などとのつながりをじゅうぶんに理解させることがたいせつである」とされた。また，「化学Ｂ」の指導計画作成および指導上の留意事項も同様に，「基本的な事項の指導においても，生活や産業（特に化学工業）との関連を図り，具体的な例などを用いて帰納的な考え方をさせることがたいせつである」とされた。

1970年度版高等学校学習指導要領理科編では，「化学Ｉ」の内容の取扱いに「無機化学工業，たとえば硫酸・アンモニア・ソーダ工業などは，各事項の中で触れるようにする」[14]と記されるようになった。1970年代発行の高等学校化学教科書のなかでハーバー・ボッシュ法は，化学平衡とその移動の単元で掲載された共通点を有していた。たとえば，大日本図書発行『化学Ｉ』[15]では，化学平衡の記述のなかに，化学平衡移動の法則の一例としてアンモニアの合成法が取り上げられて，この単元の最後に，アンモニアの工業的製法の項が設けられていた。アンモニアは，「硫酸アンモニウム

$(NH_4)_2SO_4$（肥料），硝酸アンモニウム NH_4NO_3（肥料，爆薬），塩化アンモニウム NH_4Cl（肥料，乾電池の材料），硝酸 HNO_3，尿素 $CO(NH_2)_2$（肥料，合成樹脂の原料）などの製造原料となり，化学工業上重要なもの」とされて，化学工業における基幹物質としての重要性が記述された。この記述は，改訂後の『改訂化学Ⅰ』，『新版化学Ⅰ』においても変化はなかった[16]。数研出版発行「化学Ⅰ」対応教科書も同様に，化学平衡でハーバー・ボッシュ法を取り上げていた。「アンモニアの合成」の項目で，アンモニア生成の熱化学方程式を用いて，平衡移動概念の一例としてアンモニア合成法を記載して，改訂後も同様の記述であった[17]。新興出版社啓林館もまた化学平衡の単元で，ハーバー・ボッシュ法を取り上げたものの，省略された記述内容であった。『化学Ⅰ』[18]では，化学平衡の概念を解説した後，ハーバー・ボッシュ法の名称を掲載せずに，「工業的には適当な触媒を用い，温度や圧力を適当に選んで，最も経済的にアンモニアがつくれるようくふうしている」と記された。この記述は，改訂後の『化学Ⅰ改訂』[19]においても同様であった。

ただし，1970年度版高等学校学習指導要領理科編対応の高等学校化学教科書2種には，化学平衡と化学平衡の移動の他の単元で，ハーバー・ボッシュ法が掲載された。「水素化合物」の単元で，ハーバー・ボッシュ法の名称こそないものの合成装置図を付して16行記述したのは，新興出版社啓林館発行の『化学Ⅰ新訂』[20]であった。また，「第2周期の元素とその化合物」でハーバー・ボッシュ法を取り上げたのは，実教出版発行『化学Ⅰ』[21]であった。「窒素を原料とする化学工業」の項目で，「アンモニアの製造」を取り上げていて，その記述内容は，同社発行『化学A改訂版』と同様であった。また，別著者による「化学Ⅰ」対応教科書では，アンモニア合成における鉄触媒作用が焦点化されていた[22]。

1978年度版高等学校学習指導要領理科編では，再編成された科目の「化学」の内容である「触媒」について「化学工業においても活用されていることを，例えば，アンモニア合成などで触れる」[23]とした。アンモニア合成は，

「化学平衡」，「窒素・リンの化合物」の両者で，教材化される傾向にあった。大日本図書発行化学教科書はこの両方で取り上げた。『化学』[24]では，ルシャトリエの平衡移動の法則の応用でハーバー・ボッシュ法が取り上げられて，別著者による『化学』[25]では，窒素・リンとその化合物でハーバー・ボッシュ法が取り上げられていて，この記述は改訂後も同様であった[26]。『新版化学』では，化学平衡の単元で，「化学工業における応用」として記された。「物質を工業的に合成しようとするときには，よい触媒と，適切な反応条件を見つけることが大切である」と記された。実教出版発行教科書では，『化学』[27]の化学平衡のなかでアンモニアの合成を取り上げていて，合成装置の図を挿入していた。同一著者による『化学改訂版』[28]では，窒素・リンの化合物に移動して，同一のアンモニア合成装置図が付されていた。1980年代以降，とくに触媒が詳述される傾向にあり，１つの教科書で化学平衡，窒素・リンの化合物の単元で二度登場することもあった。その好例が，新興出版社啓林館発行「化学」教科書[29]であり，化学平衡の単元で，化学平衡と化学工業の関連を論じた後，窒素・リンとその化合物でもハーバー・ボッシュ法が取り上げられていた。なお，化学平衡の単元だけでハーバー・ボッシュ法を掲載した「化学」教科書[30]，窒素・リンの化合物だけで掲載した「化学」教科書[31]もあった。

1989年度版高等学校学習指導要領改訂を受けて，高等学校化学は「化学ＩＡ」，「化学ＩＢ」，「化学Ⅱ」の３科目に分科した。「化学ＩＡ」の「空気からできるもの」では，「例えば，空気という身近にある物質を化学工業の原料としてとらえ，化学反応によって，アンモニアから化学肥料や尿素樹脂などが造られ，人間生活に役立つ物質になることを扱う」[32]とされた。また，「化学の進歩とその役割」では，「化学の発展に貢献した偉大な化学者及び化学の成果について触れる」[33]とされた。実教出版発行「化学ＩＡ」教科書では，資源の利用と化学のなかで，窒素化合物工業やアンモニアの工業的製法が掲載された[34]。新興出版社啓林館発行「化学ＩＡ」教科書[35]では，化学の応用と人間生活におけるアンモニアの化学の歴史の項目で，ハーバー・ボッシュ法を取り上げて，「化学肥料の生産に大きく貢献するとともに，今日の化学工業を発展させるもとになった」と記された。1989年度版高等学校学習指導要領理科編において「化学ＩＢ」は，「無機物質」の内容の取扱いとして，「代表的な無機物質は，化学工業との関連にも触れること」[36]が明記された。多くの「化学ＩＢ」教科書[37]は，窒素・リンの化合物の単元でハーバー・ボッシュ法を取り上げた。また，「化学Ⅱ」の1989年度版高等学校学習指導要領理科編では，「触媒」の内容で，「身近に見られる触媒の事例や化学工業における利用例に触れ，その認識を深めさせる」[38]と説明されたばかりでなく，「化学平衡の移動」の内容においても，「化学工業とのかかわりについては，例えば，アンモニア合成などに触れる」[39]とされた。「化学Ⅱ」教科書[40]は，化学平衡の単元で，ハーバー・ボッシュ法が取り上げられていた。

以上のように，戦後発行の高等学校化学教科書で，単元の差異や記述量に増減はあるとはいえ，ハーバー・ボッシュ法は，一貫して取り上げられてきたことがわかった。1950年代は肥料との関連で取り上げられて，化学工業におけるアンモニア合成工業の重要性を論じたものが多かった。1960年代になると，1950年代の教科書に比べてアンモニア合成の記述量は減少して，空気のような日常生活よりも塩基のような化学概念を核とした単元に移動した。また，ハーバー・ボッシュ法以外のアンモニア合成法である石灰窒素法が消滅した教科書もあった。1970年代になると，化学平衡のような化学的概念を核とした単元でハーバー・ボッシュ法は取り上げられることが多かった。1980年代，窒素とリンの化合物という無機物質各論で取り上げられるようになった。1990年代，３科目に分科した化学は，「化学ＩＡ」で資源と化学，「化学ＩＢ」で無機物質各論，「化学Ⅱ」で化学平衡であった（表2-1-2）。

つぎに，実際に高等学校化学教科書のハーバー・ボッシュ法教材選択に関与した人物への質問紙調査とアンケート調査から，ハーバー・ボッシュ法教材選択の視点を明らかにした。調査は，教科書会社５社に，ハーバー・ボッ

表 2-1-2　戦後発行化学教科書にみるハーバー・ボッシュ法教材の記述内容の特徴

年代	ハーバー・ボッシュ法教材の記載の特徴
1950	「空気の化学」の単元で教材化，肥料との関連，化学工業におけるアンモニア工業の重要性。アンモニア合成工業の大規模化に触れる教科書もあった。
1960	1950年代の化学教科書に比して記述量が減少。「酸・塩基」の単元で教材化された。
1970	「化学平衡」の単元，化学工業の項目化，原料アンモニアの重要性，触媒の重要性。
1980	「化学平衡」と「窒素・リンの化合物」の単元，触媒の重要性。
1990	「化学の応用と人間生活」，「窒素・リンの化合物」，「化学平衡」の単元。

シュ法教材を選択した意図や背景を訊ねる質問紙を送付した（2001年８月）。ただし，１社については，1989年以降，化学教科書を発行していないので，1982年発行化学教科書を対象とした。また，教科書会社１社の執筆関係者に対しては，インタビュー調査を行った（2001年11月）。文書または電子メールにより返答を得たのは，４社５名であった。

この調査で判明したのは，高等学校化学教科書の編集者と執筆者の間に，ハーバー・ボッシュ法教材選択の意図に関して，違いがみられることであった。たとえば，編集に携わったＡ氏は，「定番教材」であり，「名称に触れる程度，工程などを扱うことはない」と回答した。Ｂ氏は，「大学入試にも頻出であり，高校化学としては昔からなじみのあるもの」と回答した。Ｃ氏は，「ソルベー法やオストワルト法と同様で，扱ったことに深い意味はありません。化合物の学習において，性質や製法を紹介する際に，クラシックなものを記述したようです」と回答した。

対照的に，化学教科書の執筆者は，ハーバー・ボッシュ法教材の選択について明確な意図を有していた。Ｄ氏は，「工程に，触媒，反応速度，化学平衡，化学平衡の移動など，化学反応の基礎理論が多く含まれ，具体的な工業工程を理解させる格好の教材」と返答した。Ｄ氏は，工業的製法を紹介するというよりも工業工程を理解させるものと考え，その際に複数の基礎的な化学的理論が集約されていることを挙げた。Ｅ氏は，そのような化学的理論の集約ばかりでなく，ハーバー・ボッシュ法のもっている化学史上の画期性をつぎのように指摘した。「（１）化学平衡（および熱力学）の理論が化学工業に役立った初めてのケースであった。（２）プラント設計という面からも，機械工学，材料工学を駆使した技術の集約であった。（３）化学工学的テクノロジーの実用化において初めてのケースで，触媒化学（反応速度理論）の夜明けともいえる。（４）アンモニア合成の工業化により肥料生産が安定化し，食糧増産へと繋がっていった。これが人口の爆発的増加の起因となり，20世紀の大きな発展となった。（５）工学的，社会的な影響から考えて，化学史上，５本の指に入る発明といえる」とのことであった。インタビューを行ったＦ氏も同様に，「工程に，触媒，反応速度，化学平衡，化学平衡の移動など，化学反応の基礎理論が多く含まれること」と，「アンモニア合成の工業化により肥料生産が安定化し，食糧増産へと繋がっていった」ことを教材選択の理由とした。

この結果から，高等学校化学教科書編集者・執筆者のハーバー・ボッシュ法教材選択の視点は，（１）主要な化学概念・原理・法則の反映と，（２）化学史上における画期性にあった。また，大学入試問題への出題という現実的で外的な要因も認められた。つぎに，化学工業におけるアンモニア合成工業成立の画期性と，その消長を論じることにする。

窒素と水素を直接的に化合させるアンモニア合成は，1908年，ドイツのハーバーによって理論的に研究されて，1913年，同じくドイツのボッシュによって実用化に成功した。同年，BASF 社はハーバー・ボッシュ法による空中窒素固定工場を建設した。アンモニアは，火薬製造に必要不可欠な硝酸と硫安肥料の原料となるために，1914年に勃発した第一次世界大戦の影響もあって，各国で，アンモニア合成法の確立に向けて研究が進行した。1916年にはフランスのクロード，1920年にはドイツのカザレーが各々，アンモニア合成に成功した。わが国においても，1918年，当時の農商務省内に臨時窒素研究所が設置されて国産技術によるアンモニア合成研究に着手した。1921年に政府保有のハーバー・ボッシュ法特許権が８社に譲渡されるなど，アンモニア合成工場の操業開始が急がれたのであった。最初にわが国で操業を開始したアンモニア合成工場は，1923年の日本窒素の日産５トンクラスであったが，この合成技術は，ハーバー・ボッシュ法ではなくカザレー法であった。

戦前のわが国におけるアンモニア合成工業の特質は，以下の３点に要約される[41)]。第一に，日本のアンモニア合成の誕生は，アンモニア法ソーダ，接触硫酸，合成染料等の先行技術の蓄積の上に築かれたものではなく，むしろこうした先行技術は，アンモニア合成と同時に並行して生まれている点である。つまり，近代化学技術の体系的蓄積なしに，主として西欧の外国技術の移植によって形成された。第二に，アンモニア合成に必要不可欠な技術を創出する周辺産業の脆弱性である。アンモニア合成の企業化には，連続的工程と高圧接触反応の装置機械を要するが，機械工業が未発達であって，装置機械もまた外国に依存していた。第三に，市場面からみてみると，肥料市場に特化していて，他の結合生産物の市場が成熟していない点である。当時はまだコンビナート化すべき，結合生産物の多面的技術開発に欠けていたのであった。他の産業と同様に，アンモニア合成工業もまた，第二次世界大戦の戦災により壊滅的打撃を受けて，終戦時には，戦前のピーク24％まで生産量を落としていた。終戦後，アンモニア合成工業は，政府の重点産業指定を受けて，急速に生産量を回復させていった[42)]。1949年には，化学肥料の硫安（硫酸アンモニウム）の生産水準が戦前の水準に回復して，1952年には，生産過剰となった。わが国の肥料工業は，生産価格を下回る価格でインド・韓国向けに輸出を行ったのであった。この輸出の赤字分を国内価格に転換されることを危惧した消費者の意見により，同年12月に，衆議院農林委員会は，「肥料価格の適正化並びに供給確保に関する件」の決議を寄せたのであった。同決議に基づき設置された肥料対策委員会は，1954年７月に，「硫安需給調整策」と「肥料工業の合理化方策」を政府に答申した。このような過程を経て，1954年に「臨時肥料需給安定法」と「硫安工業合理化及び硫安輸出調整臨時措置法」が公布されたのであった。この「硫安工業合理化及び硫安輸出調整臨時措置法」と同時期に，通商産業省は「硫安工業合理化五ヶ年計画」を策定して，硫安工業合理化の目標と具体的方法を，硫安工業と関連の深いアンモニア合成工業に指示した。そのなかで，アンモニア合成設備の輸入税を免除して，イタリア，アメリカ，フランスから１日あたり100トン規模のアンモニアを製造する設備の導入を図り，コストの削減を行ったのであった。

1960年代になると，通商産業省は，「アンモニアの設備調整について」（1965年３月）と題する行政指導をアンモニア合成工業界に通達して，アンモニア合成設備の大型化を推進した。この指導により，アンモニア合成工業は委託生産形式による合成設備の共同化を行った。これは，自力で設備を建設しようとする特定の比較的大手の一社に対して，他の数社が割り当てられた自社の増設枠に相当するアンモニアを委託生産し，これを買い取るという形式である。具体的には，東洋高圧グループ，三菱化成グループ，住友化学グループ，宇部興産グループなどが形成されて，いずれのグループも，1965年から1967年にかけて，大型アンモニア合成プラントの新増設を行った[43)]。こうしてアンモニア合成工業は，原料水素をコークス，石炭から原油，ナフサ，天然ガスに転換して，関連産業とコンビナートを形成しつつ，アンモニア設備の大型化を図り，急速に生産量を増大していったのである。しかしながら，多くの化学工業と同様に，アンモニア合成工業もまた，1970年代の二度にわたる石油危機により，転換期を迎えることになった。原油の高騰のみならず，肥料輸入国の自給化進展などによって，アンモニア合成工業の国際競争力は急激に低下した。アンモニア合成工業は，「特定不況産業安定臨時措置法」の指定を受けて，1979年から第一次構造改善事業を実施して，アンモニア119万トン（全能力の26％）の過剰設備を処理した。この事業のなかは，２基の大型新鋭プラントも含まれていた[44)]。1982年には「特定産業構造改善臨時措置法」の指定を受けて，合成設備廃棄，高効率設備への生産集中，高稼働率の維持，原料の多様化，省エネルギー技術の導入などの合理化を実施してきた。アンモニア合成工業は，それまでの輸出依存型から内需需要型に転換したのである。アンモニア，アンモニア系製品の輸入に加えて，アンモニアを基礎原料として使用する工業の海外移転など，国内のアンモニア生産量は減少の一途をたどっている[45]。当時の業界紙は，「アンモニアは化学肥料製造原料であるとともに，多様な誘導体を生産する化学工業原料であり，アンモニア工業は化学工業の基幹の一つである。またアンモニア製造技術は，高圧ガス技術を中心として高度の知識集積を有し，わが国の貴重な財産の一つでもある。今後とも安定生産基盤の確保が必要とされている」[46]とアンモニア合成工業の状況を危惧したのであった。この「わが国の貴重な財産」という表現が好例であるように，ハーバー・ボッシュ法を原型としたアンモニア合成工業は基幹産業としての重要性のみならず，高温高圧触媒下の化学反応を使用した，日本の化学工業史上重要なエポックと考えられているのである[47]。

最後に，本節で論じた日本におけるアンモニア合成工業の推移と，教科書におけるハーバー・ボッシュ法教材の記述の特徴を整理する（表2-1-3）。

1950年代，戦災により壊滅的打撃を受けたアンモニア合成工業は，関連の深い化学肥料工業の重点化政策に伴い急速に発展した。高等学校化学教科書においても，主に空気の化学の単元で，肥料工業との関連でアンモニア合成工業の進展が解説されていた。1960年代には，アンモニア合成工業は，原料転換や設備の大型化によって，急速に生産量を進展させた。一方で，アンモニア合成工業の記述量を減少させる高等学校化学教科書が多く，単元は酸・塩基で扱うことが多くなった。1970年代になると，アンモニア合成工業は，輸出依存型産業から，国内充足型産業に転換することになり，教科書においては，化学平衡の単元に移動して，原料としてのアンモニアの重要性，触媒の重要性を論じるものが多かった。アンモニア生産量が1960年代前半の水準

表 2-1-3　高等学校化学教科書におけるハーバー・ボッシュ法教材の選択とその背景

年代	教科書記述内容の特徴	歴史的背景
1950	・空気の化学の単元で教材化。 ・肥料との関連。 ・化学工業におけるアンモニア工業の重要性	政府：化学肥料工業を重点産業に指定して，アンモニア合成産業を振興する。「硫安工業合理化五カ年計画」により，積極的に技術導入を支援する。
1960	・記述量の減少。 ・塩基，窒素化合物の単元で教材化。	「アンモニアの設備調整について」（1965）により，原材料を石油，原油，ナフサ，天然ガスに転換して大型化。
1970	・化学平衡の単元。 ・化学工業の項目化。 ・基幹物質としてのアンモニアの重要性。 ・触媒の重要性。	石油危機，原材料の高騰によって，輸出から国内充足型産業への転換。「特定不況産業安定臨時措置法」の指定（1979）を受ける。
1980	・化学平衡と窒素・リンの化合物の単元。 ・触媒の重要性。	「特定産業構造改善臨時措置法」（1982）の指定を受けて，一層の合理化を進める。
1990	・化学の応用と人間生活，窒素・リンの化合物，化学平衡の単元。	アンモニア，アンモニア系製品の輸入のみならず，アンモニア原料工業の海外移転，立地などにより，国内のアンモニア生産量が減少する。
ハーバー・ボッシュ法教材選択の視点 ・主要な化学概念・原理・法則の反映 ・化学史上における画期性		

で低迷していたにも拘らず1980年代においては，窒素・リンの化合物でも扱われるようになった。1990年代には，「化学ＩＡ」，「化学ＩＢ」，「化学Ⅱ」の全科目で登場している。このことは，1980年代以降の教科書執筆者へのインタビューによれば，現実の工業的製法の消長を反映するというよりもむしろ，その化学史上における画期性を重視していた。

このように，戦後発行された高等学校化学教科書のハーバー・ボッシュ法教材の記述内容は，アンモニア合成工業における技術的な進展から原料の重要性（肥料，尿素など），化学概念（化学平衡，触媒）に重点を移行してきた。一方で，教科書執筆者の回答から明らかになったように，化学工業教材は純粋自然科学における法則だけでなく，科学史上のエピソードを通じて人間的な世界を開示する意図で選択されたのである。

第２節　鉄鋼業教材における溶鉱炉の保持と周辺装置の変化

本節では，戦後発行化学教科書の鉄鋼業に関する教材を典型事例とした。鉄鋼業は日本の主力産業であり，中核技術の冶金において化学工業と密接に関連している。また，鉄鋼業は，エネルギー多消費型の産業であり，2012年には，製造業の約３割のエネルギーを使用していた[48)]。当該産業は，省エネルギーが普及・浸透する前から，熱管理の考えで使用エネルギーの低減に努めてきた。この経緯を踏まえて，当該産業を省エネルギーの優等生と称する関係者もいる[49)]。一方，溶鉱炉において，鉄鉱石を銑鉄に還元する際に生じるガス，煤塵，粉塵等々は，大気汚染物質として社会的な関心を集めてきた。

研究の方法としては，第一に，学習指導要領の記述内容を調べた。第二に，教科書における当該産業に関する記述割合と平均授業時数変化を算出した後，記述内容の変遷を分析した。調査対象の高等学校化学教科書は，14社103種102冊（1948～2013年発行）であった[50)]。分析の着眼点は次の通りであった（図 2-2-1）。

A　省エネルギー技術
（1）製鋼法の種類　（2）各工程における省エネルギー装置　（3）鉄リサイクル技術（電気炉法）

B　大気汚染問題
（1）銑鉄工程における集塵器　（2）大気汚染の社会問題

C　製鉄の全体像
（1）溶鉱炉　（2）熱風炉　（3）鋼材製造工程（圧延）

D　鉄鋼の用途・熱処理
（1）鉄鋼の種類・用途　（2）炭素鋼の熱処理

図 2-2-1　本節における教材分析の着眼点

「A　省エネルギー技術」では，つぎの3つの記述内容に着目した。（1）製鋼法の種類には，平炉，転炉，LD転炉（上吹き，底吹き，上底吹き），電気炉法がある。電気炉法は，鉄リサイクル技術と密接に関係しているので別項目とした。（2）各工程における省エネルギー装置は，製鉄所の各工程に取り付けられた省エネルギー装置を調べるものである。具体的には3つの技術，すなわちCDQ（コークス乾式消火），TRT（炉頂圧発電），OG（転炉排ガス回収法）および，単独の技術ではないものの，使用エネルギーの低減につながるCC（連続鋳造）である。

「B　大気汚染問題」では，（1）溶鉱炉において生じる粉塵を回収する集塵器（除塵器）の記載および，（2）社会における大気汚染問題に関する記述内容に着目した。

「C　製鉄の全体像」では，鉄鋼業の省エネルギー・大気汚染対策が，製鉄工程全体で取り組まれている実態から設けた分析視点である。具体的には，製鉄工程の主要な装置である，（1）溶鉱炉，（2）熱風炉，（3）鋼材製造工程（圧延）に着目した。

「D　鉄鋼の用途・熱処理」では，アウトプットである「製品」としての記述に着目したものである。具体的には，（1）鉄鋼の種類・用途と（2）炭素鋼の熱処理（焼きなまし，焼ならし，焼き入れ，焼き戻し）を対象にした。

はじめに，教科書教材の内容を外的に規定する学習指導要領の内容の移り変わりについて調べ，鉄鋼業に関する記述内容に着目した[51)]。

1947年度版の「高等学校学習指導要項理科編（試案）」では，「教材一覧」に「鉄とその化合物」が示された。1947年度版を具体化した1951年度版の「高等学校学習指導要領理科編（試案）」には，単元「金属にはどんな特性があるか」が示されており，目標には，「金属が材料としてもつ特性を理解する」，「おもな金属についてその物理的，化学的性質とその用途との関係を理解する」，「鉄について，さびを防ぐ方法を理解する」が示された。また，「学習の範囲と順序，学習活動」には，「どうして鉄が大量に用いられるようになったか」が記され，具体的な学習活動として，「見学（製鉄所・製鋼所を見学する）」，「生徒の説明（よう鉱炉・平炉・転炉・電気炉などの構造を示す図を作り，説明する）」，「話合い（製鉄所・製鋼所の作業の原理について話し合う。鋼と銑鉄との性質を比較する）」，「実験（縫針などを用いて，焼き入れ，焼きなまし，焼きもどし等の実験を行う）」，「表の作製（種々の鋼の利用を示す表を作成する）」，「問答（この部分を明らかにするために問答をする）」が示された。

1956年度版「化学」の目標には，「生活に関係の深い物質および化学現象，産業上重要な物質の理解・処理の基礎となる事実・概念・法則を理解し，それらを活用する能力を高める」ことが示された。ただし，５単位の内容にも，３単位の内容にも，「生活および産業に関係の深い物質」として鉄の記載がなかった。なお，「物質に関しては，目標にかんがみ，生活に関係の深い物質と産業上重要な物質の中から選んだが，いくつかの項目に関係のある物質は，いずれか一つの項目中に示して重複を避けたから，ある物質が，どの項目中にあるかということにとらわれる必要はない。これらの物質のほか，生徒が興味・関心をもつ物質として，地域の自然現象，地域の産業，時事問題，学習の中や日常生活の中の物質をも加えるべきである」と付記されていた。

文部省告示となった1960年度版から，目標に産業関連の記述はみられなくなり，内容の１つとして記述されるようになった。すなわち，「化学Ａ」（標準３単位）の内容には，「おもな元素とその化合物」として，「金属元素とその化合物」があり，その１つに鉄が例示された。「指導計画作成および指導上の留意事項」には，「生活や産業（特に化学工業）との関連を考慮して指導するようにする。実際の応用例などを取り扱うときは，細部にわたったり特殊な事項にふれたりすることを避け，化学の基本的な事実，法則などとのつながりをじゅうぶんに理解させることがたいせつである」とされた。「化学Ｂ」も同様であり，「指導計画作成および指導上の留意事項」には，「基本的な事項の指導においても，生活や産業（特に化学工業）との関連を図り，具体的な例などを用いて帰納的な考え方をさせることがたいせつである」と示された。

いわゆる現代化運動の影響を受けた1970年度版には，「化学Ｉ」の内容に，「物質の性質」が示されており，「物質の性質と化学結合」のなかに，「金属」が示された。「化学Ⅱ」の内容には，「物質の構造」の１つである「化学結合」に「金属結合」が記され，内容の取扱いとして，金属結合については，金属の性質との関連において扱うとされた。人間中心的なカリキュラムといわれる1978年度版の「化学」では，内容として「物質の化学的性質」の１つに，「無機物質」が記され，内容の取扱いとして「鉄などの元素が関係する主な物質及びイオンを扱う」とされた。

1989年度版の「化学ＩＡ」の内容には，「金属（身近な材料)」，「鉱物からできるもの（身の回りの物質の製造)」が記述された。「化学ＩＢ」の「物質の性質」にある「無機物質」の「単体」の配慮事項には，鋼，鉄が関係する物質を扱い，代表的な無機物質については，化学工業との関連にも触れることとされた。「化学Ⅱ」には，鉄鋼業に関する記述内容は確認できなかった。1998年度版の「化学Ｉ」においても，「物質の種類と性質」の「無機物質」の「単体」の配慮事項には，「第３周期までの元素や日常生活とかかわりの深い元素が関係する物質及びイオンを中心に扱うが，羅列的な扱いはしない」，「金属イオンの系統的分離は扱わないこと。代表的な無機物質については，化学工業との関連にも触れる」ことが記された。「化学Ⅱ」の「生活と物質」における「材料の化学」の「金属，セラミックス」には，「金属については，腐食の難易やその防止にも触れる」という配慮事項が記された。

2008年度版では，「化学基礎」の「化学反応」における「酸化と還元」の取扱いについて，「ここでは，酸化還元反応が電子の授受によって説明できることや，それが日常生活や社会に深くかかわっていることを理解させることがねらいである。（略）酸化，還元については，その定義を酸素や水素の授受から電子の授受へと広げ，酸化と還元が常に同時に起こることを扱う。また，酸化還元反応は，反応に関与する原子やイオンの酸化数の増減により説明できることも扱う。日常生活や社会とのかかわりの例については，例えば，漂白剤，電池，金属の製錬などが考えられる」と記された。また，「化学」の「無機物質の性質と利用」における「無機物質」の「遷移元素」の取扱いには，「クロム，マンガン，鉄，銅，銀及びそれらの化合物」を扱い，「その際，用途にも触れる。また，日常生活や社会と関連付けて，例えば，鉄，銅などの工業的製法に触れることも考えられる」とされた。

以上，戦後の高等学校学習指導要領理科編における鉄鋼業に関する記述内容に着目したところ，２つの事実を確認することができた。１つめは，「鉄の性質」，「酸化還元反応」，「材料の化学」等々の記述内容に，鉄鋼業に関する内容が含まれてきたのであり，直接的かつ個別的に鉄鋼業を記述した学習指導要領はなかったことである。２つめは，産業との関連の重要性について，1956年度版までは目標に示されていたものの，以降，教育内容の一部として含まれてきたことである。

つぎに，高等学校化学教科書には鉄鋼業に関する教材がどの程度記述されてきたのかを算出した。また，教師用指導書において授業時数が提案されていたものがあれば，平均値を求めた。両者とも値が大きい程，化学授業における鉄鋼業に関する教材の重要度が高かったとみなすことができるといえよう。

高等学校化学教科書における鉄鋼業に関する教材の記述割合の変化を示したものが，表2-2-1である。鉄鋼業に関する教材の記述頁数を全頁数で割った千分率（‰，パーミル）で示した。1947年度版，1951年度版，1956年度版の学習指導要領対応教科書まで10パーミル台を維持していたものの，1960年度版の本格的なコース制の導入から変化が認められるようになった。すなわち，「化学Ａ」が14.7‰であったのに対して，アカデミック科目とされた「化学Ｂ」は6.4‰であった。以降，鉄鋼業教材の記述割合は，1989年度版「化学ⅠＡ」を除けば，２‰から５‰弱で推移していた。

教師用指導書において提案されていた鉄鋼業に関する授業時数の変化を示

表 2-2-1　高等学校化学教科書における鉄鋼業教材の記述割合の変化

年度	鉄鋼業教材の記述頁数／全頁数（‰）			
1947（2社2冊）	「化　　学」	14.4		
1951（6社7冊）	「化　　学」	9.4		
1956（4社5冊）	「化学5単位」	11.1	「化学3単位」	12.4
1960（5社15冊）	「化学　A」	14.7	「化学　B」	6.4
1970（7社17冊）	「化学　Ⅰ」	4.6	「化学　Ⅱ」	4.9
1978（5社5冊）	「化　　学」	2.8		
1989（6社9冊）	「化学ⅠA」	9.9	「化学　Ⅱ」	2.5
1998（6社24冊）	「化学　Ⅰ」	2.5	「化学　Ⅱ」	2.8
2008（5社19冊）	「化学基礎」	4.6	「化　　学」	1.9

表 2-2-2　教師用指導書における平均授業時数の変化

年度	平均授業時間数（時間）			
1947	「化　　学」	0.5		
1951	「化　　学」	2.2		
1956	「化学5単位」	2.7	「化学3単位」	1.8
1960	「化学　A」	2.3	「化学　B」	2.3
1970	「化学　Ⅰ」	1.0	「化学　Ⅱ」	0.6
1978	「化　　学」	1.5		
1989	「化学ⅠA」	2.1	「化学　Ⅱ」	0.8
1998	「化学　Ⅰ」	1.8	「化学　Ⅱ」	0.6

したものが表 2-2-2 である。入手できた指導書の数に限りがあり，鉄鋼業を含めた大単元の形式で授業時数をまとめて示したものが少なくなかった。まとめて示されていた場合，含まれる小単元の数をカウントして，全体授業時数をその数で単純に割って算出したため，表 2-2-2 の値は精度が低く，目安程度のものになっている。算出の結果，1956年度版および1960年度版の授業

時数がとくに多い傾向が認められた。

全体的にみれば，戦後の化学教科書では，0.6から2.7の授業時間が提案されており，この事実から鉄鋼業に関する教材が化学教科書において一定の位置を占めてきたことがわかった。

表2-2-1において明らかになったように，1960年度版の学習指導要領の対応教科書における記述割合には顕著な変化が認められた。また，1989年度版「化学ＩＡ」対応化学教科書の記述割合の急増も，１つの転換点とみなすことができた。記述割合の増加傾向が認められた（1）1947～1960年度版，記述割合が急減した（2）1970～1978年度版，一転して急増に転じた（3）1989年度版以降の３期に分けて，高等学校化学教科書における鉄鋼業に関する教材の記述内容を，省エネルギー・大気汚染問題を中心に分析する。

（1）1947～1960年度版学習指導要領対応化学教科書：溶鉱炉付属装置の図示と技術革新への即応

鉄鋼業は製造業において，日本の電力の３割を使用する主力産業の１つに成長した。しかし，戦後復興期当初の施策では，石炭，肥料，電力，鉄道，食糧に重点が置かれ，鉄鋼は含まれていなかった[52]。復興需要が増大し，鉄鋼の不足が問題化するなかで，石炭をはじめとする重点産業の増産のためにも，鉄鋼増産の必要性が認識されて，いわゆる傾斜生産方式（石炭と鉄鋼を重点産業として資金や資材を投入し，生産を軌道に乗せる）により，当該産業は発展したのである。当時の製鋼工程に着目すると，平炉法が中心であり，技術的な困難を抱えていた転炉法ではなかった。しかし，1948年の日本における平炉のエネルギー原単位（１トンの鉄鋼製造に要するエネルギー）は，250万～300万 kcalであり，アメリカの90万～150万 kcalに比べるとエネルギーのロスが問題になっていた[53]。

1949年７月のドッジ・ラインによる対日援助の打ち切りと各種補助金の削減によって国際的な競争下に置かれた結果，鉄鋼業界は，1951～1965年まで第一次から第三次までの合理化計画を策定し，実施することとなった。第一次（1951～1955年）は，高炉原料の事前処理の拡充，副産物回収設備の強化，近代的高炉の建設，平炉の大型化等々であり，主としてアメリカからの技術導入によるものであった。第二次（1956～1960年）は，圧延部門の近代化と純酸素上吹き転炉（LD 転炉）の導入であった。第三次（1961～1965年）は，粗鋼年産600万トン以上の製鉄所の建設と公害防止への投資などを柱としたものであった。

以上の背景を踏まえながら，図 2-2-1 に示した教科書分析の着眼点に従い，高等学校化学教科書における鉄鋼業に関する教材を調べると，当該時期の教科書には，3つの事実を確認することができた。1つめが，溶鉱炉だけでなく付属装置の図が示されてきたことである。銑鉄を得る装置群として，溶鉱炉だけでなく，鉄鉱石をコークスで還元する熱風炉，煙突から排出する前にガスに含まれる粉塵や煤塵を回収する集塵器（除塵器）までも示されることになった。付属装置が図示されながら，鉄鋼業の大気汚染防止への取り組みが示されていた。2つめが，鉄鋼業界の技術革新に即応する形で教科書教材になっていることである。当時の製鋼工程の主力であった平炉だけでなく，電気炉，転炉が示されており，平炉に比べて技術的優位性を確立するに至ったLD 転炉が主流になってくると，1962年発行教科書からLD 転炉が登場し始めていた[54]。3つめが，炭素鋼の熱処理方法が具体的に解説されていたことである。炭素鋼の主な熱処理には4つの方法，すなわち，焼きなまし（展延性の向上），焼きならし（炭素鋼の性質改善），焼き入れ（強さの増大），焼き戻し（靭性の回復）がある。調査対象の高等学校化学教科書では，焼き入れ，焼き戻しを記述していた点が特徴的であった。

（2）1970～1978年度版学習指導要領対応化学教科書：大気汚染問題への言及と集塵器（ガス浄化装置）の省略

表 2-2-1 および表 2-2-2 に示したように，当該時期の高等学校化学教科書

における鉄鋼業に関する教材の記述割合および想定授業時数は減少していた。しかし，詳細に教科書の記述内容をみていくと最も変化の確認できた時期でもあった。当時の鉄鋼業界は，石油危機を受けて省エネルギー対策に一層取り組み，製鉄所では工程を省略したり，排出される熱を回収する技術を導入したりするなどしていた。また，脱硫装置，脱硝装置を取り付けて，大気汚染問題にも取り組むようになった。

当該時期の高等学校化学教科書には，４つの事実を確認できた。１つめが，溶鉱炉の付属装置が省略されるようになったことである。溶鉱炉の図は多くの教科書において記述され続けたものの，付属装置である熱風炉のみならず，大気汚染防止の要である集塵器が消える傾向にあり，1980年発行教科書以降登場しなくなった。

２つめが，製鋼過程において，転炉，とくにLD転炉が記されるようになり，平炉および電気炉が記述されない傾向にあった。電気炉法は，1960年代までマイナーな製法であったものの，現在では鉄をリサイクルする技術として省資源に寄与している。電気炉が２割強の構成比を維持しているものの[55]，1978年発行の高等学校化学教科書以降，電気炉法教材は登場しなくなった。

３つめが，１つめの事実と相反する部分かもしれないが，大気汚染問題に直接言及していたことである。たとえば，「鉄の製錬・製鋼の過程で大気が汚染しないようにするには，どのような注意を払ったらよいか」を訊ねる問題[56]，「銑鉄１トンの生産にはその数倍の原料が必要であり，鉄以外のものは廃ガスとともに排出される固形のちり，および鉱さいとなる。わが国では年間約4600万トン（1968年）という大量の銑鉄が生産されるが，それに応じて大量のちりや廃ガスが発生することになり，これらの処理が現在重要な問題となっている」[57]などの解説が記されていた。鉄鋼業に関する教材選択の意図は多様であり，「製鉄は基幹産業であり，入試にもよく出題される。ていねいにとり扱いたい」[58]としたものや，「鉄が今日の文明を支えていることに気づかせながら鉄の製錬について学習をすすめるようにする。炭素の含有率によって鉄の性質がかわることに気づかせる」[59]などがあった。

4つめは，鉄鋼業に関する教材をまったく掲載しない教科書が出現したことである。しかし掲載しない理由について，対応の教師用指導書を調べたものの，明記されたものはなかった。

（3）1989～2008年度版学習指導要領対応教科書：エネルギー問題への言及とステンレス鋼の強調

最後に，平成に入ってからの高等学校化学教科書の鉄鋼業に関する教材の移り変わりについて調べた。当該時期の日本の鉄鋼業は国際的競争下に置かれており，コスト低減と高機能鋼材の技術開発が進められている。

この時期の教師用指導書をみると，「鉄鉱石を原料とする鉄工業は，重工業用材料の大座を占め，今では非金属材料やプラスチックとの競合があるものの，依然として，あらゆる産業の母体をなしている。鉄製錬法がどんな化学反応によるものかを理解させ，あわせて鉄の多方面にわたる利用を認識させる」[60]とあり，主力産業としての知識理解を図る点が重視されていた。当該時期の教科書を分析した結果，3つの事実が明らかになった。

1つめが，エネルギー問題への言及である。たとえば，「製錬には多くの熱エネルギーや電気エネルギーが必要である」[61]，「イオン化傾向が大きくなるにつれて，（略）さらに多くのエネルギーが必要になってくる」[62]などと記された。また，「スチール缶は，約88.5％（平成20年度）がリサイクルされて再利用されている。また，製鉄の過程で排出される二酸化炭素は地球温暖化の原因とされ，現在，さまざまな対策がとられている」[63]と環境問題の原因物質が二酸化炭素に変化している点も特徴的であった。2つめが，連続圧延が示されていることである。この製鋼技術は，物理的操作により鋼材を変形するものであり，化学的操作とは関わりが少ないものである。製鉄の全体像を理解するためには，製鋼と同様，必要不可欠な内容であるといえよう。

3つめが，ステンレス鋼の強調であり，2008年度版学習指導要領における記述の影響があると思われる。すなわち，無機物質が人間生活のなかで利用されていることを理解する「無機物質と人間生活」の内容の取扱いには，代表的な金属として，「例えば，チタン，タングステン，白金，ステンレス鋼，ニクロム，（略）などが考えられる」と具体的に記されていた。

（4）鉄鋼業に関する教材とエネルギー・環境問題

以上をまとめたものが，表2-2-3である。戦後発行高等学校化学教科書の鉄鋼業に関する教材は，鉄鋼業界における省エネルギーを含めた合理化の帰結である平炉から転炉への製鋼製法転換を即座に反映してきた。しかし，近年進展している排出熱の再利用のような技術については記述されていなかった。また，省資源に寄与する鉄リサイクルの主力である電気炉法についても取り上げられていない特徴があった。

環境問題との関わりについていえば，1970年代以降，溶鉱炉と付属装置の図絵から排ガスを清浄する集塵器の記載がなくなる一方，直接的に大気汚染を記述する教科書もみられた。大気汚染防止装置にはほかにも，脱硫装置，脱硝装置があるものの，鉄鋼業に関する教材として登場した装置はなかった。

第3節　1960年代の石油化学工業教材の登場と巨大産業化

本節では典型事例として，高等学校化学における石油化学工業教材を選んだ。その理由は，戦後の高等学校の化学教科書においてほぼ一貫して当該教材が登場してきただけでなく，後述するように，その取扱いをめぐって1960年代に理科教育関係者に議論がみられるなど，特徴的なパターンを示すと考えたからである。また，戦争で壊滅的打撃を受けた石油精製産業は，占領政策の転換や世界的なエネルギー革命を背景に，1952年には，石油精製企業の原油処理能力は戦前のピークを上回る水準にまで回復することとなった。通商産業省は，1955年に「石油化学工業の育成対策」を決定した。育成政策の

表 2-2-3　高等学校化学教科書における鉄鋼業教材の選択とその背景

<table>
<tr><th>年代</th><th>教科書記述内容の特徴</th><th>歴史的背景</th></tr>
<tr><td>1950</td><td>鋼材製造工程の「(連続)圧延」は，発行年代に関わらず一部の教科書で記述され続けてきた。</td><td>当時の製鋼工程では，平炉法が中心。技術的な困難を抱えていた転炉法ではなかった。
1951～1965年まで第一次から第三次までの合理化計画を策定し，実施することとなった。第一次（1951～1955年）は，高炉原料の事前処理の拡充，副産物回収設備の強化，近代的高炉の建設，平炉の大型化等々，主としてアメリカからの技術の導入であった。</td></tr>
<tr><td>1960</td><td>大気汚染問題を記述した教科書は，1970年代発行のものが多数を占めていた。</td><td rowspan="2">第二次（1956～1960年）は，圧延部門の近代化と純酸素上吹き転炉（LD 転炉）の導入であった。第三次（1961～1965年）は，粗鋼年産600万トン以上の製鉄所の建設と公害防止への投資などを柱としたものであった。

オイルショックを受けて省エネルギー対策に一層取り組み，製鉄所では工程を省略したり，排出される熱を回収する技術を導入したりするなどしていた。また，脱硫装置，脱硝装置を取り付けて，大気汚染問題にも取り組むようになった。</td></tr>
<tr><td>1970</td><td>・鉄リサイクルの主要技術に進展している製鋼工程の「電気炉法」の登場は，1978年発行教科書が最後であった。
・製鋼工程においてエネルギー効率の低い「平炉」教材の登場は，1979年発行教科書が最後であった。</td></tr>
<tr><td>1980～2000</td><td>大気汚染防止の主要装置の1つである「集塵器（ガス清浄装置）」は，1980年発行教科書以降登場していなかった。</td><td rowspan="2">国際的競争下に置かれて，コスト低減と高機能鋼材の技術開発が行われる。</td></tr>
<tr><td>2010</td><td>一部の2010年代発行教科書は，二酸化炭素の排出と地球温暖化現象に関連づけていた。</td></tr>
<tr><td colspan="3">鉄鋼業教材選択の視点
・連続工程の解説
・環境問題と関わり
・産業の趨勢の反映</td></tr>
</table>

目的は，（1）合成繊維，合成樹脂の原材料確保，（2）輸入に依存している石油化学製品の国産化，（3）主要化学工業原料の価格引き下げによる産業構造の高度化と関連産業の国際力強化にあったとされる。1960年代，日本の石油化学工業は，高度経済成長をリードする戦略産業の１つとして，飛躍的な発展を遂げることになった。

本節では「石油化学工業」を，石油や天然ガスを出発原料としてさまざまな生産工程を経て，合成樹脂，合成繊維原料，合成ゴムなど多種多様な化学製品を製造する産業と定義する[64]。石油化学工業に使用する原料は，その国の資源事情などによって異なるものである。日本やヨーロッパでは原油を精製して得られる石油製品のうち「ナフサ」を主原料としている。一方，アメリカ，カナダ，中東産油国では天然ガスや原油採取時の随伴ガスに含まれているエタンを主原料として使用する違いがある。

石油化学工業教材について，戦前の旧制中学校の教授要目と化学教科書等における取扱いを概観してから，戦後発行の高等学校学習指導要領理科編の記述内容を調べた。具体的には，1951年から2007年までに発行された，12社74種74冊の高等学校化学教科書を分析した。同数の教師用指導書も分析の対象にした。典型事例にした石油化学工業教材の特徴を探るため，本節では以下の手順を踏んだ。第一に，高等学校化学教科書の巻末に付された索引に「石油化学」または「石油化学工業」の項目があるものを抽出した（46種46冊）。第二に，この学習単元に示された化学用語をカウントして，当該教材に関連づけられた化学原理を探り，その特徴を明らかにした。第三に，高等学校化学の教師用指導書で想定された授業目標，授業時数および活動等を分析して，教科書執筆者の意図を探った。

戦後の高等学校化学における石油化学工業教材の移り変わりを論じるに先立って，戦前の旧制中学校における当該教材の歴史を概観する。戦後の高等学校の母型となった旧制中学校の理科的教科のなかでも，石油化学工業教材が取り上げられていた。そこで，戦前の教材史を調べることによって，日本の高等学校化学における石油化学工業教材の歴史的なつながりを見通すことができるのではないかと考えたからである。

はじめに，現在の学習指導要領に相当する中学校教授要目に対応した化学教科書にみられる石油化学工業教材の移り変わりを論じる。板倉らは，幕末から現代までの理科（科学）教育に関する歴史的資料をまとめた『理科教育史資料』のなかで，「旧制中学校・新制高等学校化学関係教材一覧」をすでに完成させていた。このリストには，1898年の尋常中学校教科細目調査報告から1960年度版の高等学校学習指導要領までの化学教科書に登場した教材がわかりやすくまとめられている。そこで，このリストを基本にしながら，関連の先行研究と旧制中学校の化学教科書の記述内容を踏まえて，戦前の中学校における当該教材の歴史を論じることにする[65)]。

板倉らの作成したリストによれば，中学校教授要目に対応した化学教科書において石油がはじめて現れたのは，1911年であった。第5学年で行われるようになった「化学」のなかに，石油が登場したのであり，1925年の中学校教授要目中物理及化学ノ部改正後も石油は同学年に残っていた。1931年の中学校教授要目乙表の「一般理科」でも燃料として記述されるようになった。戦時下の1942年の中学校教授要目中数学及理科ノ要目改正の「物象」では，第4学年に石油が石炭と併記された。翌年の1943年の中学校教科教授及修練指導要目の「理数科物象」では，第2学年の教授内容として石油が登場していた。

それでは，中等化学教科書の記述内容の特徴を具体的にみてみる。1928年改訂の化学教科書[66)]には，主要な化学概念の1つである化学エネルギーの単元において，反応熱につづいて燃料が登場していた。この単元では，反応熱の測定器具である熱量計の説明がなされた後，固体燃料，液体燃料，気体燃料があり，石油は液体燃料のなかで取り上げられていた。その記述内容をみると，「機関車，汽船，軍艦等では，原油をそのまま使用する。極めて優秀な燃料として現今各国がこれに注目している状態である」，「現時，自動車，飛行機，そのほかの内燃機関の発達が著しくガソリンの需要がはなはだ多くなった」と，石油のエネルギー源としての卓越性とその用途について触れられていた。さらに，秋田県黒川油田の噴油，越後新津油田，脱硫器，ガスタンク，大阪瓦斯会社の写真が付されるなど，工業的側面の説明に展開する内容構成であった。

石油を軍艦，飛行機などの兵器に関連づけて記していたように，当時の中学校教育における石油化学工業教材には戦争の影響を認めることができる。たとえば，1925年に刊行された受験参考書をみると，まず，石油の所在と製法，組成および性質が示されて，「C_7H_{16} なる化学式を有する炭化水素の0.5グラムを燃焼するに要する酸素の標準状態における体積は幾立なるか，またこのとき生じせし炭酸ガスおよび水蒸気の重さ如何」という問題があった[67]。この解説と問題は，当時の「陸軍士官学校」，「海軍兵学校」，「海軍機関学校」，「海軍経理学校」の入試対策であった。

このようにみると，戦前の石油化学工業教材はエネルギー源として注目されるようになった昭和初期に本格的に取り上げられるようになったといえる。しかし，教科書をみる限り，化学概念（燃焼熱）の解説後に，燃料としての性質が説明されていて，単に応用面だけが強調されたものではなかった。

なお，三井は，旧制中学校用と高等女学校用の化学教科書（4年の物象第2類）を比較すると，細部において教材の違いがあることを指摘していた[68]。石油の単元についていえば，旧制中学校用には石油，天然ガス，石炭ガス，石油の人造があるのに対して，高等女学校用には，生活と密接に関連した燃料の項目に，固体燃料，石油，気体燃料，天然ガス，石炭ガス，アルコールがあった。彼は，ほかにもいくつかの単元について違いを指摘しており，高等女学校の内容が家庭生活に関係ある実用的なものが強調されていると論じていた。この傾向は，たとえば1928年発行の『女子化学教科書』にも認められるものであった。同教科書では鉱油のもつエネルギー源としての卓越性に触れられることはなかった。また，鉱油の1つである揮発油の記述内容は

「脂肪などを溶解するから溶媒として用い，洗濯用に供し」とあり，家庭生活との関わりが記されていた[69]。

戦前の旧制中学校における石油化学工業教材には，男女差や戦争等々の時代的な影響がみられることを述べた。この記述内容の傾向は戦後になって大きく変化することになる。戦後の高等学校学習指導要領における「石油化学工業」の記述内容の移り変わりは，表2-3-1のようになっている[70]。

第二次世界大戦終了後，民主主義国家にふさわしい国民を育成する時代的な要請もあり，1950年代のわが国の理科教育には経験カリキュラムが浸透した。1951年度版の「中学校・高等学校学習指導要領理科編（試案）」では，今日では教科・科目中心の高等学校理科でも職業生活や日常生活を中心にした理科カリキュラムが構成されていた。講義だけでなく野外調査，施設見学または劇化等，今でいうフィールドワークやロールプレイングを含む多岐にわたる学習形態が提言されていた。これらの学習活動によって，生徒に日常生活の対処や問題解決の能力を育成しようとしたのである。当時の学習指導要領はその名の通り試案の位置づけであり，理科教育の場における教育課程編成の手引や見本の性格を有していた。そこで例示された単元の1つ「燃料の特性をどのように活用しているか」には，家庭における燃料の使いかたを調べる学習活動があった。たとえば，石炭ガス工場・石油工場を見学したり，石炭ガス製造の過程を示す図表を作成したり，炭坑の爆発について専門家に話を聞く活動が示されていた。また，メタン，アセチレン，原油の分留，およびアルコールの性質を調べる理科実験が提示されていた。

1956年度版では，いわゆるコース制の導入に伴い，3単位と5単位の化学が示された。応用科学ではなく純粋科学の立場を明確にするため「化学の観点から扱う」とされ，学問の系統性を重んじた系統学習が強調された。また，指導上の留意点には「必要に応じて地域の産業や日常生活等との関連をはかって指導する」と示され，応用科学に関する内容を産業や日常生活等との関連づけは配慮事項となった。生活および産業に関係の深い物質のなかで，

表 2-3-1　戦後の高等学校学習指導要領理科編にみられる「石油化学工業」

1951年度版　「化学」
単元　燃料の特性をどのように活用しているか 学習の範囲と順序，学習活動 　家庭ではどのような燃料をどのように使ったらよいか 気体燃料にはどんなものがあるか 　見学　石炭ガス工場を見学する。 　図表の作製　石炭ガス製造の過程を示す図表を作成する。 　研究　発生炉ガスおよび水性ガスを製造する炉の構造を資料によって調べる。 　図表の作製　各種ガス燃料の成分を示す表を作る。 　実験　メタンを捕集して，その性質を調べる。アセチレンにつき，製法と性質を実験する。 　研究・専門家の話をきく　炭坑の爆発について，資料により，または専門家にあって調べる。 　問答　問答によって，この部分の整理をする。 液体燃料にはどんなものがあるか 　見学と標本収集　石油工場を見学する。諸種の石油製品の標本を集め，展示する。 　実験　原油を分留する。アルコールの性質を調べる。アルコール発酵の実験をする。 　研究と報告　石油中に含まれている脂肪族炭化水素について研究し，その報告書を作る。交通の発達と，交通に利用される燃料の変遷について研究し，報告書を作る。 　研究と討議　アルコールとガソリンとの性質を比較し，いずれが燃料として有利かを，各方面から討議する。 　話合いと問答　石炭と石油の成分を比較して，石炭の液化の理を推論する。 　問答　問答によって，固体燃料・液体燃料・気体燃料の特質について明らかにする。
1956年度版　「化学」
5 単位の内容 　生活および産業に関係の深い物質　石油，ガソリン，重油 3 単位の内容 　生活および産業に関係の深い物質　石炭，石油，コークス，コールタール，ガソリン，重油
1960年度版
「化学Ａ」 有機化合物 　炭化水素，アルコール，フェノール，アルデヒド，有機酸，エステル，アミン，アミノ酸

指導計画作成および指導上の留意事項

生活や産業（特に化学工業）との関連を考慮して指導するようにする。実際の応用例などを取り扱うときは，細部にわたったり特殊な事項にふれたりすることを避け，化学の基本的な事実，法則などとのつながりをじゅうぶんに理解させることがたいせつである。

「化学B」

有機化合物

炭化水素，アルコール，フェノール，エーテル，アルデヒド，ケトン，有機酸，オキシ酸，エステル，アミン，アミノ酸

指導計画作成および指導上の留意事項

基本的な事項の指導においても，生活や産業（特に化学工業）との関連を図り，具体的な例などを用いて帰納的な考え方をさせることがたいせつである。

1970年度版　「化学Ⅱ」

炭素化合物と高分子化合物

内容の取扱い

生物体に関係ある物質については，内容の「炭素化合物」あるいは「有機高分子化合物」のところで扱うようにすること。

1978年度版

「理科Ⅰ」

人間と自然　資源，太陽エネルギー・原子力の活用，自然環境の保全

内容の取扱い

「資源」については，化石燃料などを例として扱い，その特質や有限性に触れること。

「化学」

有機化合物

有機化合物の特徴，炭素・水素・酸素からなる化合物，窒素を含む化合物

内容の取扱い

「窒素を含む化合物」については，アミンを中心に扱うこと。

1989年度版

「化学ⅠA」

身の回りの物質の製造　石油からできるもの

内容の取扱い

それぞれを原料としてできる2又は3の製品を中心に扱い，複雑な化学反応式は扱わないこと。

「化学ⅠB」

物質の性質　有機化合物

炭化水素　酸素を含む化合物　窒素を含む化合物

内容の取扱い 　配座異性体は扱わないこと。また，反応及び構造に関連して該当する箇所で，ポリエチレン，ポリ塩化ビニル，ポリエステル，ナイロンにも触れること。アルコール，フェノール類，エーテル，カルボニル化合物，カルボン酸，エステルを中心に，その代表的な物質を扱うこと。なお，油脂のけん化価及びヨウ素価は扱わないこと。アニリンを中心に扱い，アミノ化合物，ニトロ化合物については，その代表的な物質を扱うこと。
1998年度版 「化学Ⅰ」
物質の種類と性質　無機物質と有機化合物の性質や変化を観察，実験などを通して探究し，物質に関する基本的な概念や法則を理解させるとともに，それらを日常生活と関連付けて考察できるようにする。 　有機化合物　炭化水素　官能基を含む化合物 内容の取扱い 　酸素及び窒素を含む官能基をもつ代表的な有機化合物を扱うが，羅列的な扱いはしないこと。油脂のケン化価及びヨウ素価は扱わないこと。また，配座異性体は扱わないこと。

【出典】国立教育政策研究所ホームページ「学習指導要領データベース」から作成した。
http://www.nier.go.jp/guideline/（確認日：2019年１月10日）

「石油，ガソリン，重油」（５単位）が，「石炭，石油，コークス，コールタール，ガソリン，重油」（３単位）が明記された。1960年度版では，Ａ類型（どの教科にも比較的片寄らないもの），Ｂ類型（国・社・数・理・外の５教科に重点を置くもの）に分けられ，３単位の「化学Ａ」と，４単位の「化学Ｂ」が示された。そのなかで，有機化合物として，「炭化水素，アルコール，フェノール，アルデヒド，有機酸，エステル，アミン，アミノ酸」（化学Ａ）が示され，「化学Ｂ」には，これらの物質に加えて「エーテル，ケトン，オキシ酸」が示された。また，指導計画作成および指導上の留意事項には，「生活や産業（特に化学工業）との関連を考慮して指導するようにする。実際の応用例などを取り扱うときは，細部にわたったり特殊な事項にふれたりすることを避け，化学の基本的な事実，法則などとのつながりをじゅうぶんに理解させることがたいせつである」（化学Ａ），「基本的な事項の指導においても，生活や産業（特に化学工業）との関連を図り，具体的な例などを用いて帰納的な考え方をさせることがたいせつである」（化学Ｂ）とされた。

1970年度版では，一転して，工業に関する記述は少なくなった。石油化学工業についてみると，「化学Ⅱ」の炭素化合物と高分子化合物の取扱いには，生物体に関係ある物質について炭素化合物あるいは有機高分子化合物のところで扱うようにすることとされたに過ぎなかった。

1970年代における公害の社会問題は，産業の発展を重視する価値観に再考を促して人間を中心に据えた福祉優先へとカリキュラムの性格を変えるきっかけになった。学問中心カリキュラムによる学習者の自律性に積極的な意義を認めながらも，自己自身や人間関係を知る学習活動や学習者の情意的側面の重要性も力説される，いわゆる，ヒューマナイジングの影響を受けた1978年度版では，「理科Ｉ」において，「人間と自然　資源，太陽エネルギー・原子力の活用，自然環境の保全」が示された。その内容の取扱いにおいて，資源については，化石燃料などを例として扱い，その特質や有限性に触れることが示された。また，「化学」の有機化合物には，有機化合物の特徴，炭素・水素・酸素からなる化合物，窒素を含む化合物が示され，窒素を含む化合物についてはアミンを中心に扱うこととされた。1989年度版では，「化学ＩＡ」の「身の回りの物質の製造」において，「石油からできるもの」が示され，「それぞれを原料としてできる２又は３の製品を中心に扱い，複雑な化学反応式は扱わない」こととされた。また，「化学ＩＢ」の「物質の性質」では有機化合物，炭化水素，酸素を含む化合物，窒素を含む化合物」が示され，「反応及び構造に関連して該当する箇所で，ポリエチレン，ポリ塩化ビニル，ポリエステルナイロンにも触れる」とされた。1998年度版「化学Ｉ」では，「有機化合物，炭化水素，官能基を含む化合物」の取扱いとして「代表的な有機化合物を扱うが，羅列的な扱いはしないこと」とされた。

以上，戦後の高等学校学習指導要領理科編において，石油化学工業に関する記述内容はほぼ一貫して記述されてきたものの，その取扱いには変化が認められた。それでは，化学教科書の記述内容はどのように移り変わってきたのか，使用された化学用語とその教師用指導書の分析を通して明らかにする。

はじめに，戦後発行された高等学校化学教科書の石油化学工業に関する学習単元に示された化学用語をカウントした。その集計結果を数の多かったものから示したのが図 2-3-1 である。石油から得られる燃料の種類（灯油，軽油，重油，アスファルト等々）とその利用法が多く示されていた。化学原理に着目すれば，分留（留分温度および炭素原子数）やクラッキング（熱分解，分解蒸留，接触分解）等々，石油を精製するうえで重要な単位操作に石油化学工業教材を関連づけた傾向にあった。同様の傾向は，リフォーミング（接触改質）についても確認されており（14件），そのうち半分がこの化学操作の中核をなす触媒を併記していた（7件）。

集計の結果，戦後発行の高等学校化学教科書における石油化学工業教材の記述内容には，（1）実生活における燃料の重要性（灯油，用途等々），（2）化

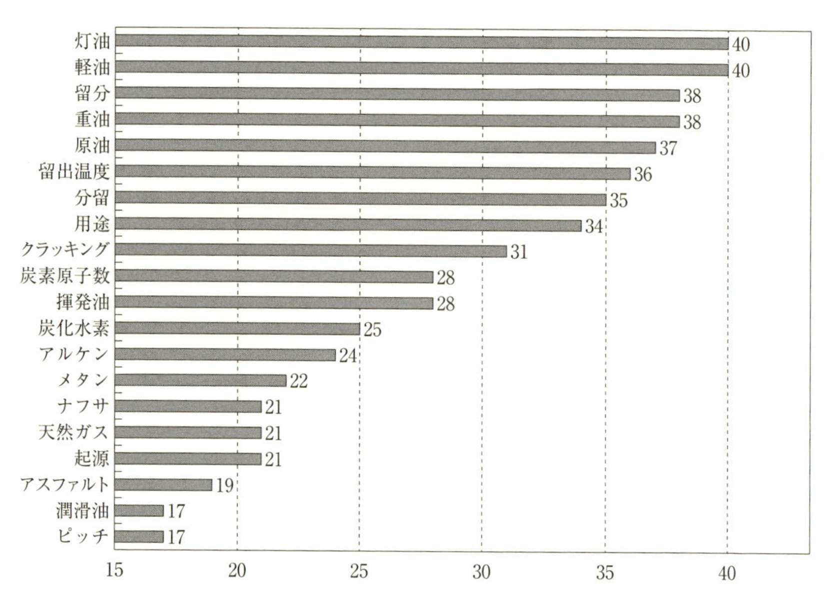

図 2-3-1　戦後発行の高等学校化学教科書の石油化学工業教材に現れた化学用語

学原理を示すもの（分留，クラッキング等々）の２類型が認められた。それでは，高等学校化学教科書執筆者はいかなる意図でもって，石油化学工業教材を教科書に掲載した（しなかった）のであろうか。その意図には年代により違いがあったものの，大まかに以下の傾向を確認することができた。

1950年代の高等学校化学教科書執筆者は，化学原理の応用というよりもむしろ，身近な燃料としての石油という側面を強調していた。この背景には，いわゆる生活単元学習の影響があったと推察される。想定された授業時間は0.3～1.0程度であり，授業形態は生徒の発表が中心であった（表2-3-2）。

1960年代の高度経済成長期に入ると，「ペトロケミカルスは（略）今後はいくらか説明しなくてはならない」という記述にみられたように，石油化学工業の台頭をその意図に挙げたものが現れた。しかし，「有機化学学習の系統と一致しない」ことを理由に，石油化学工業教材の記述に消極的なものもあった。この事実から，教科書執筆者には，純粋自然科学の学問体系に基づいた系統性の視点から石油化学工業教材の取扱いに賛否があったようである

表2-3-2　1950年代発行高等学校化学教科書の学習指導案の一例（時間配当１時間）

順序と方法	学習活動	目標A	目標B
予習	教科書		
1．質問	1．液体燃料にはどんなものがあるか 2．液体燃料はどんな特徴があるか 3．石油問題について何か知っていることがあるか	液体燃料の特徴	石油や経済と化学工業の関係に対して興味を持つ
2．発表	石油の分留について図を説明させる	石油と石油工業	
3．質問	問1，問2		
4．講義	アルコールについて	アルコール	
5．練習	問3		
まとめ	質疑応答，復習		

【出典】柴田雄次ほか（1952）：『化学指導書』，大日本図書，126頁を一部改変。

表 2-3-3　1960年代の教師用指導書にみられた石油化学工業教材に関する記述内容

ペトロケミカルス 石油の成分が各種の炭化水素で，主として燃料として利用されていることは周知のことであるが，第二次世界戦争以来石油が化学工業の重要な原料になってきたことも見逃してはならないことである。その化学反応については，有機化学のはじめでは説明しにくいと思って教科書には入れていないが，今後はいくらか説明しなくてはならないことであろう。石油を原料としてつくられるいろいろの物質はペトロケミカルスとよばれ，今日の重要な産業の一つとなってきている。
【出典】白井俊明ほか（1960）『理科の教室化学改訂版指導書』，実教出版，104頁。下線は筆者。
石油化学工業の概観 最近の石油化学工業は，いまや化学工業の中枢となりつつあるが，本教科書ではあえてそれには系統的に触れることはしなかった。その理由は，石油化学工業の系統が有機化学学習の系統と一致しないこと，わが国の石油化学工業が目下いちじるしい成長期にあり，教科書に取り入れるのに適当な時期ではないこと，反応が複雑で教材として不適当と思われるものがあること，全体を概観するのにスペースが不足であることなどによっている。

【出典】玉虫文一ほか（1967）『新版化学Ｂ』，中教出版，188頁。下線は筆者。

（表 2-3-3）。1970年代の石油化学工業教材はアルカンやアルケンの学習単元で化学構造と化学反応メカニズムに関連づけられた。1980年代以降，当該教材は基幹原料物質を供給する化学工業として記述されるようになっている。

付記すれば，1960年代の理科教育における工業に関する教材の取扱いの変化は，1958年度版中学校学習指導要領理科編にもみることができる。当該学習指導要領には，第３学年第２分野で「有機化学工業」が示されたものの，指導上の留意事項として，「工業の過程のうちから実験しうるものを選び，実験を中心として指導する」ことが付されていた。この条件は，工業のもつ経済的合理性，社会的インパクトおよび技術開発におけるスケールアップの手法を，どうしても後景に退かせることになる。実験室的製法には留まらないさまざまな要因を含む工業的製法を実験室で再現するにはかなりの苦心があったものと推察されるのである。

以上の事例分析をまとめたものが，表 2-3-4 である。戦争で壊滅的打撃を

表2-3-4　高等学校化学教科書における石油化学工業教材の選択とその背景

年代	教科書記述内容の特徴	歴史的背景
1950	化学原理の応用というよりもむしろ，身近な燃料としての石油という側面を強調。	・石油精製企業の原油処理能力，戦前のピークを上回るまでに回復（1952）。 ・通商産業省：「石油化学工業の育成政策」。 ・コンビナート操業開始（1958）。
1960	石油化学工業の台頭をその意図に挙げたものが現れた。しかし，「有機化学学習の系統と一致しない」ことを理由に石油化学工業教材の記述に消極的なものもあった。	・5年間で6.6倍の生産成長，化学工業全体の24.3%を占める（1960年代前半）。 ・国際競争力強化のため，企業規模の大型化，設備の大型化が進む（1960年代後半）。
1970	アルカンやアルケンの学習単元で化学構造と反応メカニズムの科学原理に関連づけられた。	・二度の石油危機により，価格高騰による需要低迷と国際競争力の低下。大型設備が過剰になり，公害防止設備の導入もあり，コストが大幅上昇。
1980	基幹原料物質を供給する化学工業。	・「特定産業構造改善臨時措置法」の対象業種になり，過剰設備の処理。 ・合成樹脂を中心とした新たな成長に入る。
1990	基幹原料物質を供給する化学工業。	・エチレン生産が史上最高の600万トン台を記録（1991）。
石油化学工業教材選択の視点 ・日常生活の関連 ・化学工業の趨勢の反映 ・化学工業における基幹性		

受けた石油精製産業は，1952年には，石油精製企業の原油処理能力は戦前のピークを上回る水準にまで回復することとなり，1960年代，日本の石油化学工業は，高度経済成長をリードする戦略産業の1つとして，飛躍的な発展を遂げることになった。1970年代には，二度の石油危機により，価格高騰による需要低迷と国際競争力の低下を招いたが，1980年代以降，合成樹脂を中心

とした新たな成長に入ることになった。化学教科書の記述内容をみると，1950年代は，化学原理の応用というよりもむしろ，身近な燃料としての石油という側面を強調していた。1960年代には，石油化学工業の台頭をその意図に挙げたものが現れた。しかし，「有機化学学習の系統と一致しない」ことを理由に石油化学工業教材の記述に消極的なものもあった。1970年代にはアルカンやアルケンの学習単元で化学構造と化学反応メカニズムに関連づけられた。1980年代以降，基幹原料物質を供給する化学工業としての記述が続いている。

第3章　環境低負荷型の化学工業に関する教材の変遷と環境技術の重点化

第1節　二酸化硫黄関連工業教材と四日市ぜんそくの発生

本節では，代表的な無機物質の1つである二酸化硫黄に関連する工業教材に着目して，どのように，日常生活や社会に関連づけられてきたのか具体的に明らかにする。同教材を選んだ理由は，2つの事実に基づいている。第一に，二酸化硫黄が公害の1つである四日市ぜんそくの原因物質とされたことで，社会へのインパクトが大きかった事実である。現在でも，PM2.5（微小粒子状物質）のように人体に有害なものがある。第二に，二酸化硫黄は化学工業の基幹物質である硫酸の原料物質として必要不可欠なものであり，化学工業内部の基幹性において日常生活や社会と深く関わっている事実である。二酸化硫黄教材は，化学工業と環境（公害）問題との関わりにおいて日常生活や社会との関連が堅強であり，それゆえ本研究の目的に合致する典型事例とみなし得るからである。

調査対象の高等学校化学教科書は，戦後発行された16社171冊（1948～2013年発行）であった[1)]。教科書分析の基準は，当該教材と化学工業と環境（公害）問題の関わりの各項目について，2つずつ設定した。化学工業については，工業的な用途および派生技術への関連づけの記述内容である。化学工業内部における用途に留まらず，派生した技術にまで調査の対象を拡大して，化学工業との関連づけを詳細に明らかにしようと努めた。なお，硫酸の原料物質としての記述は，戦後ほぼ一貫してなされてきたので省略した。また，環境（公害）問題については，自然破壊の実態および人体への影響（有害性）

の記述内容である。各々の基準について，①工業的な用途，②自然破壊の事実，③人体への影響（有害性），④派生技術への関連づけの順番に並び替えて調査結果をまとめた。その理由は，派生技術の多くが自然破壊と人体への有害性を軽減するために開発されたものであり，時系列で並べると①→②→③→④になるからである。

調査結果については，類似の特徴を認めることのできた教科書記述内容について，対応の学習指導要領をもとに6つの項目にまとめて論じることとする。

（1）2008年度版の学習指導要領理科編と高等学校化学教科書における記述内容：工業的な用途と人体への影響

はじめに，本節における教科書調査の手順を具体的に提示するため，2008年度版の高等学校学習指導要領理科編における二酸化硫黄に関連する記述内容と高等学校化学教科書の分析結果を述べる。表3-1-1は，その結果をまとめたものである。便宜上，冒頭の行に高等学校学習指導要領理科編化学における二酸化硫黄に関連する記述内容を示した。調べた化学教科書は，5社18冊の「化学基礎」と「化学」である[2)]。各教科書について，4つの基準について記述内容が認められれば「○」を，そうでなければ「－」を示した。表において，①工業的な用途は「用途」，②環境（公害）問題は「環境」，③人体への影響（有害性）は「人体」，④派生技術への関連づけは「技術」と略記した。分類の根拠となった化学教科書の記述内容はゴシック体で明示した。硫酸工業の原料物質だけでなく，酸化剤・還元剤に関する記述内容についても，ほとんどの教科書で認められたので省略した。

表3-1-1から，2008年度版の化学教科書では，「化学基礎」において，工業的な用途（3件），環境（3件），人体への影響（3件），派生技術（2件）の記述内容が確認できた。また，「化学」では，工業的な用途（7件），環境（4件），人体への影響（7件），派生技術（4件）の記述が認められた。

表 3-1-1　2008年度版学習指導要領対応の教科書における「二酸化硫黄」の記述内容の類型と掲載数（硫酸工業の原料物質および酸化剤・還元剤に関する記述内容は除く）

高等学校学習指導要領理科編化学における記述内容
「化学基礎」　酸化と還元について 代表的な酸化剤，還元剤としては，（略）二酸化硫黄（略）などが考えられる。 「化学」　典型元素について 日常生活や社会と関連付けて（略）硫酸などの工業的製法や用途に触れる。

	記述内容 「化学基礎」	①用途	②環境	③人体	④技術
1	**漂白作用**がある。 身近な物質のpH（略）さらに日本では，火山活動によって，多量のSO_2が発生している地域もある。（略）**酸性雨**の原因の一つになっている。脚注　硫黄化合物を取り除く操作を**脱硫**という。日本では，石油精製の対策がなされ，工場や発電所などから発生する二酸化硫黄の量はかなり減少している。	○	○	―	○
2	言及なし	―	―	―	―
3	単体は，火山地帯で産出するほか，重油の**脱硫**（硫黄分を除去すること）工程において，副産物として多量に得られる。（略）腐食性のある**有毒**な気体（略）**漂白剤**などに用いられる。（略）硫黄を含む石油，石炭などの化石燃料の燃焼により，二酸化硫黄が発生する。そのまま大気中に放出されると，**大気を汚染**し，雨水に溶けて**酸性雨**の原因物質のひとつとなる。	○	○	○	○
4	言及なし	―	―	―	―
5	言及なし	―	―	―	―
6	（略）**有毒**。**大気汚染**の原因となる。	―	○	○	―
7	言及なし	―	―	―	―
8	言及なし	―	―	―	―
9	言及なし	―	―	―	―
10	言及なし	―	―	―	―
11	オキソ酸　脚注　通常の雨水は，空気中の二酸化炭素を溶かしこんでおり，pHが約5.6の弱い酸性を示す。これに，自動車や工場の排ガスなどに含まれる，窒素や硫黄の酸化物が溶けこむと，さらに強い酸性を示すようになる。一般に，pHが5.6以下の雨を**酸性雨**という。（略）**有毒**な気体（略）**漂白作用**を示す。	○	○	○	―

『化学』					
12	硫黄は（略）工業的には，原油中の不純物である硫黄を石油精製の過程で取り除くこと（**脱硫**）によって得られる。（略）刺激臭をもつ**有毒**な気体である。（略）紙や繊維などの**漂白剤**に用いられる。脚注（略）大気中に存在する**汚染物質**としての硫黄酸化物（SO_2，SO_3など）を，総称してSO_X（ソックス）と呼ぶことがある。	○	○	○	○
13	硫黄の単体は，火山地帯で産出するほか，石油の**脱硫**過程で副産物として多量に得られる。（略）刺激臭のある**有毒**な気体である。（略）紙や繊維の**漂白**に用いられる。脚注　SO_2やSO_3などの硫黄酸化物はSO_X（ソックス）と呼ばれ，**大気汚染**の原因物質となる。また，**酸性雨**の原因にもなる。	○	○	○	○
14	単体は，火山地帯で産出するほか，重油の**脱硫**（硫黄分を除去すること）工程において，副産物として多量に得られる。硫黄または黄鉄鉱（主成分FeS_2）を燃焼して得られる。（略）腐食性のある**有毒**な気体である。（略）**漂白剤**などに用いられる。硫黄を含む石油，石炭などの化石燃料の燃焼により，二酸化硫黄が発生する。そのまま大気中に放出されると，**大気を汚染**し，雨水に溶けて**酸性雨**の原因物質のひとつとなる。	○	○	○	○
15	硫黄は，火山地帯で産出するほか，重油の**脱硫**（硫黄分を除去すること）工程において，副産物として多量に得られる。（略）**有毒**な気体である（略）**漂白**に用いられる。	○	−	○	○
16	火山ガスや鉱泉などに少量含まれ，硫黄Sや黄鉄鉱FeS_2，黄銅鉱$CuFeS_2$の燃焼などで発生する。（略）**有毒**な気体（略）**漂白剤**としても利用される。	○	−	○	−
17	（略）**有毒**な気体（略）**漂白剤・殺虫剤・医薬品**などの原料に用いられている。脚注　SO_2，SO_3などの硫黄の化合物は，SO_X（ソックス）と総称される。SO_Xは**大気汚染**物質として，**酸性雨**の原因の１つにもなっている。	○	○	○	−
18	（略）**有毒**な気体で火山ガスに含まれる。（略）工業的には，硫黄や黄鉄鉱（主成分FeS_2）などを燃焼させて得られている。（略）紙，繊維などの**漂白**に用いられる。	○	−	○	−
	５社18冊	10	11	10	6

前述の手順で，戦後の高等学校化学教科書における二酸化硫黄の記述内容の類型とその掲載数をカウントした。表3-1-2は，その結果をまとめたものである。以降，（２）～（６）に分けて，学習指導要領の記述内容とともに移り変わりを明らかにする。

表 3-1-2　調査対象化学教科書における「二酸化硫黄」の掲載数

年度	①用途	②環境	③人体	④技術
1947，1951，1956，1960 「化学」，「化学Ａ」，「化学Ｂ」 11冊	1	11	9	0
1970 「化学Ⅰ」 5冊	4	4	3	4
1978 「化学」 14冊	3	14	4	0
1989 「化学ⅠＡ」，「化学ⅠＢ」 5冊	2	5	2	4
1998 「化学Ⅰ」 3冊	2	3	1	1

（2）1947～1960年度版学習指導要領理科編と高等学校化学教科書における記述内容：煙害と人体への影響

前項の（1）において提示した分析の手順に従って，1947，1951および1956年度版学習指導要領理科編の「二酸化硫黄」に関する記述内容と高等学校化学教科書を調べた。入手可能な教師用指導書についても調べて，単元のねらいや授業案を探った[3)]。

はじめに，1947年度版高等学校学習指導要項（試案）では，教材一覧に「いおう・硫酸」が示されて，「指導上の注意」として，「日常生活並びに産業との関係に留意し，化学の発達が文化の向上にいかに貢献したかを知らしめる」とあった。同指導要項対応の化学教科書をみると，「亜硫酸ガスは刺激性の臭気がある有毒なもので，これを吸入するとのどを痛める。銅の精錬や硫酸製造工場の付近などで，樹木や農作物がはなはだしく害を受けることがあるのは，煙のうちに存在する亜硫酸ガスのためである」[4)]と，地域的な環境破壊（基準②）と人体への有害性（基準③）が示されていた。対応の教師用指導書には，「硫酸の原料とするように大規模の亜硫酸ガス製造には黄鉄鉱 FeS_2 を焼く」[5)]と化学工業における製造の実態のみが示されていた。ただし，「銅の製錬所などの付近の農作物や樹木は煙の中の亜硫酸ガスのために枯れることがある。しかしこの毒性を利用して酒倉や果実倉などの消毒をする」[6]と，工業的な用途に言及する教科書もみられた。

1947年度版の学習指導要項を具体化した1951年度版高等学校学習指導要領理科編試案では，単元の「空気の成分はどのようなはたらきをするか」において，「実験　銅と濃硫酸または亜硫酸ナトリウムと硫酸との反応で亜硫酸ガスをつくり，その性質について調べる」，「資料による研究　亜硫酸ガスが電気冷蔵庫に使われることを調べる」ことが例示された。冷蔵庫の冷媒として亜硫酸ガスの用途が示されたのは，学習指導要領レベルでも教科書レベルでも，この記述内容だけであった。化学教科書をみると，「有毒で，これを吸うと粘膜をおかされてせきが出る。銅の製錬所などの付近の農作物や樹木は煙の中の二酸化イオウのために枯れることがある」[7]と，地域的な環境破壊（基準②）と人体への有害性（基準③）が強調されていた。表3-1-3は，当該教科書対応の教師用指導書に例示されていた指導案の一例である[8]。当時から二酸化硫黄は硫酸製造法教材の一部をなすものであり，実験中心の学習活動が構想されていた点が特徴的であった。

1956年度版高等学校学習指導要領理科編には，「備考　生活および産業に関係の深い物質については，化学の観点から扱う」と示された。だが，化学教科書では1951年度版学習指導要領対応教科書と同様に，「銅の製錬所などの付近の農作物や樹木の枯れることがあるのも，二酸化イオウのためである」[9]と地域的な環境破壊（基準②）が強調されていた。

続く，1960年度版高等学校学習指導要領理科編化学AおよびBの「指導上の留意事項」には，「基本的な事項の指導においても，生活や産業（特に化学工業）との関連を図り，具体的な例などを用いて帰納的な考え方をさせることがたいせつである」と示された。

ここでも「二酸化イオウ（亜硫酸ガス）は，無色・刺激臭の気体で，粘膜をおかす。火山の噴気や工場地帯の空気などにふくまれ，その濃度が大きいと動植物に害をおよぼす」[10]とあるように，基準②，基準③が強調される記述内容になっていた。二酸化硫黄と火山の噴気の関連が記されたのは，この

表 3-1-3　学習指導案の一例（時間配当　4 時間）

硫酸はどのようにつくられ，どんな性質をもっているか

指導案の一例（時間配当　４時間）			
順序と方法	学習活動	目標Ａ	目標Ｂ
予習	教科書		
１．質問	１．水を含まない硫酸は気体か液体か ２．硫酸の分子式 ３．６既定ぐらいの硫酸が最も酸性が強い。なぜか。 ４．濃硫酸を水で薄めるには，どんな注意が必要か。 ５．硫酸は何に使われるか。	硫酸についての知識	既得知識の整理と反省
２．発表	１．図について説明させる ２．接触法についてしらべてこさせて発表させる		要点をまとめて発表する能力
３．計算	問		
４．質問	問		危険や災害を避ける能力
５．実験	実験		実験技術の向上と考察力
６．質問	問		
７．講義	硫酸とその用途		
８．質問	問	二酸化イオウと亜硫酸についての知識	
９．解説	問の反応の説明		
10．実験	実験		
11．質問	問		
12．解説	亜硫酸の性質と用途		科学的考察力
まとめ	質疑応答，復習		

【出典】柴田雄次（1952）：『化学新版－解説と指導－』，大日本図書，90頁。

時期が最初であった。他社の教師用指導書をみると,「指導上の留意事項」において,「二酸化イオウは,硫酸をつくる原料としてきわめてたいせつである点に注意して学ばせる」とともに,「ことに羊毛・絹の漂白に適することを知る」と基準①が示された。同教師用指導書にも,「二酸化イオウの刺激臭は非常に激烈であるから,三原山や浅間山などでは噴煙中に含まれるこのガスのためによく悩まされる」と火山との関連が示されていた[11]。1963年発行の教師用指導書には「最近大島において三原山の噴煙のためにおびただしい作物の被害が現れている」とあったが,1967年発行から「作物の被害が現れたことがある」とわずかに変化がみられた。

(3) 1970年度版高等学校学習指導要領理科編と高等学校化学教科書の記述内容:大気汚染,石油化学工業および派生技術の初出

二酸化硫黄について,主に地域の環境破壊と人体への影響を手厚く記述していた化学教科書には,1970年度版高等学校学習指導要領理科編から傾向の変化が認められた。まず,学習指導要領をみると「化学Ⅰ」の内容の取扱いには,「無機化学工業,たとえば硫酸(略)工業などは,各事項の中で触れる」となり,「化学Ⅱ」には二酸化硫黄に関連した記述がなかった。

対応化学教科書をみると,「液化しやすく,ふたたび気体となるときに多量の気化熱が必要である。石油の中にはイオウの有機化合物が含まれている。その燃焼によって,SO_2を発生し,大気汚染の原因となる。そのため,石油の脱硫(イオウ分を除くこと)が行われる」[12]とあり,「気化熱」といった化学概念に結び付けられつつ,はじめて1973年に「脱硫」が登場した。とはいえ,同教師用指導書における指導の重点には,「二酸化イオウ(略)などイオウの化合物の特性を理解させる」[13]とだけ記されていたに過ぎなかった。

他社の化学教科書においても,「イオウは,石油中にも含まれ,そのまま燃焼すると二酸化硫黄SO_2となり,大気汚染を引き起こす要因となる。したがって,石油の脱硫は重要な問題である」[14]あるいは「石油の中には硫黄

の有機化合物が含まれているため，石油を燃やすと二酸化硫黄が発生し，大気汚染の原因になる。これを防ぐために，石油の脱硫（硫黄分を除くこと）がおこなわれる」[15]と脱硫に関する記述内容が目立つようになった。

1970年代の高等学校化学教科書は，科学の系統性を重視しながらも，科学技術の抱える問題に言及した点，石油化学工業との関連で新たな派生技術（脱硫装置）に言及し始めた点が特徴的であった。

（４）1978年度版高等学校学習指導要領理科編と高等学校化学教科書の記述内容：大気汚染から酸性雨の問題へ

1978年度版高等学校学習指導要領理科編の「化学」の「内容の範囲や程度」については，「無機物質については，（略）硫黄（略）などの元素が関係する主な物質及びイオンを扱うこと」が示された。

対応の化学教科書をみると，「二酸化硫黄 SO_2 は，硫黄や硫化物の燃焼により生じる刺激臭をもつ無色の気体で，粘膜をおかす。また，水によく溶け，還元作用を示す。二酸化硫黄は，絹・羊毛などの漂白に用いられる」[16]とあり，脚注に「石油に含まれる硫黄が燃焼して生じる二酸化硫黄は，大気汚染の原因となる」と付された。

他社の教科書にも，脚注に「石炭や石油を燃やすと，その中に含まれている硫黄から二酸化硫黄が生じるので，これらの燃料が大量に使われる工業密集地帯の大気中には，かなりの濃度の二酸化硫黄が含まれ，公害のひとつの原因となっている」[17]とあった。同教師用指導書には，「生産活動と二酸化硫黄」の項目があり，「都市，工業地帯では二酸化硫黄の放出量が多く，これが大気汚染の原因となっている。二酸化硫黄による大気汚染を防ぐには，燃料中の硫黄を使用前に除去するか，大気に放出される二酸化硫黄を煙突の排ガスから回収すること（排煙脱硫）である」[18]と記された。

この年代の化学教科書および教師用指導書をみると，酸性雨問題に関する記述が顕著になっていた。ある教師用指導書をみると，「SO_2 と公害」の項目が設けられて，「ぜんそくや気管支炎など呼吸器系に影響を与える。また，酸化されて SO_3 となり，水と反応して硫酸を生成し，ミストとして大気中に浮遊し，酸性雨となる」[19]と人体への影響を詳しく記していた。

他の教科書をみると，「単体の硫黄や，黄鉄鉱（主成分 FeS_2）その他の硫化物を燃やすと，二酸化硫黄を生じる。（略）二酸化硫黄は，硫酸製造の原料として大量に用いられる。また，絹・羊毛・むぎわらなどの漂白にも用いられる」とあり，その脚注には，「石炭や石油の中には，硫黄の化合物がふくまれているので，これらの燃焼のときにも二酸化硫黄を生じる。このことは，大気汚染の原因の１つになっている」[20]とあった。「二酸化硫黄なども硫黄酸化物は，窒素酸化物とならんで，大気汚染や酸性雨などの原因物質となっている。（略）二酸化硫黄は，硫酸の製造，殺菌，漂白剤として用いられる」[21]と示す教科書もあった。

（５）1989年度版高等学校学習指導要領理科編と化学教科書：派生技術とリサイクル製品

1989年度版高等学校学習指導要領理科編では，「化学ＩＡ」の内容である「化学の応用と人間生活　ア　化学の進歩とその役割　イ　環境の保全」の内容の範囲や程度について，「アについては，化学の成果が日常生活に果たしてきた役割に触れること。イについては，環境保全に果たす化学の役割を探究的に扱い，物質の再利用にも触れること」と記された。また，「化学ＩＢ」の「（２）　物質の性質　ア　無機物質　（ア）　単体（３）　物質の変化　ア　酸と塩基の反応　（ア）　酸・塩基　イ　酸化還元反応」の内容の範囲と程度には，「内容の（２）のアについては（略）硫黄（略）が関係する物質及びイオンを中心に扱うこと。（略）代表的な無機物質については，化学工業との関連にも触れること。内容の（３）のアの（ア）については，酸，塩基の強弱は定性的な扱いにとどめるが，pH の実用性にも触れること。（略）イの（ア）については，電子の授受を中心に扱い，代表的な酸化剤，還元剤に触れること」が示された。「化学Ⅱ」には，二酸化硫黄関連の記述内容はなかった。

「化学ⅠA」教科書をみると，「大気中の硫黄酸化物は，そのほとんどが二酸化硫黄 SO_2 である。二酸化硫黄も，喘息を引きおこすなど，人体に害を与える。（略）高温，高圧下で，原油に水素をふきこみ，硫黄成分を硫化水素に変えて除去する技術が実用化されている。また，火力発電所などで発生した硫黄酸化物は，石灰石と反応させ，セッコウに変えて除去される。これらの技術によって，わが国の大気中に含まれる二酸化硫黄は，著しく減少した」と記された。同教師用指導書には，「環境を守るためには，大気，水，土壌などを汚染する有害物質の除去につとめる必要があることを指導する。そのためには，新しい技術開発が必要であることを，具体例をいくつかあげて理解させる」というねらいが記されて，さらに補足説明として，「石灰石（炭酸カルシウム）は安価で，わが国では大量に入手しやすいので，最も多く利用されている方法である。（略）得られたセッコウは，建材およびセメントの材料として利用される」[22]と具体的なリサイクル製品が示された。

また，「大気中の二酸化硫黄の濃度が，大幅に減少してきた。これは，二酸化硫黄の発生を抑制する化学技術が進歩したからである。たとえば，重油中の硫黄をとりのぞくことによって，重油の低硫黄化をはかっている。また，石油などの燃焼によって発生する二酸化硫黄は，触媒を用いて酸化され，硫酸イオンとして回収される方法がとられている。（略）日本では，二酸化硫黄を大気中に排出する場合，１時間ごとの最高値が0.1ppm 以下でなければならない」[23]と環境基準値が具体的に示された「化学ⅠA」教科書もあった。

派生技術とリサイクル製品の詳しい解説は，他社の教科書および教師用指導書にもみられるものであった。たとえば「酸性雨」の参考として，「地球環境の保全をはかるため，排ガス中の硫黄や窒素の酸化物を除去する種々の対策が施されている。たとえば，火力発電所では，石灰石を利用した脱硫装置によって，排ガス中の二酸化硫黄が取り除かれている」[24]とした教科書があった。同教師用指導書には，「火力発電所の排ガスに含まれる二酸化硫黄SO_2は，冷却塔および吸収塔内で石灰石スラリーと反応し，亜硫酸カルシウムになる。(略) このときの脱硫効率は96％以上に達する。亜硫酸カルシウムは，さらに酸化塔内で空気中の酸素によって酸化され，硫酸カルシウム(石こう) になる。(略) この硫酸カルシウムは，建材である石こうボードなどの原料として利用される」[25]と脱硫プロセスと石こうボードの製造の関係が詳しく示されていた。

(6) 1998年度版高等学校学習指導要領理科編と高等学校化学教科書の記述内容：酸性雨問題の焦点化

1998年度版高等学校学習指導要領理科編の「化学Ⅰ」には，「代表的な無機物質については，化学工業との関連にも触れること」と示された。「化学Ⅱ」については，二酸化硫黄関連の記述がみられなかった。

「化学Ⅰ」教科書には，「(略) 硫黄を含む石油，石炭などの化石燃料の燃焼により二酸化硫黄が発生する。そのまま大気中に放出されると，大気を汚染し，雨水に溶けて酸性雨の原因物質のひとつになる」[26]，あるいは「硫黄の化合物を含む石油や石炭を燃料として燃やすと，硫黄分が二酸化硫黄になって出るため，大気を汚し，動植物に害を及ぼしかねない。それを防ぐため，硫黄分を除く操作 (脱硫) を行う。液体の石油は，水素を通じて硫黄分を硫化水素H_2Sに化学変化できる (水素化脱硫)。また，石油や石炭を火力発電所などで燃やしたあと，煙に含まれる二酸化硫黄を化学変化で取り除く方法 (排煙脱硫) もあり，このようにして大気汚染を防いでいる」[27]と酸性雨および脱硫技術を詳述していた。

他社教科書においても，「酸性雨の原因となる物質は，石油の燃焼などで生じる二酸化硫黄SO_2や窒素酸化物 (NO_Xで示される) である。これらが大気中でさらに酸化され，硫酸H_2SO_4や硝酸HNO_3などとして雨滴に溶けこむと考えられている。一部の地域で見られる建造物の大理石（主成分 $CaCO_3$）やその金属の侵食，湖沼や森林などの生態系の変化については，酸性雨とのかかわりが指摘されている。地球環境の保全をはかるため，酸性雨の原因物質の放出を規制するなどの国際協力が求められている」[28]とあった。同教師用指導書には，「石炭や石油の中には硫黄が含まれていて，燃料として使うと硫黄酸化物が出てくる。日本では，1968年に厳しい硫黄酸化物規制を発令し，低硫黄燃料の使用と脱硫装置の設置を義務づけたので硫黄酸化物の排出はあまりないが，ヨーロッパや中国では，火力発電の燃料として石炭がかなり使われており，脱硫も進んでいないので，かなりの量の硫黄酸化物が排出され酸性雨の原因となっている」[29]とされていた。

以上，戦後高等学校化学教科書において，硫酸製造法教材と関わりの深い二酸化硫黄に関する記述内容をみると，地域的な環境破壊と人体への影響，大気汚染や酸性雨の問題，克服の鍵となる派生技術とリサイクル製品といった移り変わりを確認することができた。この移り変わりの特徴を，（7）各化学工業の発達，（8）人体への影響と公害問題の顕在化，（9）脱硫技術の進展とリサイクル製品の登場，という背景から明らかにする。

（7）銅製錬と硫酸工業，石油化学工業の発達

近代産業を牽引する中心的な役割を果たした紡績業や銅精錬業，製鉄業の規模が拡大していた戦前から，工業地域では著しい大気汚染が発生していた。大正期には，足尾銅山，別子銅山，日立鉱山といった銅精錬所周辺地域において精錬に伴う硫黄酸化物による大気汚染が周辺の農林水産業に深刻な被害を発生するまでに進行していて，その被害は煙害と呼ばれていた[30]。

終戦直後の1945年には，424千トンまで激減していた日本の硫酸工業では，食糧増産のため荒廃した設備の復旧が優先されていた。1951年には2,369千トンと戦前の最高量を超えて，増産を続けて1964年には5,372千トンとなった。1960年代後半においては，硫酸の需要が伸び，設備の新設による増産が

急務となった。1968年頃から老朽化した設備の休廃止が行われたものの，1965年から1970年にかけて生産量は１年あたりの伸び率が4.1％であり，とくに製錬硫酸は15.6％と急増した。1970年代前半になると，設備の新増設は一段落したものの，多数の硫化鉱焙焼設備が1971〜72年にかけて休廃止され，設備の一部は回収硫黄を原料とするものに転換した。このときに，公害規制強化により，排煙脱硫による設備が稼動し始めた。硫酸の原料物質に着目すると，1971年から，回収硫黄が急増する一方で，硫化鉱が激減したのである[31)]。

高等学校化学教科書において，二酸化硫黄は硫酸製造法の原料物質として安定的に登場していた。戦前から銅の製錬に起因する煙害による地域的な環境破壊が周知されていたこともあって，銅製造法の単元ではないとはいえ，すでに終戦直後の化学教科書から二酸化硫黄の環境破壊問題や人体への有害性が記されていたと考えられる。また，学習指導要領レベルでは，冷蔵庫の冷媒としての例示があったものの，教科書教材レベルではその記述が確認できなかった。この理由は，有害性の問題があり，アンモニアと並んで実用化に程遠く，後にフロンガスが開発された技術的な背景が存在したと思われる。

（8）人体への影響と公害問題の顕在化

戦後になって，二酸化硫黄の有害性を広く一般市民に喚起した出来事が四日市ぜんそくの発生であった。1955年に石油コンビナートの形成が始まってからぜんそくの患者が増え，1963年は亜硫酸ガス（二酸化硫黄）との因果関係が疑われるようになった。その後，公害対策基本法が制定される一方，企業側も脱硫排煙装置を備えて増産活動を開始するようになった。

当時の教育界では，全国的に公害と教育の問題が取り上げられていて，たとえば，三重県の化学教師が学校の雨水と pH の関係を調べたりするなど，公害と教育を深く考えさせる教育実践が積極的に展開されていた[32)]。

表 3-1-4 に示すように，1965年の四日市地域の亜硫酸ガス排出の業種別割

表3-1-4　1965年における二酸化硫黄の排出状況

業種	内訳	トン／日	%
コンビナート	火力発電	228.0	55.3
	石油精製	83.7	20.3
	石油化学	30.0	7.3
	化学（一般）	10.5	2.5
	計	352.2	85.5
紡績		52.8	12.8
窯業，その他		7.0	1.7
総計		412.0	100.0

【出典】吉田克己（2002）：『四日市公害』柏書房，47頁を一部改変。

合をみると，その量は1日あたり412トン，1年間で約14万トンと推定されていた。主たる排出源は火力発電によるものであり，化学工業界の構造変化の影響を受けて，当時の高等学校化学教科書では石油化学工業との関連づけが始まったのかもしれない。

（9）派生技術と新たな用途

環境保全技術の開発と導入は，事業者等に対して多大なコストの負担を求めることになったが，その効果は環境保全のみならず，技術力の向上と国際競争力の強化，新しい産業の興隆につながったという。事実，産業界は硫黄分の少ない石油の使用と併せて排煙脱硫装置の開発・導入を進めていた[33)]。

その結果，1960年代から排煙脱硫装置の設置数は着実に増加し，大気汚染の軽減に多大な力を発揮した。排煙脱硫装置の開発技術を工業化による大気汚染が深刻化している発展途上国に対して移転することを通じて，大気汚染軽減に貢献できるほか，優れた脱硫技術をもつ企業のビジネスチャンスの拡大につなげていくことができるとされたのである。2006年度の大気汚染防止装置全体の生産額は1,217億円である。装置別では集じん装置が426億円で最

表 3-1-5　高等学校化学教科書における二酸化硫黄関連工業教材の選択とその背景

<table>
<tr><th>年代</th><th>教科書記述内容の特徴</th><th>環境（問題），工業との関わり</th></tr>
<tr><td>1950</td><td>煙害と人体への影響</td><td>1956年 7 月16日，三原山噴火。火山ガス中の二酸化硫黄による煙害発生。</td></tr>
<tr><td>1960</td><td>煙害と人体への影響</td><td>・1962年，工場の煤煙に排出基準を設ける「ばい煙規制法」が制定。
・1964年 3 月，「黒川調査団報告」において，四日市における大気汚染の主要物質をコンビナート由来の硫黄酸化物と特定。高濃度汚染地域と呼吸器疾患の関連性を明記。
・公害防止に伴って発生する大量の排煙脱硫石膏を技術的に解決して原料として利用できるようになる。</td></tr>
<tr><td>1970</td><td>大気汚染
石油化学工業および派生技術の初出</td><td rowspan="3">・1971年 1 月，日本燐酸が日本最初の回収硫黄を原料とする硫酸設備を完成。
・1972年 7 月，コンビナートを形成する 6 社工場から排出した煤煙と原告への被害の因果関係を認定。
・1972年11月，昭和四日市石油が脱硫装置を備えた増産を開始。
・『昭和51年版環境白書』に，湿性大気汚染にとして，「酸性雨」の用語が登場。</td></tr>
<tr><td>1980</td><td>大気汚染から酸性雨の問題へ</td></tr>
<tr><td>1990</td><td>派生技術とリサイクル製品
酸性雨問題の焦点化</td></tr>
<tr><td colspan="3">二酸化硫黄関連工業教材選択の視点
・工業的な用途
・人体への影響（有害性）
・派生技術への関連づけ</td></tr>
</table>

も多く，次いで排煙脱硫装置281億円，排ガス処理装置222億円，排煙脱硝装置165億円，関連機器65億円，重軽油脱硫装置58億円となっている[34)]。

公害問題の発生をきっかけに進んだ脱硫装置の開発と国際的な酸性雨対策の動向によって，高等学校化学教科書にも，脱硫装置と副次的に生産されるリサイクル製品が記されるようになったと考えられる。戦後発行された高等学校化学教科書において，二酸化硫黄関連工業教材は，主に硫酸工業の原料物質として記述されてきた。しかし，二酸化硫黄はかつて公害病を引き起こしたとされる化学物質でもあった。戦後発行の高等学校化学教科書の二酸化硫黄の記述内容に着目したところ，すでに1940年代から銅の製錬による環境破壊に言及されており，やがて，石油化学工業に関連づけられ，地域の環境問題が指摘され，その後，酸性雨を中心とした世界的な環境問題が記述されるようになった。また，派生の新技術（脱硫装置）開発とそのリサイクル製品（石膏ボード）の記述も認められた（表3-1-5）。

第2節　水酸化ナトリウム製造法教材の変遷と水俣病の発生

本節では，高等学校化学における水酸化ナトリウム製造法教材について取り上げる。はじめに，戦後の高等学校学習指導要領理科編は，水酸化ナトリウム製造法に関連した理科教育内容をどのように記述してきたのか明らかにする。戦後の高等学校学習指導要領理科編では，水酸化ナトリウム製造法に関連した教育内容を，「海水」の学習単元のなかで（1951年度版）[35]，「生活や産業に密着した代表的無機物質」（1956年，1960年，1989年度版）として，「代表的無機化学工業」（1970年度版）として，記述してきた。それらは，水酸化ナトリウム製造法を明示的に記述したものではなく，「指導計画作成，指導上の留意事項」や「内容の程度」として取り上げられているので（表3-2-1），水酸化ナトリウム製造法教材の選択は教科書執筆関係者の裁量に委ねられると推測した[36]。

壊滅的状況から復興した戦後，わが国の化学工業生産量は飛躍的に増大したため，この時期は，技術移転や技術開発といった技術的背景を探りやすいと考えられる。そこで1947年から1996年に出版された，文部省著作1種3冊[37]，東京書籍20種20冊[38]，大日本図書24種27冊[39]，三省堂28種31冊[40]，新興出版社啓林館23種23冊[41]，数研出版14種14冊[42]を調査対象の高等学校化学教科書とした。水銀法教材については，後述するように，他社教科書についても精査した。

表 3-2-1　高等学校学習指導要領理科編の水酸化ナトリウム製造法の記述内容

年度		記述内容
1947	記載されず	
1951	単元の展開例	化学の研究は海水の価値をどのように高めたか
1956	化学	生活および産業に関係の深い物質のアルカリ類
1960	化学A	指導計画作成，指導上の留意事項「生活や産業（特に化学工業）との関連を考慮して指導するようにする」こと
	化学B	指導計画作成，指導上の留意事項「基本的な事項の指導においても，生活や産業（特に化学工業）との関連を図」ること
1970	化学Ⅰ	内容の取扱い「無機化学工業，たとえば硫酸・アンモニア・ソーダ工業などは，各事項の中で触れるようにすること」
1978		記載されず
1989	化学ⅠA	身の回りの物質や製造の内容や範囲の程度「それぞれを原料としてできる２又は３の製品を中心に扱」うこと
	化学ⅠB	物質の性質の内容や程度「代表的な無機物質は，化学工業との関連にも触れること」

なお化学工業製造法の呼称は，発明者の名をつけたエポニムや原料の化学物質の名称などを通称することもある。本節では，炭酸ソーダ法，カセイ化法，ソルベー法およびアンモニアソーダ法を「炭酸ソーダ法」と，隔膜法および隔壁法を「隔膜法」と総称することにする。図 3-2-1 は，化学工業における水酸化ナトリウム製造法の分類を示したものである。

図 3-2-2 は教科書調査の結果を表したものである。1947年度版高等学校学習指導要項（試案）に対応した化学教科書は２種５冊であり，そのうち２冊が水酸化ナトリウム製造法教材を記述していた。以下，1951年度版対応化学教科書６種11冊中６冊，1956年度版対応化学教科書７種７冊中６冊，1960年度版対応化学教科書21種21冊中19冊，1970年度版対応化学教科書32種32冊中８冊，1978年度版対応化学教科書26種26冊中23冊，1989年度版対応化学教科書16種16冊中８冊が各々水酸化ナトリウム製造法教材を記載していた。

終戦直後の文部省著作教科書には，炭酸ソーダ法，隔膜法，水銀法の３製

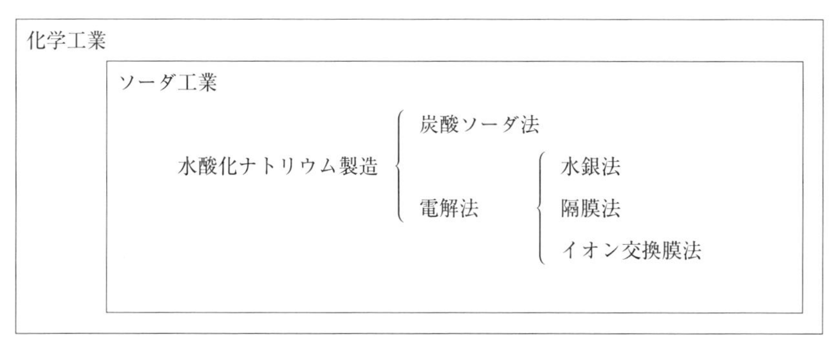

図 3-2-1　化学工業における水酸化ナトリウム製造法の分類

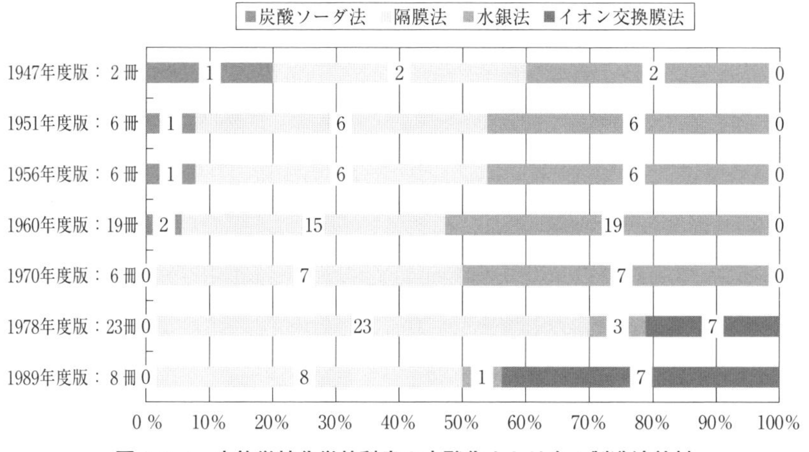

図 3-2-2　高等学校化学教科書の水酸化ナトリウム製造法教材

法が記されていた[43]。1951年度版高等学校学習指導要領理科編試案対応の化学教科書では，単元「酸と塩基」，「海水の化学」，「食塩の化学」，「アルカリ」，「水や水溶液」，「塩の化学」で，隔膜法教材と水銀法教材が登場していた[44]。1956年度改訂後も，ほとんどの化学教科書が，引き続き隔膜法教材と水銀法教材を併記していた[45]。

1960年度版高等学校学習指導要領理科編対応化学教科書の多数が，隔膜法

表 3-2-2　炭酸ソーダ法の登場

発行年	教科書名と教科書出版社
1947年	『化学（3）』，大日本図書（文部省著作）
1955年	『化学四訂版』，三省堂出版
1956年	『化学上』，大日本図書
1963年	『化学Ａ』，大日本図書
1964年	『化学Ｂ』，大日本図書

教材と水銀法教材の併記を継続するか，あるいは水銀法教材のみを記述していた。炭酸ソーダ法教材は，1947年から1964年に発行された化学教科書５種５冊であり，以降発行の化学教科書では登場しなかった（表 3-2-2）。

1970年度版高等学校学習指導要領理科編対応化学教科書から，水銀法教材の消滅傾向がみられた。たとえば，「化学Ｉ」教科書で14行にわたり記載されていた水銀法教材が，同教科書改訂後にそのまま隔膜法教材となり，水銀法教材は脚注となった[46]。また，隔膜法教材と水銀法教材の両方に原理図と写真を掲載していた「化学Ｉ」教科書では，同教科書改訂後に水銀法教材のみ原理図と写真がなくなり，「水銀法は純度の高い NaOH をつくることができるが，工場廃水に水銀が流れ出し，公害の原因になるおそれがあるので，最近は隔膜法に代わってきた」と脚注が付された[47]。

1980年代以降には，水銀法教材に代わってイオン交換膜法教材が新たに登場し始めた。たとえば，「隔膜法のほかに，隔膜として陽イオン交換膜を使う方法もある」[48]や「最近は，高純度の NaOH が得られるイオン交換膜法が盛んになってきている」[49]と脚注を付した「化学」教科書，「水銀の毒性のため環境問題を引き起こし，わが国では1974年から1986年までに製法をイオン交換膜法および隔膜法に転換した」とイオン交換膜法を解説した「化学ＩＡ」教科書[50]があった。

以上，調査を行った化学教科書で，水銀法教材が最後に登場したのは，東京書籍が1974年，大日本図書が1986年，1994年の再登場を除くと三省堂が

表 3-2-3　水銀法教材とイオン交換膜法教材の登場

	水銀法教材 最後の登場	イオン交換膜法教材 最初の登場
東京書籍	1974年	（1998年）
大日本図書	1986年	1983-1986年（脚注）
三省堂	1973年	1991年
新興出版社啓林館	1985年	1988年
数研出版	1979年	1991年

1973年，啓林館が1985年，数研出版が1979年であった。またイオン交換膜法教材が登場したのは，大日本図書が1983年から1986年まで，三省堂が1991年，新興出版社啓林館が1988年，数研出版が1991年であった。なお，東京書籍では，調査期間の対象外であるものの，イオン交換膜法教材を1998年発行「化学ＩＢ」教科書[51]で，登場させている（表3-2-3）。

さらに水銀法教材に限定して，他社教科書を調査したところ，同様に水銀法教材が消滅していた。教科書改訂前に登場していた水銀法教材が改訂後に隔膜法教材に置き換わり「水銀法は，隔膜法よりはるかに高濃度の水酸化ナトリウム溶液が得られるが，水銀の一部が製品に混入して失われ，環境を汚染するので，その改良と隔膜法への転換が試みられている」[52]と付記した「化学Ｉ」教科書，教科書改訂後に水銀法原理図を省略した「化学Ｉ」教科書[53]，隔膜法教材と水銀法教材の併記から水銀法教材だけを取り上げなくなった教科書[54]，教科書改訂後，隔膜法，水銀法，イオン交換膜法をすべて脚注にまとめた「化学Ｉ」教科書[55]などがあった。

それでは，水酸化ナトリウム製造法教材はどのような教材選択の視点に基づいて選択されたのであろうか。隔膜法教材のみを記載した化学教科書の執筆者１人（大学教員）にインタビューを行った結果（2001年11月），つぎの水酸化ナトリウム製造法教材選択の視点が明らかとなった。

確かに高校の教科書に載っているあの化学産業絡みの話はあんまり確かに色々

な意味ですごいプロセスなんだけど，ソルベー法だとかね。そんなことより例えば新しいポリマーの製法を作るとか。（略）やっぱり化学産業が生活に役立っているって言う局面は伝えなきゃいかんだろうという風に誰かが思い付いて，（略）中身的には今現在の姿はね日本の化学産業のいったんであろうとその実情をきちっと紹介するってことにならない。（略）確かにそれも大事なんだけど昔の基幹産業だったんだろうけどね。今それを基幹産業とみる市民国民はほとんどいないはず。

上述のインタビュー結果から，日本の化学産業の実情を反映させる，すなわち，最新の科学技術の成果をリアルタイムに反映する視点が明らかになった。この視点によって，化学工業における水酸化ナトリウム製造法の消長が化学教科書における水酸化ナトリウム製造法教材選択に関連することになるといえよう。また教材配列の視点から，選択が行われている可能性も判明した。すなわち，イオン交換膜法の製法的特徴は，イオン交換樹脂の活用にある。高等学校化学では，合成高分子化合物のイオン交換樹脂を有機化学領域で，水酸化ナトリウム製造法を無機化学領域において教授することが多い。無機化学の学習後に有機化学を学習することが一般的な高等学校化学で，化学教科書の教材配列に従い教師が授業展開すれば，イオン交換樹脂の化学的性質を生徒が学習しないままにイオン交換膜法の原理を学習することになりかねない。そのため，イオン交換膜法教材を登場させないか，登場させても教材配列が逆転しない隔膜法を併記すると考えられる。

ところでこの教科書については，水銀法教材とイオン交換膜法教材を教師用指導書につぎのように掲載している。「教科書にとり上げたのは隔膜法のみであるが，1973年ごろまでは水銀法が主流を占めていた。水銀法では高純度の水酸化ナトリウムを得ることができるが，電極にする水銀の毒性の問題があり，法規制によって隔膜法への転換が図られた。その後，イオン交換膜法が開発され，現在では設備能力として隔膜法とほぼ肩を並べる規模になっている」[56]。こうして水銀法教材とイオン交換膜法教材を化学教科書に登場させなくても，教科書を使用する理科教師が生徒の学習の実態に応じて水銀法教材とイオン交換膜法教材を選択することができるのである。

それでは，化学工業内部の水酸化ナトリウム製造法転換の技術的背景を探ることにしたい。

ソーダ工業は，食塩を主原料に苛性ソーダ（水酸化ナトリウム），塩素，水素，ソーダ灰（炭酸ナトリウム）などを生産する工業の総称である。水酸化ナトリウムはパルプ産業と医薬品産業の原材料，塩素は酸アルカリ産業と石油化学工業の原材料となるから，ソーダ工業は化学工業の基幹産業の１つとされる。化学工業の重要性から，日本における水酸化ナトリウム製造開始は早く，1881年，すでに生産を開始していた硫酸の消費拡大と紙幣製造に必要な薬品自給を目的に，官営事業としてルブラン法により水酸化ナトリウム製造が始まった[57]。その後，第一次世界大戦を契機にルブラン法から1897年開始の電解法，1914年のアンモニアソーダ法へと技術革新が進行した。

戦後しばらくの混乱期を過ぎ，高度経済成長期に入ると，副産物の塩素に対する石油化学工業の需要急増を背景に，関連産業を周囲に配置しコンビナートを形成しながら，急速に生産量を増大させた（図3-2-3）。

1960年代，製造プロセスで水銀・水銀化合物を大量に使用した化学工業は，水銀法水酸化ナトリウム製造のほかにアセチレン法アセトアルデヒド製造とアセチレン法塩化ビニル製造であった。そして，硫酸水銀触媒下でアセチレンを原料にアセトアルデヒドを製造したアセチレン法アセトアルデヒド製造の副生成物が，水俣病の原因物質とされたメチル水銀であった。アセチレン法塩化ビニル製造は，塩化第二水銀を触媒として使用し，アセチレンを原料に塩化ビニルを製造していた。

1960年代中頃から1970年代前半に，３種類の製造法は転換期を迎えるが，水銀法水酸化ナトリウム製造とアセチレン法アセトアルデヒド製造および塩化ビニル製造とでは，技術的合理性の点で，対照的な技術的背景を有していたのである。

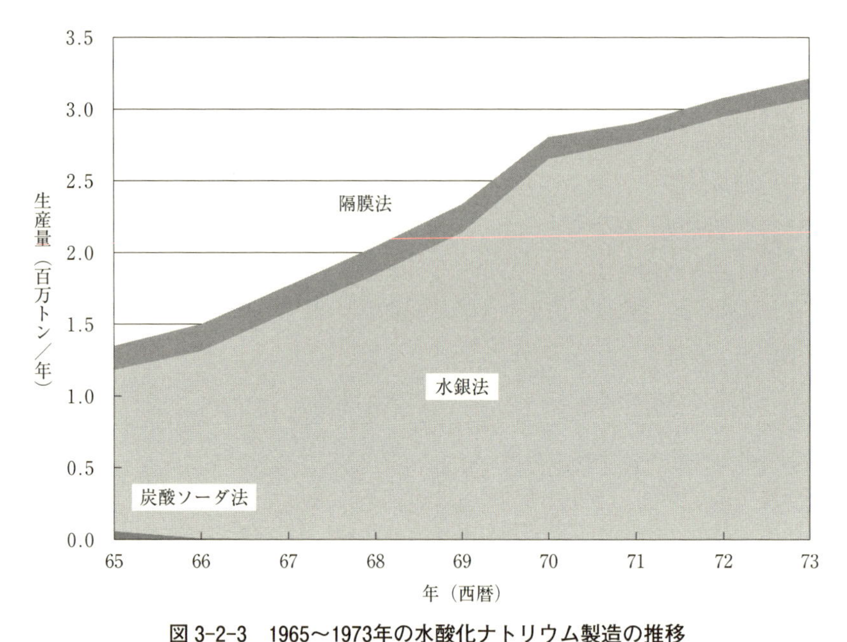

図 3-2-3　1965〜1973年の水酸化ナトリウム製造の推移

【出典】日本ソーダ工業会（1982）：『日本ソーダ工業百年史』，295頁より作成。

水銀法水酸化ナトリウム製造からみてみると，1961年11月の通商産業省（以下「通産省」と略記）「アンモニア法カセイソーダの電解法への転換方針」を受けて，ソーダ工業では石油化学工業で需要が急増していた塩素の併産が可能な電解法に製法が転換されたのであった[58)]。当時，技術的に確立していた電解法には隔膜法と水銀法があって，企業の多数が高品質の水酸化ナトリウムを製造する水銀法に転換した。こうして1972年末，水銀法は水酸化ナトリウム生産構成比の95パーセントを占めるに至っていた。この状態から1973年，隔膜法に再転換したのが，水銀法製法転換であった。

一方，アセチレン法は転換に有利な科学技術政策と代替技術の存在のもとで，エチレン法に移行したのであった。1950年代，アセチレンは，国内炭からのコークスを原料としたカーバイドから主に製造されていたが，以前からカーバイドは価格と安定供給に問題を抱えていた[59)]。

1955年7月の通産省「石油化学工業の育成政策」から，化学工業の原材料を国内産出石炭から海外輸入石油に移行するさまざまな措置がとられ，アセトアルデヒド製造では，原材料を石炭系アセチレンから石油系エチレンに移行する経済的有利性が生じていた。加えて，石油系エチレンを原料とした水銀化合物を触媒としない新製法が海外ですでに確立していたのであった。1956年末，西ドイツのコンゾルチウム・ヒュール・エレクトロヘミー・インドウストリが，石油から生成するエチレンを直接酸化してアセトアルデヒドを得る基礎技術を確立して，1959年秋，同国のヘキストとワッカー両社は，折半投資でアルデハイド社を設立，1960年にエチレン法（ヘキスト・ワッカー法）と称される石油化学方式のアセトアルデヒド生産設備を完成させていた。1964年から日本でも本格的な製法転換が始まり，1969年，アセトアルデヒド製造におけるアセチレン法からエチレン法への転換が完了した[60)]。アセチレン法塩化ビニル製造もまたエチレン法への急速な製法転換が進んだのである[61)]。

製法転換と並行して，水銀規制措置が官界と政界で進行した。1967年8月「公害対策基本法」の施行により，公害防除の責務は第一義的に事業者にあることが明確化し，翌年9月，政府は水俣病公式見解を発表した。つづく1970年7月，公害対策本部が内閣に設置され，1971年7月，公害規制実施の権限をもつ常設の行政機関，環境庁が発足したのであった[62)]。

この潮流には，化学工業界も無関係ではなかった。1968年3月，通産省は水銀法工場と塩化ビニル工場に対して水銀使用状況調査を実施し，翌年2月，すべての水銀法工場と塩化ビニル工場の関連する水域が公共用水域の水質の保全に関する法律の指定区域となり，メチル水銀の水質基準が検出されないことと定められた[63)]。1973年2月，通産省産業構造審議会化学工業部会は，新増設分の非水銀法化と現存水銀法の無公害化を通産大臣に答申し，化学工業のクローズドシステム化の推進を強調した[64)]。化学工業製品の生産過程で発生する大気汚染，水質汚濁，または土壌汚染，廃棄物，悪臭などの公害要因物質を生産系外から出さないシステムがクローズドシステムである[65]。1973年５月，水銀対策に関するガイドラインを作成したソーダ工業会もまた，「水銀の散逸するあらゆる機会を防遏し，一方電槽外に出たものは直ちにこれを回収する」とクローズドシステム化を強調したのであった[66]。

ところが，1973年６月，関係12省庁による第１回水銀等汚染対策推進会議は，クローズドシステム化を1974年９月までにすべての水酸化ナトリウム工場で終了させたうえで，さらに1975年９月までに水銀法を隔膜法に切り替える方針を打ち出したのであった。同年11月，第３回水銀等汚染対策推進会議は，全カセイソーダ工場のクローズドシステム化を1973年12月までと期限を早めて，1975年９月までに３分の２の水銀法工場を隔膜法へ転換し，1977年度末までに全面転換を行う具体的目標を決定したのであった。この行政側の反応を化学工業界は「こうした事態を招いたのは，公害防止と生産活動の調和を図る点で行政の行過ぎもあったためである」[67]と批判した。1974年３月，製法転換の隔膜法工場が完成し稼働し始め，1976年４月，水銀法と隔膜法の生産構成比は40対60となり第１期製法転換が完了した。しかし，隔膜法による水酸化ナトリウムの品質が一部の需要を充足できないために，1977年５月，第４回水銀等汚染対策推進会議は，水銀法に匹敵する高品質水酸化ナトリウムを得られるイオン交換膜法が工業的に実用可能となるまで，第２期製法転換実施を延期することにした。旭化成工業が1975年４月から月産3390トンの，徳山曹達が1977年６月から月産820トンの，旭硝子が1978年９月から月産795トンのイオン交換膜法による商業用プラントを稼働していたものの，当時イオン交換膜法は工業的に開発段階にあった[68]。1979年９月，第５回水銀等汚染対策推進会議は，第２期製法転換完了期限を1984年末とした。1986年７月，通産省は，関東電化水島工場のイオン交換膜法への転換を機に13年間に及ぶ水酸化ナトリウム製造法転換の終結を確認した[69]。1994年，水酸化ナトリウム年間生産量は隔膜法が403,844トン，イオン交換膜法が3,265,287トンで，

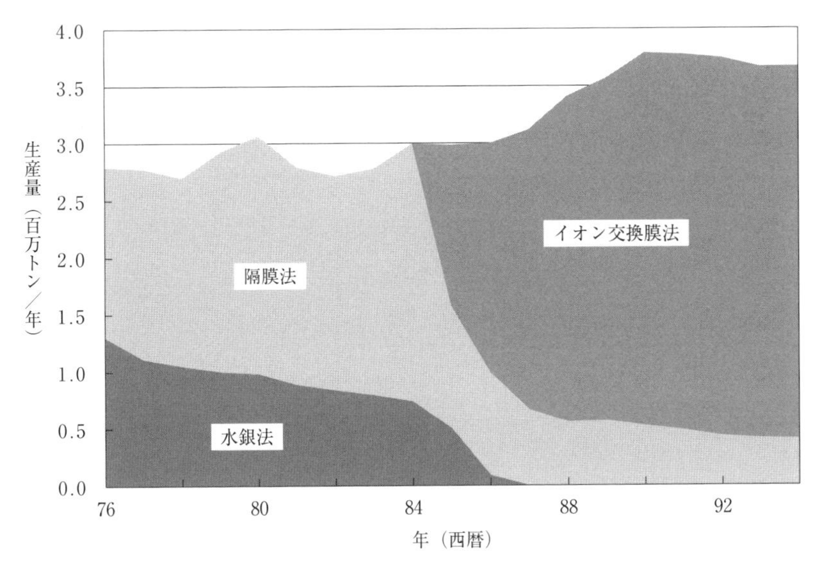

図 3-2-4　1976年以降の液状水酸化ナトリウム製造の推移

【出典】通産省大臣官房調査統計部：『化学工業年報』より作成。

その生産構成比は11対89となっている（図 3-2-4）[70]。

一般に工業における製法転換は，技術的経済的合理性に基づくものである。基幹物質の製造工場が一斉に短期間に変換を図るのは，周辺産業への原料供給を不安定化することになりかねない。水酸化ナトリウムは医薬品工業と製紙工業に，塩素は酸アルカリ工業と石油化学工業に原料として供給されるから，このような製法転換は経済性がないどころか，社会全体に影響を与える可能性すらあった。それでも，このような転換が実施された背景には，水銀汚染関連報道の高揚があった。

1970年代，報道は公害を地方の問題から全国的な問題とした。たとえば，1970年５月，報道各社は公害取材班を編成して公害取材態勢を強化し，民間放送は，1970年のキャンペーン課題を「公害」として報道活動を行った[71]。新聞や雑誌の報道項目数を集計すると，水銀汚染関連報道は1973年６月に頂

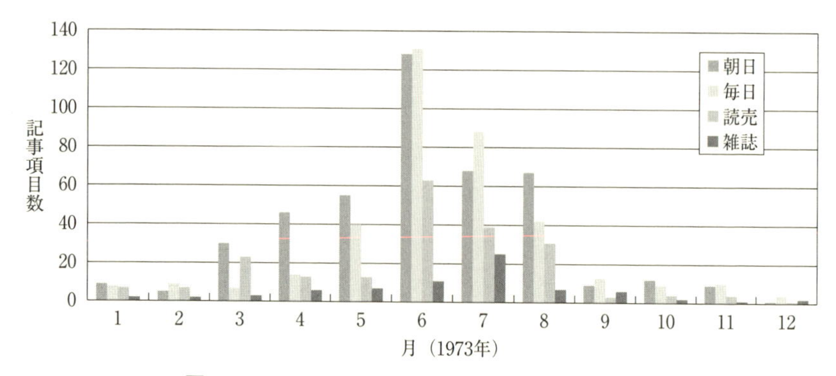

図 3-2-5　1973年の水銀汚染報道記事項目数の変遷

点に達していた（図 3-2-5）[72]。

有明海第三水俣病疑惑（1973年 5 月22日）[73]，徳山第四水俣病疑惑（1973年 6 月18日）[74]，水銀汚染の全国的拡大といった報道に，PCB 汚染魚報道が加わったことで，消費者の汚染魚不買運動，漁民の抗議運動や企業への補償要求，工場の操業休停止が生じたのであった。とくに徳山第四水俣病疑惑報道において水銀法工場は，「徳山湾周辺にはアセトアルデヒド工場はなく，水銀を電極に使ってカセイソーダを製造している徳山曹達徳山工場と東洋曹達南陽工場が汚染源視されている」，「これまでの研究では電解工場ではメチル水銀は生成しないとされており，工場からたれ流された無機水銀が微生物などの作用で毒性の強いメチル水銀に変化したことが考えられる」と報道された。業界紙は「公害病による水俣患者の惨状が世論の注目をひき水銀が公害源として摘発されて以来，いわゆる水銀の行方が追求される傾向にあるが，正当な認識による評価ではない熱狂的信仰ともいえるものが科学的な判断を遮けることがないことを期待したい」[75]とこの動向を牽制し，日本ソーダ工業会も水銀法で使用される金属水銀やその工程で生成する可能性のある塩化第二水銀などの無機水銀はメチル水銀のような有機水銀とは明らかに異なると主張していた[76]。自然界における無機水銀のメチル化の科学的メカニズムは現

表 3-2-4　高等学校化学教科書における水酸化ナトリウム製造法教材の選択とその背景

年代	教科書の水酸化ナトリウム製造法教材	化学工業の水酸化ナトリウム製造法	公害に関する世論一般
戦後～1950後半	隔膜法，水銀法 炭酸ソーダ法	炭酸ソーダ法と電解法（隔膜法，水銀法）が併存した。	公害の地域的発生。水俣病公式発見（1956年5月）。
1960前半～1970前半	水銀法 隔膜法	通産省，電解法への転換方針（1961年11月）。 炭酸ソーダ法から電解法とりわけ水銀法が進展した。	公害の全国的発生。新潟水俣病公式確認（1965年5月），公害国会開催（1970年11月），環境庁設置（1971年7月）。
1970後半～1980年前半	隔膜法 水銀法	政府，水銀法製法転換（1973年6月）決定。 水銀法から相対的に隔膜法が進展した。	水銀追放世論の高揚（1973年6月）。有明海第三水俣病疑惑（1973年5月）徳山第四水俣病疑惑，消費者汚染魚不買運動，漁民抗議運動（1973年6月）。
1980後半～	隔膜法 イオン交換膜法	水銀法製法転換完了（1986年11月）。 隔膜法から，イオン交換膜法が進展した。	公害問題から環境問題へ。
水酸化ナトリウム製造法教材選択の視点 ・最新の科学技術の成果をリアルタイムに反映する ・教材配列			

在も解明の途中にある[77]。中山[78]によれば，1960年代の政策施行の流れが産意下達，産→官→学→民というチャンネルであったのに対し，1970年代には民意上達，民→学→官→産へと逆流していたという。マスコミの水銀汚染報道の高まりは産業界へ規制を与える政策施行を導くものであった。

以上，戦後の高等学校化学教科書の水酸化ナトリウム製造法教材は，炭酸ソーダ法，隔膜法，水銀法，イオン交換膜法の4教材であった。年代別でみると，戦後～1950年代後半では，隔膜法，水銀法，炭酸ソーダ法，1960年代前半～1970年代前半では，水銀法，隔膜法，1970年代後半～1980年代前半では，隔膜法，水銀法，そして1980年代～現在では，隔膜法，イオン交換膜法が主たる水酸化ナトリウム製造法教材であった。

表3-2-4は，上述の高等学校化学教科書の水酸化ナトリウム製造法教材変遷と，化学工業における水酸化ナトリウム製造法の消長，公害に関する世論一般をまとめたものである。戦後の高等学校化学教科書の水酸化ナトリウム製造法教材変遷は，化学工業における水酸化ナトリウム製造法変遷と，ほぼ一致していた。化学教科書の編集者執筆者の水酸化ナトリウム製造法教材選択は，工業的製法の消長をリアルタイムに反映する視点と教材配列の視点からなされていた。

第3節　1970年代の燃料電池教材の登場と環境問題の顕在化

本節では，高等学校化学における燃料電池教材の移り変わりを事例とした。1990年代後半以降，化学工業界のみならずその他の産業界においても，燃料電池技術開発は，急速に進展し始めている。また，エネルギー問題や環境問題の解決を期待されるなど，この新技術が高く評価される理由となっている。本節では，従前の高等学校化学教科書が燃料電池教材をどのように取り上げてきているのか，その推移と記述内容の特徴を明らかにしたい。対象としたのは，1953年から1999年に発行された高等学校化学教科書11社83種85冊[79]である。

これら高等学校化学教科書において最初に登場した際の燃料電池教材の記述に着目した。それは，教材が選択されて，教育の場に最初に登場する場面では，その選択にあたり教科書執筆者の教材観が顕在化すると思われるからである。なお，調査の対象発行年に告示された高等学校学習指導要領理科編（1956年度版，1960年度版，1970年度版，1978年度版，1989年度版）において燃料電池に関する記述はなく[80]，この事実から，高等学校化学教科書における燃料電池教材の選択は，教科書執筆者の判断によるところが大きいと推察した。

高等学校化学教科書における燃料電池教材の推移と記述内容の特徴を明らかにする前に，本節で登場する燃料電池の種類を整理したい。一般に産業界では，使用する電解質の種類から，燃料電池は以下の5種に大別されている[81]。1つめは，1969年のアポロ宇宙計画で搭載された強アルカリ性水酸化カリウム水溶液を電解質としたアルカリ型燃料電池である。アルカリ型燃料電池の英語名“Alkaline Fuel Cell”の頭文字から，AFC型と省略される。AFC型燃料電池は，燃料に純粋な水素，酸化剤に純粋な酸素を用いるために原料製造価格が高く，そのうえ発電出力量も低いために，採算性に乏しく電気事業には向いていない。2つめは，電解質に濃リン酸水溶液を利用するリン酸型燃料電池であり，この燃料電池はPAFC（Phosphoric Acid Fuel Cell）と呼ばれている。1999年の時点で，このPAFC型燃料電池だけが，公共施設の電力設備等として一部実用化されている[82]。3つめは，電解質に固体陽イオン交換膜を利用する電池であり，これは固体高分子型と呼ばれる燃料電池である。燃料電池業界では，固体高分子型に小型家庭用・可搬用・輸送用といった小規模の電源としての実用化を期待していて，この分野での国際的な実用化研究開発が進行している。この固体高分子型の略称は各国によって異なり，欧米の燃料電池業界関連者はPEM（Proton Exchange Membrane）やSPFC（Solid Polymer Fuel Cell）と略称するが，わが国の燃料電池業界では，PEFC（Polymer Electrolyte Fuel Cell）と略称する場合が多い。本節では，混称を避けるために固体高分子型の略称をPEFC型に統一することにする。アポロ計画に必要不可欠な宇宙技術を完成する目的で計画された1965年のジェミニ宇宙計画で採用された燃料電池が，このPEFC型である。他の2つは，電解質として溶融炭酸塩を利用した溶融炭酸塩型，イオン導電性酸化物のジルコニア系セラミックスを利用した固体電解質型であり，各々，MCFC型（Molten Carbonate Fuel Cell），SOFC型（Solid Oxide Fuel Cell）と呼ばれている。人口密集地への分散配置，低熱効率の火力発電所に代替配置といった大規模発電を想定して，これらMCFC型とSOFC型の研究が，産業界で進められている。以下，この略称を用いて各燃料電池の種類を表すこととする（表 3-3-1）。

調査対象の高等学校化学教科書のなかで，燃料電池教材を最初に掲載したのは，1975年に三省堂から発行された「化学Ｉ」教科書[83]であった。同教科書で，燃料電池は「酸化還元反応」単元中の「電池」の１項目として掲載された。宇宙船電源として実用化されたことを，「酸素と水素との反応の際に生じるエネルギーを直接電気エネルギーに転換しようという考えは，すでに100年も前からあったが，最近，宇宙船の電源などとしてその原理が実用化された」と記述したうえ，巻頭に燃料電池を装着した宇宙飛行士の写真を掲載した。燃料電池の種類は，「電極には多孔性の炭素あるいは多孔性のニッケルなどが用いられ，電解液としては水酸化カリウムなどのアルカリ水溶液を使用する」という材料組成と電解液の種類の記述から，AFC 型燃料電池

表 3-3-1　電解質で分類した燃料電池の種類

型	アルカリ	リン酸	固体高分子	溶融炭酸塩	固体電解質
略称	AFC	PAFC	PEFC	MCFC	SOFC
電解質	水酸化カリウム水溶液	リン酸水溶液	高分子膜	溶融炭酸塩	ジルコニア系セラミックス
作動温度	常温～100℃	約200℃	約60～100℃	約650℃	約1000℃
燃料	H_2	H_2	H_2	H_2，CO	H_2，CO
酸化剤	純酸素	空気	空気	空気	空気
特徴	純粋な水素・酸素が必要。電気事業に不向き。	天然ガス，メタノール等を改良して使用。	小型・軽量化可能で作動温度が低い。	天然ガス，メタノール，石炭ガスを改良して使用。	同左（高出力密度でコンパクト化可能）。
主な用途	宇宙船等 特殊用途	オンサイト型，分散配置型	小型・家庭用電源，可搬用・輸送用電源。	大容量火力代替型，分散配置型，オンサイト型	同左

【出典】資源エネルギー庁（1999）：『資源エネルギー年鑑』，通産資料調査会，681頁を一部改変。

であった。

つぎに，燃料電池教材を掲載した。1983年学校図書発行「化学」教科書[84]は，1978年度に改訂された高等学校学習指導要領理科編に対応したものであり，同教科書も「酸化還元反応」単元の一項目として燃料電池を掲載していた。ただし，燃料電池の利用に関する記述においては異なり，1975年三省堂発行教科書のように宇宙開発利用を記述することはなく，つぎに示すように，エネルギー変換の点で省エネルギーに利用可能な電池であることを示唆した内容となっていた。すなわち，火力発電のエネルギーの変換を，太陽エネルギー→化石エネルギー→熱エネルギー→機械的エネルギー→電気エネルギーの順で図示した後，「何段階ものエネルギー変換過程を経由すると，必然的にエネルギー損失が生じ，特に熱エネルギーの利用効率が低下する」とした。その後で，原理図を付して，「水の電解の逆反応，つまり水素の酸化反応を電池に行わせ，化学エネルギーを直接電気エネルギーに変換させようとして開発されつつあるのが燃料電池である」と記述していた。なお，電解質の記載はなく，そのために燃料電池の種類を判別できなかった。

1986年になると実教出版と第一学習社が，「化学」対応教科書で燃料電池を掲載するようになった。1986年実教出版発行「化学」は，「酸化還元反応」単元で燃料電池を取り上げた[85]。「電池の外部から，水素・炭化水素・一酸化炭素などの燃料と酸素を送り込んで，起電力をつくり出す電池」として燃料電池を概説した後，「これらの物質が電極との間で電子の授受を行い，起電力を生じる。燃料を燃やして直接熱に変える場合に比べて，燃料や酸素の化学エネルギーを電気エネルギーに変換して，有効に利用できるという特徴がある」として，AFC 型燃料電池を取り上げていた。1983年発行学校図書と同様に，高効率のエネルギー変換を説明して，省エネルギー技術としての可能性に言及していた。

1986年発行の第一学習社「化学」[86]は，燃料電池を太陽電池とともに併記していた。燃料電池についてみてみると，電解質の水酸化カリウム濃度を具体的に記述したように，他社化学教科書に比してやや詳述した内容となっていた。そのうえ，同社の化学教科書は，「燃料電池の特徴は，燃料と酸素をともに外部から連続して供給し，反応生成物を外部に除去できることである。このため，長時間にわたって電流を取り出すことができ，一種の発電装置ともみられる。しかし，起電力は，アルカリ性電解質の場合約1.1ボルト，酸性電解質の場合約0.6ボルトであるので，多数の電池を組み合わせたり，また，反応によって高温になるので，耐熱性の固体電解質を開発する必要がある」というように燃料電池の化学的原理のみならず，燃料電池技術の特性や課題もまた記述していた。アルカリ性電解質，酸性電解質という記述から，掲載した燃料電池は，AFC，PAFC 型と推察した。

1990年代になると，新たに4社の教科書会社が高等学校化学教科書において燃料電池を教材化するようになった。1992年新興出版社啓林館「化学」[87]は，「参考」として，燃料電池をアルカリマンガン電池，空気電池，酸化銀電池，リチウム電池，ニッケルカドミニウム電池などの乾電池，蓄電池とともに掲載した。「燃料と酸化剤を外部から供給して，その燃焼エネルギーを電気エネルギーとして効率よく取り出す装置を燃料電池という。水素と酸素による燃料電池が代表的であり，アメリカにおいて宇宙開発のジェミニ計画やアポロ計画に採用された。民生用および工業用電力など，大規模な利用が期待されている」と燃料電池の高エネルギー変換に触れた後，宇宙利用の実績と大規模発電装置としての可能性を紹介した。燃料電池の記述の最後を，「ここでは電解液にリン酸H_3PO_4水溶液を用いたリン酸型の燃料電池を示したが，ほかにもアルカリ型，溶解炭酸塩型などが開発されている」と結んでいて，AFC 型燃料電池以外の燃料電池を紹介した内容であった。

つぎに，1997年数研出版発行「化学ＩＡ」と「化学ＩＢ」で燃料電池が登場した。「化学ＩＡ」教科書については，「環境の保全」の単元において，エネルギー対策の将来を論じていて，最も確実なエネルギー対策として省エネルギーを述べた後，「火力発電に比べてはるかに効率よくエネルギーを取り出せる装置」として燃料電池教材を取り上げた[88]。また,「化学ⅠB」教科書[89]は,酸化還元反応中の電池と電気分解の単元で,リチウム電池,ニッケル・カドミウム蓄電池,太陽電池,水銀電池とともに,AFC型燃料電池を掲載した。

1997年東京書籍発行「化学ⅠB」教科書[90]は,「酸化還元反応」の単元で,リチウム電池,ニッケル・カドミウム蓄電池とともに,PAFC型燃料電池を取り上げた。「正極活物質として酸素,負極活物質として水素を用いて,水素の酸化反応による化学エネルギーを直接電気エネルギーに変える。燃料電池は,エネルギー効率が火力発電の2倍以上もあり,各工場やビルに設置できるので,送電の設備を必要とせず,将来性が期待されている」とした。

1997年大日本図書発行「化学ⅠB」教科書[91]は,「酸化還元反応」の単元で燃料電池を掲載した。50kW級の発電能力を有する燃料電池を写真で掲載して,この写真に「本体にとり入れた都市ガス(メタン)を水素に変え,これを電極部分に導く」という解説を付した。発電能力と原料の都市ガスという記述からAFC型以外の燃料電池であること,写真の燃料電池の外観からPAFC型の燃料電池であると推察した。また,「燃料電池は発電効率が高く騒音も出ないので,ビルの専用電源とか,送電線を引けない離島や無人灯台などの電源として,開発が進められている」と具体的な用途に言及した。

以上,各高等学校化学教科書で記述された燃料電池教材を,初出年,教科書会社,科目,単元,記述内容の特徴,燃料電池の種類別に,表3-3-2に整理した。表3-3-2に示した単元,記述内容,電池の種類から,高等学校化学教科書に記述された燃料電池教材の記述の特徴について,以下の4点を指摘することができる。

第一は,調査対象とした高等学校教科書のなかで,「化学ⅠA」対応教科書を除けば,燃料電池教材は一貫して,「酸化還元反応」の単元,もしくはその小単元「電池」で登場したという点である。このことから,化学教科書執筆者は燃料電池技術を構成する主要な化学的原理を酸化還元反応と考えて

表 3-3-2　化学教科書における燃料電池教材の初出年，単元，記述内容と電池の種類

初出年	教科書会社	科目	単元	記述内容	種類
1975	三省堂	化学Ⅰ	酸化還元反応	・宇宙開発用途	AFC
1983	学校図書	化学	酸化還元反応	・高効率のエネルギー変換 ・省エネルギーに利用可能	—※
1986	実教出版	化学	酸化還元反応	・高効率のエネルギー変換 ・省エネルギーに利用可能 ・炭化水素，一酸化炭素など水素以外の原料の可能性	AFC
1986	第一学習社	化学	酸化還元反応	・技術的特性や課題を詳述	AFC, PAFC
1992	新興出版社 啓林館	化学ⅠB	酸化還元反応	・宇宙開発用途 ・省エネルギー技術の可能性 ・大規模発電装置の可能性	PAFC, AFC, MCFC
1997	数研出版	化学ⅠA	環境の保全	省エネルギー技術としての可能性	—
1997	数研出版	化学ⅠB	酸化還元反応	・発電の原理を簡潔に紹介	AFC
1997	東京書籍	化学ⅠB	酸化還元反応	・工場，ビル等の電源用途に言及	PAFC
1997	大日本図書	化学ⅠB	酸化還元反応	・ビル，灯台等の電源用途に言及 ・原料を都市ガスとした	PAFC

※ 「—」は記述された燃料電池の種類を判別できなかったことを表す。

いると推察した。

第二に，燃料電池の利用についてみれば，宇宙開発目的用途を重点的に記述した教科書は，三省堂化学教科書（1975年）のみであり，他社の化学教科書は，燃料電池を省エネルギー技術，小規模発電技術，火力発電代替技術として論じた点である。産業界における実用化研究の動向が1975年前後を境界に変化して，この変化が高等学校化学教科書の記述に反映されたと思われた。

第三に，表3-2-1に示したように，産業界では，5種類の燃料電池が研究もしくはすでに実用化されていながら，高等学校化学教科書はAFC型，PAFC型の2種を多く掲載している点である。この点は，第二の指摘で推論したこととは反対の，化学工業界の研究動向の変化には影響されない，理科教育の論理が作用したと考えられる。

最後に，ほとんどの化学教科書が燃料電池の燃料を水素としているものの，一部の化学教科書では，水素以外の燃料の存在を明言した点である。

そこで，高等学校化学教科書の燃料電池教材選択過程に実際に関与した人物への質問紙調査およびインタビューを通して，高等学校化学教科書編集者執筆者の燃料電池教材選択の視点を明らかにする。表3-2-2に列記した教科書会社8社に，教材を選択した意図や背景を訊ねる自由筆記形式の質問紙を2001年7月に郵送して，5社7名から文書または電子メールにより回答を得た。また，教科書執筆者1人（大学教員）に，インタビュー調査（2001年11月）を行った。

はじめに，教科書編著者であったA氏は，「1969年7月21日の月面到着に感激し，時の宇宙船に搭載されていた燃料電池を未来の技術と認識し，編著者としてその事を教科書に記載することに同意した」と，未来の技術として認識したことを掲載の理由として返答した。

つぎに，1980年代前半の高等学校化学教科書執筆者は，燃料電池の環境に対する低負荷の利点やその話題性を掲載の理由として示すようになる。たとえば，当時の担当者の想起から，編集者のB氏は，「編集会議におきまして，決まりきった内容を解説するばかりでなく，新しい内容も教科書に登場させるべきだとの意見も出され，電池の学習項目の最後に，燃料電池をその利点（クリーンさ等）とともに登場させた」と返答した。また，著作者の回答に基づいて編集者のC氏は新しい電池としての話題性を掲載の理由としていた。

1980年代後半発行の高等学校化学教科書については，執筆者のD氏が，「効率のよいエネルギーを模索してきた中で，エネルギー問題と環境問題の両面を解決できるとして期待されている」からと，返答した。編著者のＥ氏は，「目的に応じたいろいろな型の電池が実用化されているという最近の現状を通して，化学者の懐いている夢の一端を示した」と，返答した。編集者のＦ氏は，「燃料電池」が日常用語となりつつあることを指摘した。

最後に，編集者のＧ氏は，「プラスイメージで最近世間をにぎわしているので，高校の教科書でも扱った方がよいと判断した」と返答した。

この結果から，高等学校化学教科書編集者・執筆者は，（1）実用化に伴なう話題性，新技術がもつ新規性，自然環境への低負荷性が生徒の学習関心を喚起すると期待したために，（2）化学者活動の人間的側面を照射するために，燃料電池を高等学校化学教科書で教材化したと推察した。

つぎに，化学教科書執筆者のＨ氏にインタビューを行った。同社の編集会議は，大学教員と高校教員から構成されていて，燃料電池教材掲載の要望は，マスメディアを通して燃料電池を知った高校教員の側からの発案であったとのことであった。しかしながら，同氏は燃料電池の掲載に消極的見解であった。というのは，すでに実用化された燃料電池の原料水素は，石油系燃料を起源とするか，莫大なエネルギーを消費する水の電気分解により製造されているのであり，今後の技術革新が見込まれる燃料電池でさえ，ガソリン，メタノール，天然ガスといった石油起源の燃料の使用を想定して技術研究が進行している。つまり，現段階において，燃料電池はエネルギー問題を解決する技術と断言できないのである。そのインタビュー記録は，つぎの通りであった。

> 燃料電池というのは，（略）根本のところを考えたら地球にやさしいとかなんとか言えない。言えないとも言えるわけね。僕は言えないと思っているから。（略）あれを子どもに語りたいとかいう高校の先生がいて（略）全く駄目ってわけでもないかもしれないから私はまあいいやという風に OK している。

つぎに産業界における燃料電池技術に対する関心とマスメディアにおける

燃料電池報道の変化を調べて，実用化に伴なう話題性を検証した後，現在の燃料電池技術の話題性と現実の燃料電池の実用性との間にある差異を論じることにする。

1801年にデーヴィー卿が燃料電池の原理的予測をして，1839年にグローブ卿が常温で水素と酸素の電気化学反応から電気エネルギーの抽出に成功した時期が燃料電池技術開発の黎明期である。現在，燃料電池技術は自動車技術としても関心を集めつつあるが，当時は，民間蒸気機関車の開通（ストックトン，ダーリントン間），蒸気機関の普及（1825年），ダイムラー（独），軽質石油燃料による単気筒エンジン搭載自動車を開発（1886年），ベンツ（独），ガソリンエンジン駆動自動車を開発（1886年），フォードモーター設立（1903年），ゼネラルモーターズ設立（1908年）のように，石炭による蒸気機関，石油によるガソリンエンジンが自動車の動力源として応用が図られていた。この時期に，電気自動車も開発されていて，その電力源として注目されたのが蓄電池であった[92)]。

約半世紀を経た1950年代，アメリカにおいて，燃料電池は家庭用小型発電機として実用化され始めた。その用途は，溶接機や農耕用トラクターの動力源であった。やがて1960年代に，宇宙開発関係者や産業界関係者は，燃料電池に急速に注目し始めた。燃料電池は，発電と同時に水を並行して生成するので，宇宙船電源と宇宙飛行士飲料水を同時に供給し得るからであった。この宇宙開発用途としての燃料電池は1969年のアポロ11号月面着陸成功により，広く一般市民にも知られることになった。しかしながら，1970年になりアポロ13号に搭載された燃料電池は故障をきたした。1970年以降，燃料電池技術は宇宙船電源といった特殊的用途から，より汎用性の高い省エネルギー技術へと展開することになった。その好例が，1978年に発足した産学官連携のムーンライト計画（ニューサンシャイン計画）である。同計画で，燃料電池技術の計画的開発が構想された。やがて1980年代になると，電気，ガス，家電メーカーをまきこんだ国際的開発競争が起こった。1990年代後半からは開発競争の場に，多数の自動車メーカーが参入し始めている。

先述の通り，1980年代後半以降に各教科書会社は，高等学校化学教科書に燃料電池を掲載し始めたこと，また，1975年発行の三省堂化学教科書だけが宇宙利用用途を中心的に解説しており，以降の教科書は，省エネルギー技術または新エネルギー技術として扱ったことを指摘した。そこで化学工業界と学界における燃料電池教材がどのような研究動向であったのかを探るために，Chemical Abstracts の“Fuel cells”を集計した（n＝4665）[93]。Chemical Abstracts は，40000冊以上の科学系雑誌を対象としたアメリカ化学会提供の化学関連論文の索引抄録集である。“Fuel cells”は1967年に Subject index 項目として独立した。この時期に，“Fuel cells”を含む論文数が増加したと考えられる。また，論文タイトルに含まれるキーワードから検索する Subject index は，より効率的に検索を行う目的で，1972年に Chemical Substance index と General Subject index に分割された。そのため，1967～1971年を Subject index から，1972～1986年を General Subject index から集計することにした。集計の結果，“Fuel Cells”のタイトルを含む論文は，60年代後半と80年代以降の二度にわたって増加していた。全体的にみて，60年代後半のピークは「宇宙用途技術」関連，80年代は実用化用途という別の用途をもつものであった。高等学校化学教科書にける燃料電池教材の導入始期は，学界での燃料電池研究推移にもほぼ対応していた（図 3-3-1）。

一方，燃料電池報道はどのように推移してきたのかを，燃料電池技術開発のデータベース 3 種を用いて調べて，燃料電池の社会的技術的背景の一端を探った。用いた各種データベースを概説すると，『国会図書館記事索引』では，国内刊行の国立国会図書館収集雑誌（11383誌）からの各誌記事検索が可能である。収集雑誌数からわが国における燃料電池の広範な関心動向の推移を反映すると推察される。つぎに，『朝日新聞戦後見出しデータベース』では，戦後発行された朝日新聞の記事見出しからの検索が可能である。新聞社が当該記事内容を凝縮した見出しには，新聞社の強い報道意欲が反映される

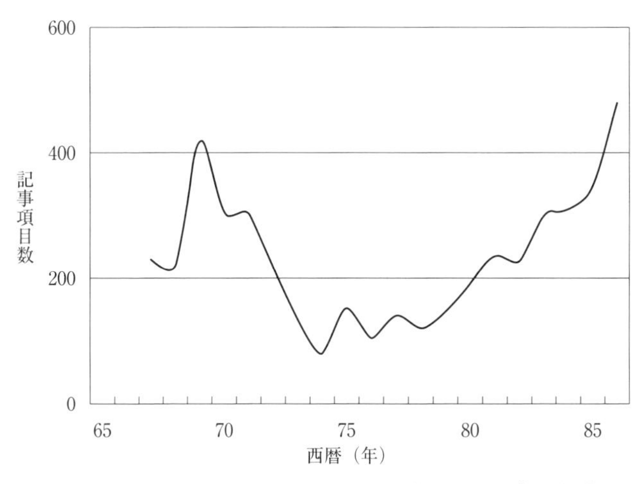

図 3-3-1　Chemical Abstracts にみる“Fuel Cells”の推移

と思われる。同じ朝日新聞提供の『DNA』(Digital News Archives) は，1985年以降の各都道府県の地方版および雑誌『AERA』の記事索引データベースである。シンプル検索「見出しと本文」を「燃料電池」として記事を検索した。検索の結果，『国会図書館記事索引』では1980年代後半に急増する傾向にあった (n＝1234)。『朝日新聞戦後見出しデータベース』では，報道数は1970年に頂点に達したが，以降，顕著な増減を呈していない (n＝110)。なお，報道数が頂点に達した同年の報道の大半は，搭載の燃料電池に故障をきたした宇宙船アポロ13号の事故に関する内容であった。『DNA』の記事件数の推移は，1980年代後半以降に急増する傾向にあり，この傾向は『国会図書館記事索引』にみられた傾向とほぼ一致していた (n＝504)。総じて，3種のデータベースにおける燃料電池記事件数の急増時期もまた，高等学校化学教科書への燃料電池の導入始期に対応していた (図 3-3-2)。

119の会社・団体により構成される国内有数の燃料電池関連団体の燃料電池実用化推進協議会は，「最新の技術動向や民間企業・各機関等の活動状況を踏まえ，燃料電池実用化戦略研究会 (資源エネルギー庁長官の私的研究会) に

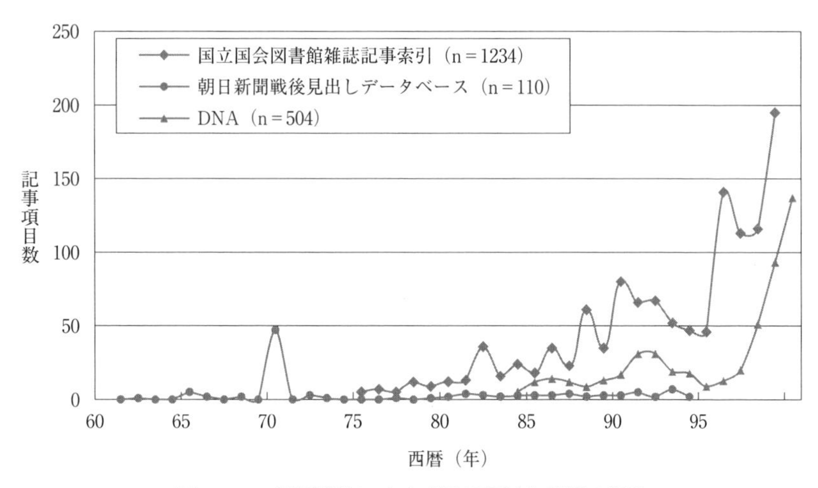

図 3-3-2　新聞雑誌にみる「燃料電池」報道の推移

おいて提言がなされた燃料電池実用化・普及に向けた課題解決の基本的な方向性に沿って，こうした課題の具体的な検討を行い，政策提言として取りまとめ，会員企業自ら課題解決の努力を行うとともに国の施策への反映を図る活動を行う」協議会である[94]。定置用燃料電池として，水素を想定していないことが推測される。

> 定置用燃料電池は，様々な事業者が開発競争を行っている段階であるが，研究されている燃料は基本的には天然ガス，LP ガス，灯油の 3 種類である。定置用燃料電池の燃料は，既存の燃料供給インフラを使用することが現実的であることから，大都市では都市ガス，LP ガス又は灯油，地方では，LP ガス又は灯油といったように地域により選定できる燃料は限定されており，議論の余地は少ない[95]。

また，『燃料電池に関する技術動向調査』は，定置形燃料電池による発電コストを従来型火力発電システムに比べて割高と指摘して，燃料電池の本格的市場投入に向けて，燃料電池製造技術の大幅な技術革新と大規模なコスト低減を指摘している（表 3-3-3）。

これまで水素の安価な製造法として考案されてきたのは，石油化学工業で

表3-3-3　2005年の1kW あたりの燃料電池価格目標値

燃料電池タイプ	価格（1kW 発電あたりの本体価格）	
	現状価格	2005年目標価格
PAFC	40～80万円	30万円（ただし，2006年目標値）
MCFC	180～300万円	100万円
SOFC（定置形）	数千～数万ドル	1000～1500ドル
PEFC（家庭用）	数百万円	30～50万円
PEFC（自動車用）	数百万円	0.5万円

【出典】特許庁技術調査課（2001）:『燃料電池に関する技術動向調査』，8頁より転載。

考えられてきた改質器（リフォーマー）という装置を用いた改質（リフォーム）という化学操作である。この改質技術や関連技術は，ガスの改質，液体の改質，固体の液化とガス化に大別される。ガスの改質には，天然ガス，都市ガス，メタン，液化石油ガス（LPG），水素とメタンの混合ガス（ハイタン）を原料としたもの，液体の改質には，メタノール改質，エタノール改質，ガソリン改質，灯油改質，アルカリ水素溶液，ジメチルエーテル，アンモニア，石炭の液化気化，バイオマス，廃棄物などがある[96]。これらの燃料は，既存のインフラを活用できるという点で実用性に長ける一方で，改質操作段階で，莫大なエネルギーと二酸化炭素などの副生物質を併産する欠点をもつのである。

以上，本節で論じた高等学校化学教科書における燃料電池教材の推移と，化学工業界・産業界における燃料電池技術開発の推移をまとめたのが，表3-3-4である。本節では，以下の4点が明らかとなった。（1）高等学校化学教科書における燃料電池教材の初出は，1975年発行教科書であった。（2）燃料電池教材の種類は，アルカリ型（AFC），リン酸型（PAFC），溶融炭酸塩型（MCFC）であった。（3）高等学校化学教科書執筆者は，自然環境に対する低負荷の話題性が生徒の学習関心を喚起すると期待したために，燃

表 3-3-4　高等学校化学教科書における燃料電池教材の選択とその背景

年代	教科書会社（初出年）	燃料電池教材の種類	歴史的背景
1960	なし		アポロ11号にAFC型を搭載（1969）するなど，宇宙利用開発が本格化した。
1970	三省堂（1975）	AFC	産官学共同の省エネルギー技術開発「ムーンライト計画」が発足するなど（1978），計画的な燃料電池技術開発が進展し始めた。
1980	学校図書（1983）	—	電気，ガス，家電メーカーをまきこんだ国際的開発競争が始まった。
	実教出版（1986）	AFC	
	第一学習社（1986）	AFC, PAFC	
1990	新興出版社啓林館（1992）	PAFC, AFC, MCFC	自動車メーカー参入して，燃料電池自動車の開発が本格化する。また，火力発電の代替発電としての燃料電池開発も進行する。
	数研出版（1997）	AFC	
	東京書籍（1997）	PAFC	
	大日本図書（1997）	PAFC	

燃料電池教材選択の視点
・自然環境に対する低負荷性
・化学史上の先進性

料電池を高等学校化学教科書で教材化した。（4）高等学校化学教科書における燃料電池教材の導入始期は，学界での燃料電池研究増加時期と新聞，雑誌における燃料電池報道の増加時期にほぼ対応していた。

第4章　高付加価値型の化学工業に関する教材の変遷と技術製品の重視

第1節　紡績業，化学繊維工業から合成繊維工業に至る繊維産業教材の継続性

本節では，典型事例として，高等学校化学教科書における繊維に関する教材に着目した。理由は2つある。1つめが，産業界における当該産業の歴史的経緯に基づくものである。中岡は，日本の近代技術形成過程における在来産業と移植産業（基礎になる技術を西欧からの機械装置輸入と技術指導に置いて発展した産業）の相互補完性を指摘した[1)]。すなわち，織物業には，江戸時代に形成された在来産業が，西欧工業経済の製品を在来の手工業的分業の内部に取り込んで新しく開始された経緯があるというのである。現在でも，伝統的工芸品のうち，「織物」，「和紙」，「そのほか繊維製品」[2)]等々の繊維製品が多数を占めている。さらに，繊維産業自体が化学産業への脱却を図っており，伝統的な天然繊維製品と現代的な化学繊維製品が混在する特徴的な産業になっているからである。

2つめが，中等理科教材史における当該製品の初出に基づくものである。永田の作成した旧制中学校・新制高等学校化学関係教材一覧表によれば[3)]，「繊維」が登場したのは，1931年の「中学校教授要目」乙表「一般理科」「物理化学」であった。つまり，日本の中等教育において繊維製品に関する教材は比較的早い時期から選ばれていたのである。

研究の方法としては，第一に，戦後発行の高等学校学習指導要領理科編の繊維製品に関する内容の移り変わりを調べた。第二に，高等学校化学教科書

における当該製品の登場頻度と記述割合（「天然繊維」と「化学繊維」）を求めた。第三に，教科書における記述内容の移り変わりを分析して，教材選択の視点を抽出した。調査対象の高等学校化学教科書は，14社103冊（1948～2013年発行）であった[4)]。

はじめに，戦後発行の高等学校化学教科書に登場した繊維製品の種類をカウントして，登場頻度を論じる。この論述を通して全体的な傾向を把握したうえで，つぎに，対応する学習指導要領毎に繊維製品（「天然繊維」と「化学繊維」）の記述割合の変化を調べて，歴史的な移り変わりの特徴を捉える。最後に，高等学校化学教科書における繊維製品に関する教材の移り変わりをまとめることにする。

（1）高等学校化学教科書における繊維製品教材の登場頻度

調査対象の化学教科書において記載されていた繊維製品教材の種類を頻度の高い順に並べたものが図 4-1-1 である。図中の数値は，百分率（%）で表している。図示するように，化学教科書には多岐にわたる繊維製品教材が掲載されてきた。ナイロン，レーヨン，ビニロン，ポリエステル等々，一部の繊維製品に関する教材には頻出する傾向が認められた。また，図示していないものの，PEN（ポリエチレンナフタレート）繊維，ポリ乳酸繊維のような，いわゆるスーパー繊維も数回登場していた。

（2）「天然繊維」と「化学繊維」の記述割合の変化

つぎに，高等学校化学教科書における繊維に関する製品の記述割合を「天然繊維」と「化学繊維」に分けて，千分率（‰）で表したものが図 4-1-2 である。図 4-1-2 から，２つの傾向が明らかになった。１つめが，繊維製品に最も多くの紙面を割いていた時期は1950年代発行の教科書であり，発行時期によって増減が認められた。２つめが，天然繊維と化学繊維に分けると，徐々に化学繊維の記述が増えていく事実が認められた。天然繊維はかつて，

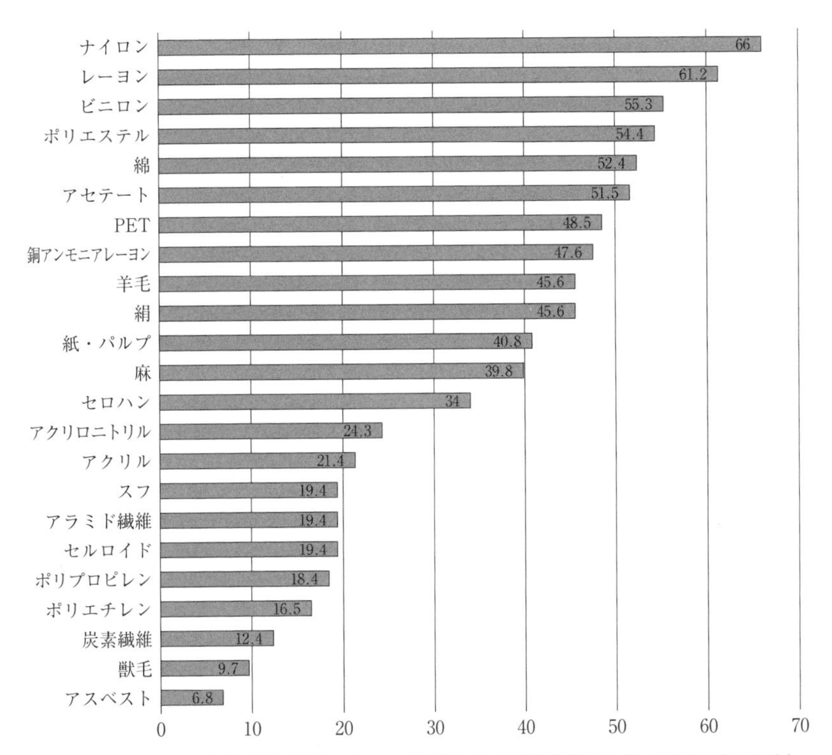

図 4-1-1　調査対象化学教科書において記載された繊維製品とその頻度（百分率）

綿糸，絹糸に代表される日本の主力産業であり，化学繊維は，高度経済成長期に高分子化学から発展した産業の製品である。

なお，1960年代発行の「化学A」と「化学B」対応教科書では繊維製品にほぼ同じ紙面を費やしていたものの，天然繊維と化学繊維の割合が逆転した特徴も認められた。

（3）学習指導要領と教科書の繊維製品教材の特徴

高等学校化学教科書における繊維製品教材は多岐にわたるものであり，いくつかの教材については頻出する傾向があることを指摘した。また，繊維製

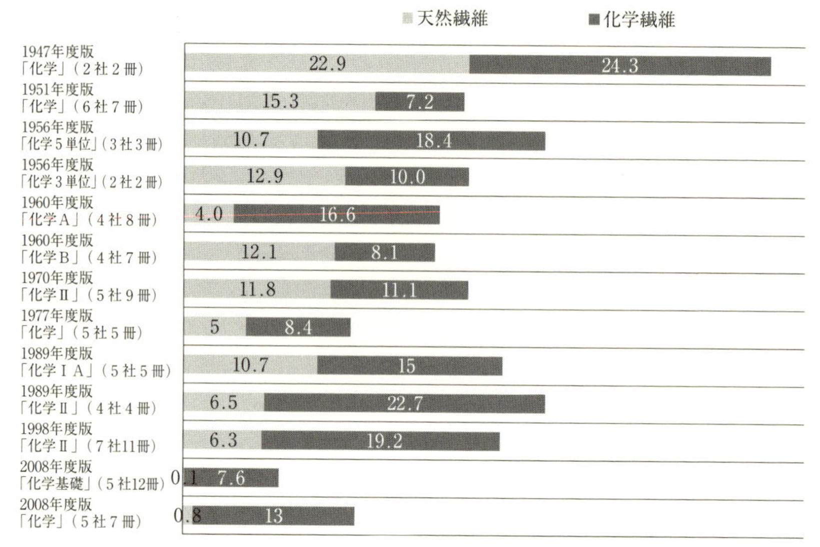

図 4-1-2　調査対象化学教科書において記載されていた繊維製品（天然繊維と化学繊維）の記述割合（千分率）

品教材の記述割合が対応の学習指導要領によって異なり，全体的に化学繊維の記述割合が増えている傾向を明らかにした。はじめに，高等学校理科教科書における教材の選択に影響する学習指導要領理科編における繊維製品に関する記述内容に着目して，移り変わりを明らかにする。

1947年度版は，限られた時間のなかで作成されたものであり，その冒頭にあるように，「これは学習指導上の目標や注意事項などの基準を示した一案であって，将来は完全な学習指導要領が編修されなければならない」ものであった。教材一覧には，「糖類・セルロース・でんぷん」が示されたものの，「繊維」は明記されていなかった。とはいえ，高等学校化学教科書には多くの繊維製品が登場していた。対応の教師用指導書をみると，「ナイロンは最近実生活にかなり使われるようになったが，この節は興味を感じる生徒の自習に任せてよい」[5]とするものがあった。

1951年度版には，繊維の単元例が詳しく示されていた。単元「衣料は化学の研究によってどのように進歩したか」の「要旨」には，人間生活における衣食住の重要性と衣料の衛生が示されていた。衣料素材についても，「天然繊維だけでは需要を満たすことができ」ず，「人造繊維の研究が進み，人絹や合成繊維が発明され天然繊維をしのぐものさえ現われてきている」とされていた。「これらの問題を学習することによって衣料の改善・進歩がどのように行われつつあるかを理解することができるだけでなく，化学工業が繊維資源の不足を補い，他の天然資源から繊維を製造して，その利用価値を高めていることを通して，化学の重要な原理や法則をも知ることができる」とされた。

表4-1-1は，当該学習指導要領のなかで提案された単元例を示したものである。学習内容と活動が詳細に例示され，他の学習単元でも，和紙，洋紙，パルプ，銅アンモニア人絹，セロハン，セルロイド・フィルム・綿火薬，スフ，ガラス繊維・カゼイン繊維・石綿繊維等々が例示されていた。教師用指導書には，合成繊維を選んだねらいに，「現在まだ世界的にも量はそれほど多くなっていないが，繊維としては合成繊維が一般の関心を集めているので，本章で化学繊維一般について説明した」[6]とあった。

1956年度版をみると，「化学」の「生活および産業に関係の深い物質」として「衣料」が示され，具体的内容として「天然繊維，人造繊維，染料」（5単位），「天然繊維，人造繊維」（3単位）が示された。抄紙機の写真と図を示した高等学校化学教科書もあり，繊維と紙の関わりが例示されていた[7]。

1960年度版には，「化学A」（標準3単位）および「化学B」（標準4単位）の内容に，「高分子物質」が示され，具体的に内容として「合成高分子物質，天然高分子物質」と示された。従前の学習指導要領においては「繊維」と記されていたものが，「高分子物質」のなかに含み込まれる形態に変化した。カプロラクタム紡糸装置の写真を掲載する化学教科書があり[8]，合成繊維の発展を紹介する傾向が認められた。

表 4-1-1　単元「衣料は化学の研究によってどのように進歩したか」の一例

1．衣料繊維の原料はどのように変遷してきたか	
天然繊維にはどんなものがあるか	
方　　法	学　習　活　動
復　　習	天然繊維の原料や種類について教科書や参考書により復習する。
生徒の説明	上で調べたことについて説明する。
観　　察	顕微鏡で各種繊維を観察する。
発　　表	上で観察したことを図にかいて，発表する。
実　　験	コシガミを濃硫酸に溶かし，これをうすめて煮沸し，セルロースの加水分解を実験する。
講　　義	セルロースの構造について説明する。
実　　験	羊毛や絹がタンパク質であることを確かめる実験をする。
講　　義	羊毛や絹の化学構造について説明する。
問　　答	問答によって，この部分を整理する。
合成繊維は何からつくられるか	
研究と話合い	ビニロンの構造・製法・性質について調べ，用途についての新しい考えを話し合う。 ビニロンの性質と用途について，絹糸と比較対照する。 ナイロンについて同様に調べ，それを話し合う。
話合い	衣料の発達について話し合う。 天然繊維および合成繊維の資源について話し合う。

【出典】学習指導要領データベース，https://www.nier.go.jp/guideline/（確認日：2019年1月10日）

なお，調査対象教科書においてスフ，アスベスト繊維については，1960年度版対応化学教科書に登場したのが最後であった。

1970年度版の「化学Ⅱ」において，「天然高分子化合物，無機高分子化合物，有機高分子化合物」が記され，「高分子物質」から「高分子化合物」に変化が認められた。教師用指導書には，「ビニロンについては，発明の歴史も知らせた方がよい」[9]と化学史上におけるエピソード性，人間的側面を指導上の留意事項に挙げるものもあった。1978年度版学習指導要領の「化学」

の「物質の化学的性質」に，「高分子化合物」が記され，具体的内容として，「天然高分子化合物，合成高分子化合物」の２種が示された。

1989年度版学習指導要領対応の「化学ＩＡ」の「日常生活の化学」には「衣料の化学」が示され，内容の取扱いには「主な天然及び合成繊維の性質や用途に関して２又は３の例を扱う程度にとどめる」とされた。「化学Ⅱ」の「高分子化合物」の内容は「天然高分子化合物」と「合成高分子化合物」の大別が継続し，内容の取扱いとして，「代表的な合成高分子化合物を扱い，構造と用途との関係にも触れる」とされた。教師用指導書をみると，「合成繊維は，天然繊維と同じような機能や性能をもつものを人工的に合成してみようという人類の努力の結果生み出されたものであることを理解させる」[10]と化学史上におけるエピソード性，人間的側面の強調が継続した。なお，炭素繊維の初出は，1989年度版学習指導要領対応教科書である[11]。1998年度版学習指導要領の「化学」の「生活と物質」において，「食品と衣料の化学」が示され，衣料については，代表的な天然繊維および合成繊維の構造，性質，合成および用途を扱うとされた。

2008年度版についてみると，「化学基礎」の「分子と共有結合」において，「高分子化合物については，ポリエチレンやポリエチレンテレフタラートなどを取り上げ，それぞれの構造に触れる」とあり，一部の合成繊維が登場していた。また，「化学」のなかに，「高分子化合物の性質と利用」があり，「高分子化合物の性質や反応を観察，実験などを通して探究し，合成高分子化合物と天然高分子化合物の特徴を理解させるとともに，それらを日常生活や社会と関連付けて考察できるようにする」とされた。代表的な合成繊維やプラスチックとして，ナイロン，ポリエチレン，ポリプロピレン，ポリ塩化ビニル，ポリスチレン，ポリエチレンテレフタラート，フェノール樹脂，尿素樹脂などが例示され，ナイロンなどが開発された歴史的な事項にも触れるとされた。天然高分子化合物については，タンパク質，デンプン，セルロース，天然ゴムなどが例示された。

ここまで明らかになった化学教科書の記述内容の移り変わりと教師用指導書に示された学習のねらいの分析を通して，繊維製品に関する教材選択の視点を５つ抽出した。すなわち，①繊維産業の趨勢，②日常生活（とくに衣料）との関連性，③化学史におけるエピソード性，④高機能性（スーパー繊維）および⑤安全性である。以下，各々の視点について説明する。

①の教材選択の視点は，繊維産業の趨勢の反映であり，教材選択の基調をなすものである。表 4-1-2 は1951年度と1960年度の製造業の売上高を業種別にみたものである。1951年度には，繊維産業は製造業全体の売上高の実に23.2%を占める主力産業であった。しかし，1960年度には，繊維産業は他産業の進展もあって半減していた[12]。それでも製造業において繊維産業は一定のウェイトを占めていた。1950年代発行の高等学校化学教科書における繊維製品の強調には，この視点に基づく選択があったものと推察される。また，「天然繊維」と「化学繊維」（合成繊維および再生繊維）の割合の移り変わりも同様に，①繊維産業の趨勢の視点から選択されたものと考えられる。図 4-1-3 は，戦後日本の繊維輸出の推移を示したものである。戦後の繊維産業は輸出の面でみると，1960年代以降，化学繊維（合成繊維）が急速に増加し，天然繊維が漸減して1970年代以降，ほぼ一定になっている[13]。急速に発展した化学繊維産業の記述割合が増え，相対的に天然繊維の記述割合が減少したと考えられる。

②の視点から選ばれた繊維製品教材は，主に衣料になるものであり，綿，麻，ナイロン，ポリエステル等々が該当する。ビニロンについては，衣料用途としての使用が少なかったので，当該視点からの選択とは考え難いといえる。また，1950～60年代にみられた特徴的な傾向として，繊維に関する製品としてパルプが製紙との関わりにおいて登場しており，詳しい説明が記述されていた。その背景には，紙が身近な繊維製品であるだけでなく，パルプ自体がレーヨンおよびアセテート繊維といった化学繊維の原料でもあるからと考えられる。

表 4-1-2　製造業の売上高の業種別構成

業　種	1951年度	1960年度
製 造 業	100.0%	100.0%
繊　　維	23.2	12.8
鉄　　鋼	21.0	17.3
各種機械	16.5	30.0
化　　学	10.7	10.3
石油石炭製品	4.5	8.8
食 料 品	9.4	9.3
その他	14.7	11.5

【出典】日本銀行統計局（1961）：『最近10年間の主要企業経営分析』，日本銀行統計局，7頁から転載。

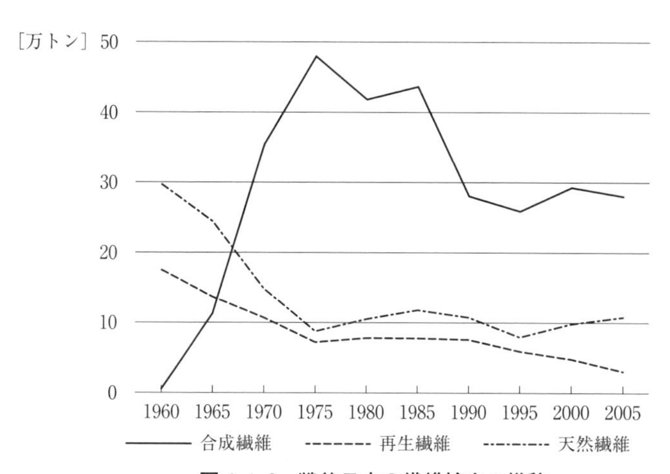

図 4-1-3　戦後日本の繊維輸出の推移

【出典】阿部武司・平野恭平（2013）：『繊維産業』，日本経営史研究所，199頁における表のデータを一部抽出してグラフ化した。

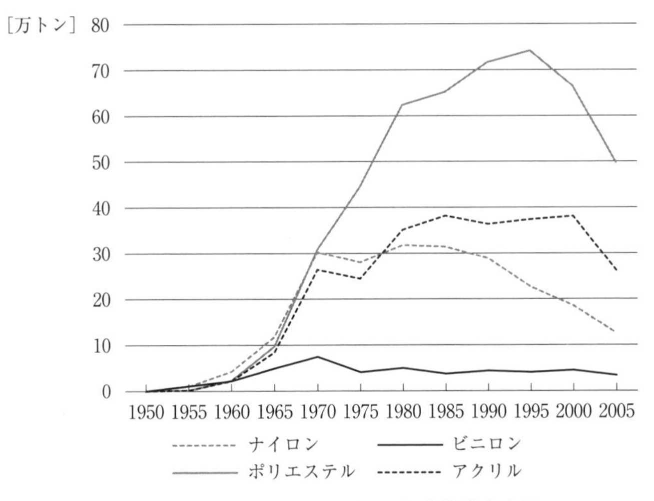

図 4-1-4　戦後日本の合成繊維生産量

【出典】阿部武司・平野恭平（2013）：『繊維産業』，日本経営史研究所，198頁における表のデータを一部抽出してグラフ化した。

高等学校化学教科書において，最も多く登場したナイロンや比較的多く登場したビニロンなどについて戦後日本の生産量をグラフ化したものが図 4-1-4 である。1970年代までは，増加傾向が認められるものの，1970年代以降，ナイロン，ビニロンの生産量は減少あるいは低い値で推移している。この現象は視点①および視点②では説明できず，③の教材選択の視点として，開発の歴史や日本の独自技術などのエピソード性が抽出された。カロザースによるナイロンの発明と工業化（1935年），矢沢将英（鐘淵紡績），桜田一郎（京都帝国大学）によるポリビニルアルコール繊維の開発（1939年）と倉敷レーヨン，大日本紡績による工業生産（1950年）は，合成繊維工業発展の先駆であり，繊維産業のエピソードが多分に含まれているからである。

④の視点は，③のエピソード性の要素にも関わる視点である。未来に向けた話題性の反映を意図するものであり，PEN 繊維（PET よりも高機能）やポリ乳酸繊維（生分解性繊維，医療用縫糸）教材が典型である。ほかにも高強

度・高弾性率繊維（PAN系炭素繊維，パラ型アラミド繊維，PBO繊維，超高分子量ポリエチレン繊維，ポリアリレート繊維，高強度PVA繊維，高強度ポリプロピレン繊維），高耐熱性繊維・難燃繊維（ポリイミド繊維，ポリフェニレンサルファイド繊維，メタ型アラミド繊維，耐炎化繊維，PEEK繊維），生分解性繊維（ポリ乳酸繊維），ポリカプロラクトン繊維，ポリブチレンサクシネート繊維，フッソ系繊維，PTT繊維などがある[14)]。終戦直後に開発された化学繊維もまた，当時としては高機能性を有するものであった。

1960年代から登場しなくなった教材に，アスベスト繊維がある。夢の繊維といわれていたものの，教科書に登場しなくなった背景には，社会における健康被害問題があると考えられる。石綿の用途は3000種といわれるほど多く，その8割以上が建材であった[15)]。石綿を使った建材製品は1955年頃から使われ始め，ビルの高層化や鉄骨構造化に伴い，鉄骨造建築物などの軽量耐火被覆材として，1960年代の高度成長期に多く使用されていた。耐火，断熱，防音の目的で吹き付け石綿として1956年頃から1975年に吹き付けアスベストが原則禁止となるまで使用されていた。しかし周知の通り，現在，発がん性を指摘され使われなくなっている。

（4）抽出された教材選択の視点に基づく繊維製品に関する教材の変遷の分析

最後に，上述の教材選択の視点に基づいて，視点を明瞭に反映するいくつかの繊維製品教材を選び，その移り変わりについて解釈を加える（表4-1-3）。

綿，絹，麻などの天然繊維は，今日でも衣料の素材であり，②日常生活との関わりが深いものである。また，1950年代についていえば，①繊維産業の趨勢を反映するものであった。ナイロン，ビニロンについていえば，1970年代までナイロンは①繊維産業の趨勢を反映するものであり，かつ③エピソード性を有していた。ビニロンは繊維産業のなかで生産量が多くないものの，日本独自の技術という③エピソード性を有していた。スフは1960年代までは，②日常生活との関わりが深い繊維であったものの，衣料素材に使われる機会

表 4-1-3　戦後高等学校化学教科書における繊維製品に関する教材変遷の分析

	1950年代	1960～70年代	1980～90年代	2000年代
綿，絹，麻	①②	②	②	②
ナイロン，ビニロン	①②③	①②③	③	③
スフ	①②	—		
ポリエステル	①②	①②	①②	①②
PET	—		②	②
炭素繊維	—		④	④
アスベスト	⑤	⑤	—	

①繊維産業の趨勢，②日常生活との関連性，③エピソード性，④高機能性，⑤安全性

が減少し，①繊維産業の趨勢の反映と②日常生活との関わりから，1960年代の高等学校化学教科書以降，掲載されなくなった。ポリエステルも繊維産業として，1970年代に飛躍的に伸びたものであり，①繊維産業の趨勢を反映するものであった。ポリエステルの一種であるPET（ポリエチレンテレフタラート）は，飲料用容器として生活に浸透するに従って，②日常生活との関わりの視点から繊維について独立させて扱うようになった。炭素繊維は，④のスーパー繊維のような高機能性を有する視点であり，難易度が高く化学概念を生徒にわかりやすく説明するには不向きかもしれないものの，話題性から選ばれたものと思われる。アスベスト繊維については，発がん性の問題が指摘されてから，1960年代以降化学教科書から繊維として扱われていないと考えられる。

以上，教科書調査の結果，表 4-1-4 に示すように，1950年代の高等学校化学教科書が繊維製品の記述に最も多く紙面を割いていた事実，天然繊維と化学繊維に分けると，時間が経過するにつれて後者が増加する傾向ある，スフ，アスファルト繊維については1960年代以降登場していない，スーパー繊維の一種である炭素繊維の初出は1989年であることが明らかになった。これらの

表 4-1-4　高等学校化学教科書における繊維工業教材の選択とその背景

年代	教科書記述内容の特徴	歴史的背景
1950	繊維製品に最も多くの紙面を割いていた。	1951（昭和26）年度には実に23.2％をしめる主力産業であった。その間，1960年度には，他産業の進展もあって半減していた。それでも製造業において繊維は大きなウェイトを占めていた。
1960	スフ，アスファルト繊維については1960年代以降登場していない。	各社がレーヨン生産からの撤退を開始。 合成繊維の国内生産量が再生繊維を上回る（1967）。 （米）デュポン社，ポリアミド繊維開発。世界初の「スーパー繊維」の誕生。
1970	記述が急減。	1970年代以降，ナイロン，ビニロンの生産量は減少あるいは低い値で推移。 羊毛工業は最盛期を迎えたものの，その後の石油危機で凋落。 1971年，円高進行。綿業の衰退が顕著。
1980	スーパー繊維の一種である炭素繊維の初出は1989年。	合成繊維の輸出減少。合成繊維各社の海外進出が顕著に。
1990		合成繊維の輸入量が輸出量を上回る（1991）。

繊維工業教材選択の視点
・繊維産業の趨勢
・日常生活（とくに衣料）との関連性
・化学史におけるエピソード性
・高機能性
・人体に対する安全性

事実・傾向に基づいて，繊維産業の動向・実態を踏まえて，繊維製品教材選択の視点を５つ抽出した。すなわち，①繊維産業の趨勢，②日常生活（とくに衣料）との関連性，③化学史におけるエピソード性，④高機能性（スーパー繊維）および⑤人体に対する安全性であった。

第2節　日用品の窯業から高付加価値化のセラミックス工業への発展

本節では，変遷を追跡する典型事例として，窯業・セラミックス工業に関する教材を選択した。その理由は3つある。

第一および第二の理由は，産業界における窯業・セラミックス工業の規模と特徴に基づくものである。第一に，窯業が戦後の主力産業であった事実である。『昭和30年版通商白書』によれば[16]，窯業（陶磁器，ガラス，セメント）はきわめて好調な業種であった。第二に，窯業は，伝統技術を基礎として，セラミックス工業（ニューセラミックス工業，ファインセラミックス工業）に発展を遂げている事実である[17]。高度経済成長の時期を過ぎて，日本の産業構造は重厚長大型から高付加価値を生み出す型に移行した。産業構造が変化するなかで，ファインセラミックス工業が国家プロジェクトに位置づけられて，伝統技術を活かした先端技術が発展したのである。特徴的な発展を示す当該工業に着目することで，高等学校化学教科書における化学工業教材に顕著な変遷が確認できるのではないかと考えたのである。第三の理由は，理科教育全体でみれば，すでに大正初期の高等小学校理科掛図には，ガラスと陶磁器製造の図絵が記述されていたことである[18]。この事実から，日本の理科教育実践には，窯業・セラミックス工業に関する教材を取り扱う経験が蓄積しているのではないかと考えたのである。

なお教師用指導書に，教材を記したねらいが明記されない事態も考えられる。その場合，教師用指導書に示された留意事項，授業案等々も分析して近似的にねらいを探ることにした。さらに，写真や模式図に付随する解説文の内容が重要であるという指摘もあることから[19]，当該工業の名称の移り変わりも調べることにした。つまり，窯業，ケイ酸塩工業，あるいはセラミックスと呼ぶのか，あるいはいくつかを選んだのかということからも，教科書執筆者が化学工業に関する教材をいかなるねらいでもって選んだのか，部分的にではあるが明らかになると考えたのである。

本節では，高等学校学習指導要領理科編の規定の変遷を論じた後，教師用指導書にあるねらい・授業方法を調べて，化学教科書における窯業・セラミックス工業に関する教材の変遷を明らかにする。

（1）高等学校学習指導要領理科編の記述内容

戦後発行の高等学校学習指導要領理科編化学の記述内容をみると，1951年度版には具体的な内容が記述されていた[20)]。単元例には，「石や土からどのようにして石灰・セメント・ガラス・陶磁器などがつくられるか」があり，「セメントはどのようにしてつくられ，どんな性質をもっているか」，「ガラスはどのようにしてつくられ，どんな性質をもっているか」，「陶磁器はどのようにしてつくられるか」など，代表的な窯業製品の製法と性質が記述されていた。授業の展開例には，「見学または映画」（セメント工場，ガラス工場の見学または映画やスライド），「図表の作製」（セメントの製造工程，セメントの需給の状態，日本のガラス工業の統計），「実験」（ガラス細工），現在の「ものづくり」（陶磁器づくり）等々が提案されていた。

1956年度版では，「化学（５単位）」の内容の１つに，「生活および産業に関係の深い物質」があった。そのなかの「土」に，「セメント」が記述された。さらに，「日用品の材料」には，「陶磁器，ガラス」が記述された。ただし，「化学（３単位）」には，セメント，陶磁器，ガラスなどの窯業製品は示されていなかった。1960年度版の「化学Ａ」，「化学Ｂ」，1970年度版の「化学Ｉ」，「化学Ⅱ」，1978年度版の「化学」には，窯業・セラミックス工業に関する記述内容はみられなくなったものの，1989年度版から，窯業は再び高等学校学習指導要領理科編・化学に記述されるようになった。「化学ＩＡ」の「身近な材料」として，「窯業製品」が登場したのである。なお，「化学ＩＢ」，「化学Ⅱ」には，窯業・セラミックス工業に関する記述内容はみられなかった。

1998年度版の「化学Ⅰ」には記述がみられなかった。しかし「化学Ⅱ」には,「生活と物質」の「材料の化学」に「セラミックス」が記述された。2008年度版の「化学基礎」には当該工業に関する記述はなかった。だが「化学」の「無機物質と人間生活」の内容の取扱いには,人間生活に利用されている代表的なセラミックスなどを扱うことが明示された。

以上,学習指導要領レベルの記述内容の変遷をみると,表4-2-1に示すように,窯業・セラミックス工業については,3つの時期に分けることができる。第1期が学習指導要領に当該工業が記述された1951年度版から1956年度版までである。第2期が学習指導要領に当該工業が記述されなくなった1960年度版から1978年度版までである。第3期が学習指導要領に当該工業が再び記述された1989年度版以降である。

(2)戦後発行の高等学校化学教師用指導書と教科書の分析

つぎに,表4-2-1の3つの時期に分けて,高等学校化学教科書における当該工業の記述割合の変化および当該工業に付された名称,教師用指導書に示された想定授業時間数および教師用指導書にみられる教材のねらいと授業方法を明らかにする。

表4-2-2は,化学教科書に占める窯業・セラミックス工業に関する教材全体の記述割合を千分率(‰)で示したものである。第1期(学習指導要領に当該工業が記述された時期)において多くの紙面が割かれていた。しかし第2期(学習指導要領に当該工業の名称が記述されなくなった時期)には減少し,1978年度版の高等学校化学教科書において最少となった。第3期の1989年度版「化学ⅠA」において増加に転じた。だが,その後再び減少する傾向にある。なお,1989年度版の「化学ⅠA」の記述割合が顕著に大きい理由は,当該単元が選択必修領域であったことに起因する。学習指導要領に明確な記載がなかったとしても,化学教科書では,無機高分子化合物あるいはケイ素の化合物の単元で取り扱われていることもあった。

表 4-2-1　本節における学習指導要領の時期区分

時期区分	対応学習指導要領年度
第1期 学習指導要領に当該工業が記述された時期	1947
	1951
	1956
第2期 学習指導要領に当該工業が記述されなくなった時期	1960
	1970
	1978
第3期 学習指導要領に当該工業が再び記述された時期	1989
	1998
	2008

表 4-2-2　高等学校化学教科書における記述割合の変化

時期	学習指導要領年度	窯業・セラミックス工業教材の記述頁数／全頁数（‰）
第1期	1947（2社2冊）	「化　　学」 31.4
	1951（6社7冊）	「化　　学」 16.3
	1956（4社5冊）	「化学5単位」10.0 「化学3単位」15.5
第2期	1960（5社15冊）	「化学　A」 13.0 「化学　B」 6.0
	1970（7社17冊）	「化学　Ⅰ」 1.4 「化学　Ⅱ」 2.9
	1978（5社5冊）	「化　　学」 0.5
第3期	1989（7社28冊）	「化学ⅠA」 30.8 「化学ⅠB」 1.7 「化学　Ⅱ」 15.2
	1998（6社24冊）	「化学　Ⅰ」 1.4 「化学　Ⅱ」 16.1
	2008（5社19冊）	「化学基礎」 0.2 「化　　学」 2.4

つぎに，表 4-2-3 は教師用指導書に示されていた想定授業時間数である。学習指導要領に当該工業の名称が示されると授業時間数が増える傾向にあっ

表 4-2-3　教師用指導書に示された想定授業時間数

時期	学習指導要領年度	授業時間数（時間）
第 1 期	1947	「化　　学」 2.0
	1951	「化　　学」 2.8
	1956	「化学 5 単位」0.9 「化学 3 単位」2.0
第 2 期	1960	「化学　A」 1.5 「化学　B」 0.8
	1970	「化学　I」 不明 「化学　II」 不明
	1978	「化　　学」 0.2
第 3 期	1989	「化学 I A」 5.2 「化学 I B」 不明 「化学　II」 1.8
	1998	「化学　I」 1.0 「化学　II」 2.2

注 1　第 3 期における2008年度版の教師用指導書は含まれていない。
注 2　大単元で授業時間が記されていたものは，授業時間数を小単元の数で割って概算した。

た。いずれの時期も 2 時間程度の授業時間が想定されていた。1970年度版については，分析対象の教師用指導書に想定授業時間数が明記されておらず，表中に「不明」と記した。

表 4-2-4 は戦後発行の化学教科書において，写真や模式図に付されたり，本文中に記されたりした当該工業に付された名称を多い順にまとめたものである。第 1 期は，窯業およびケイ酸塩工業とした時期であった。第 2 期は，ケイ酸塩工業が重視された時期であった。第 3 期は，ケイ酸塩工業に関連づけながらも，セラミックス工業および窯業が中心的に記述された時期であったことがわかった。

教師用指導書にみられたねらい・授業方法の移り変わりを明らかにしたものが表 4-2-5 である。第 1 期は，学習指導要領の展開例を踏襲した内容になっていた。すなわち，工場の実地見学やものづくり活動が推奨される一方で，自習を主としたり発表の形式にしたりしてもよいとするものがあった。第 2 期は，セメント工業の強調とケイ酸塩工業としての重点的な記述の時期であ

表 4-2-4　化学教科書において当該工業に付された名称

時期	名称	件数（%）
第1期（6社14冊）	窯業（製品）	7（50）
	ケイ酸塩工業	6（43）
	セラミックス（工業）	0（0）
第2期（7社37冊）	ケイ酸塩工業	18（49）
	窯業（製品）	12（32）
	セラミックス（工業）	0（0）
第3期（7社71冊）	セラミックス（工業）	42（59）
	ケイ酸塩工業	37（52）
	窯業（製品）	26（36）

注　教師用指導書にのみ，工業の名称が記されているものは含めていない。また，複数の名称が記されていた場合，複数カウントした。

った。セメント工業についていえば，具体的なつくり方と固化理由まで理解させる内容になっていた。また，シリカゲルの展示などケイ素を中心に構成された授業展開が提案されるなど，ケイ酸塩工業としての記述が重点化された。たとえば，第2期の1970年代教師用指導書をみると，「二酸化ケイ素が石英・水晶などとして天然に存在することを説明する→二酸化ケイ素から水ガラスができること，水ガラスからケイ酸ができることを説明し，さらにシリカゲルについても実物を示して説明する→ケイ酸塩工業について，その工業的製法について調べて発表させる→ケイ酸塩工業について，補足的な資料（ガラス・陶磁器の種類と用途，生産高など）を示して説明する」[21]とあった。本指導案のように，シリカゲルが重点的なテーマであり，ガラス・陶磁器は補助的な位置づけに後退していた。第3期は，窯業製品自体が中心的な学習内容になった。日常生活における窯業製品だけでなく，「人工関節」や「光ファイバー」等々の先端技術に関する写真が多数掲載されていた。第2期には

表 4-2-5　教師用指導書にみられたねらい・授業方法

時期	記述内容
第 1 期	・特にこれらの工場を実地見学させる機会を与えることが一番望ましい。【高理1063（1952)】 ・自習を主とする。【高理10－1031（1955)】 ・生徒に研究させて発表の形式でもよい。【高理10－1046（1955)】
第 2 期	・どれか 1 つをスライドで見せる。【化学004（1962)】 ・ここでは，セメント・ガラス・陶磁器のスライドを見せて説明するとよい。【化学004（1962)】 ・ケイ酸塩工業の概要を学び，生活との関係を理解する。【化学007（1962)】 ・ポルトランドセメントのつくり方と，それを水とねったものが固まる理由を理解させる。【化学012（1963)】 ・陶磁器の種類とその特徴について学ぶ。【化学038（1966)】 ・シリカゲルを展示する。【化学019（1963)】 ・ここでは，セメント・ガラス・陶磁器のスライドを見せて説明するとよい。【化学019（1963)】 ・どれか 1 つを映写教材で見せるとよい。【化学056（1970)】
第 3 期	・身の回りの窯業製品を話題にしながら授業を展開し，窯業製品の種類と用途についてまとめる。【化A610（1997)】 ・セメントのみ記述なし。【化Ⅱ001（2003)】 ・セメントが固まる化学変化。【化Ⅰ015（2006)】 ・ケイ酸塩工業について説明。【化Ⅰ024（2008)】

注 1　表中の【　】には，該当の教科書番号（発行年）を示す。
注 2　第 3 期における2008年度版の教師用指導書は含まれていない。

強調されていたセメント工業を記述しない化学教科書も現れるようになった。

（3）化学教科書における窯業・セラミックス工業に関する写真や模式図の変遷

表 4-2-6 は，化学教科書における窯業・セラミックス工業に関する写真や模式図の変遷を発行時期毎に頻出した順に示したものである。

第 1 期は，ロータリーキルン（模式図），板ガラス製造（模式図），ろくろによる陶磁器製造（写真），板ガラス製造（写真），登り窯（模式図）の順であっ

表 4-2-6　発行時期毎にみる頻出の写真や模式図の変遷

時期	写真や模式図	件数（%）
第１期（６社14冊）	ロータリーキルン（模式図）	9（64）
	板ガラス製造（模式図）	5（36）
	ろくろによる陶磁器製造（写真）	4（29）
	板ガラス製造（写真）	3（21）
	登り窯（模式図）	2（14）
	セメント製造（模式図）	2（14）
	セメント石灰がま（模式図）	1（17）
	セメント工場全景（写真）	1（17）
	セメント粉末機（写真）	1（17）
	ガラス管製造（模式図）	1（17）
第２期（７社37冊）	ロータリーキルン（模式図）	12（32）
	板ガラス製造（写真）	6（16）
	ガラス瓶製造工程（模式図）	5（14）
	ロータリーキルン（写真）	3（ 8）
	セメント石灰山（写真）	1（ 3）
	セメント原料ミル（写真）	1（ 3）
	セメント混合水槽（写真）	1（ 3）
	セメント袋詰め機（写真）	1（ 3）
	セメント製造工程（模式図）	1（ 3）
	板ガラス製造（模式図）	1（ 3）
第３期（７社71冊）	ファインセラミックス製品（写真）	37（52）
	ガラス製品（写真）	35（49）
	陶磁器製品（写真）	30（42）
	セメント製品（写真）	10（14）
	板ガラス製造（写真）	6（12）
	登り窯（写真）	5（ 7）
	ロータリーキルン（模式図）	4（ 6）
	セメント製造工程（模式図）	4（ 6）
	セラミックス製品（写真）	3（ 6）
	ろくろによる陶磁器製造（写真）	3（ 6）

注　複数の写真や模式図が記されていた場合，複数カウントした。

た。教科書本文の記述内容を精査すると，「これらの工業は，我が国の主要産業である」[22]，「これらの製品は，わが国の重要輸出品となっている」[23]，「化学工業の重要な一部門である」[24]等々，当時の日本における主力産業を強調した記述内容が際立っていた。なお，表4-2-6に頻出のロータリーキルンとは，「耐火れんがで内張りした直径3～5m，長さ60～170mの鋼鉄製の大きな円筒をやや傾けて回転装置の上に横たえた窯炉。鉄筒の下部から重油や微粉炭などのバーナーで加熱しながら，上部から原料を入れて，ゆるい回転にしたがって下部の最高温度のところに移動し，ここで目的の焼成が行なわれたのち，外部に取り出される。ポルトランドセメント，マグネシアクリンカーなどの焼成や鉱石焙焼に使用される」[25]ものである。

第2期は，全体的に，模式図よりも写真の掲載が増えるようになった。ロータリーキルン（模式図），板ガラス製造（写真），ガラス瓶製造工程（模式図），ロータリーキルン（写真）などが掲載された。ロータリーキルンは写真と模式図が併記される傾向にあった。ただし，ロータリーキルンの掲載は第1期に比べて頻度が半減していた。板ガラス，ガラス瓶等が好例のように，身近な製品の製造工程が強調された。

第3期は，ファインセラミックス製品（写真），ガラス製品（写真），陶磁器製品（写真），セメント製品（写真）など，先端技術と伝統工芸に関する製品が併存する時期であった。一方，セメント工業の象徴であるロータリーキルンの写真や模式図は急減した。

以上の分析結果に基づいて，教科書執筆者のねらいを近似的に明らかにしながら，戦後発行高等学校化学教科書における化学工業に関する写真や模式図の変遷を明らかにし，その表象に含まれた意図や意味について推察する。

（4）化学教科書執筆者のねらい

はじめに，化学教科書執筆者のねらいについては，写真や模式図を通して，主として日本の化学工業の実態を説明することにあったと考えられる。その根拠は3つある。

1つめが，産業界における窯業の規模にある[26]。事業所数上位10産業の長期推移において窯業は，5位（1955年）→7位（1965年）→8位（1975年）→9位（1985年）→8位（1995年）→9位（2005年）→9位（2008年）に位置してきた。従業者数の長期推移は，7位→9位→7位→8位→9位→10位→10位（記載順は前述の事業所数の長期推移と同様）であった。事業所数と従業員数の点で，産業界のなかで窯業は看過できない一定の規模を有し続けた。一方で，化学教科書にも主力産業として強調される内容が記述されていたからである。

2つめが，第3期における化学教科書からのセメント工業およびロータリーキルンに関する写真や模式図が急減したことにある。窯業の1つであるセメント工業では，国内需要が1990年度に86,286千トンとなりピークを記録したものの，その後は縮小傾向が続いた。2010年度に底打ちして，2011年度以降3年連続して前年を上回り，2013年度には47,705千トンとなった。しかし，この値はピーク時から比較すると55%の水準に過ぎない。生産についても，1996年度の99,267千トンのピーク後，減少傾向にあり，2013年度には62,392千トン（63%）にまで縮小してきたのである[27]。

3つめが，化学教科書における工業名称の変遷である。化学教科書において，窯業からセラミックス工業（ニューセラミックス工業，ファインセラミックス工業を含む）に名称を変えた時期は，産業界において窯業が，伝統工芸の技術を活用した先端技術へ脱却した時期に重なるものであった。統計調査によれば[28]，窯業における伝統工芸の代表でもある「台所・食卓用品（陶磁器）」の販売金額が，1303億円（1998年），600億円（2005年），350億円（1998年）と減少した。一方，「ファインセラミックス機能材」は5357億円（1998年），3350億円（2005年），3680億円（2011年）の販売金額になっている。つまり，化学教科書において選択された窯業・セラミックス工業に関する写真や模式図と化学工業の実態が対応しているからである。

（5）化学教科書における窯業・セラミックス工業に関する写真や模式図の重点の移行

前述のねらいに基づいて選ばれてきた窯業・セラミックス工業に関する写真・模式図であるけれども，その内容には重点の移行がみられた。戦後の高等学校化学教科書において，窯業・セラミックス工業に関する写真や模式図が，製造プロセスから製品自体に重点移行したことである。第１期の化学教科書には，ロータリーキルン，ガラス製品の製造プロセスに関する写真や模式図が多数掲載されていた。第２期になるとケイ酸塩工業，とくにシリカゲル製品を中心にしたものに変化した。第３期になると，窯業製品と機能的なセラミックス製品に焦点化する傾向があった。セメント工業についていえば，ロータリーキルンのような製造プロセスに関わる写真や模式図から，コンクリート道路[29)]や巨大ダム[30)]などの写真に置き換わるようになった。製造プロセスから製品自体への重点移行は，先端的あるいは身近な化学製品を知る点で有意義であるけれども，製造プロセスに含まれる工学的な側面が後景に退いてしまう可能性があるといえよう。

窯業・セラミックス工業に関する写真や模式図が，製造プロセスから製品自体に重点移行しながらも，発行時期に関わらず，共通して確認し得たことがあった。それは，窯業・セラミックス工業に関する写真や模式図のなかには，工業技術者の姿が掲載・記入されることもあったという事実である。たとえば，身近な製品の板ガラス製造については，本調査の対象時期である戦後よりも前の昭和初期から工業技術者の姿が掲載されていた[31)]。また，ロータリーキルン装置の側面に２人の工業技術者が被写体となっていた写真があった[32)]。さらに，鉄筋コンクリートを注ぐ工業技術者の写真を掲載する化学教科書があった[33)]。写真だけでなく模式図でさえも，セメント製造の構成装置である粉砕器に１人，送風機とロータリーキルンの間に２人，セメントサイロに１人，各装置に比べきわめて小さく工業技術者らしい人物が記入されているものがあった[34)]。この模式図はロータリーキルンを空中から鳥瞰する形式になっていた。

写真はイメージの機械的な再生産とみなされるため，科学の視覚表象においてごくあたり前の手段として頻繁に用いられる。イラストや挿絵の模式図は，鮮明な「写真」とやや抽象的な「図表」との間に存在する視覚知である。写真と挿絵を並置した場合，読者は，写真の情報をそのまま認識するというよりも，わかりやすい挿絵の説明や情報を補いながら写真の内容のイメージを積極的に構成する可能性がある[35)]。理科を使うことが含まれる職業につきたい生徒の数が低調である日本において[36)]，工業技術者の姿をみて，理科を使う職業につきたいと考える生徒もいるかもしれない。

前述したように，工業技術者による活動の表象，すなわち人間的側面の表象だけでなく，工業的側面の表象も重視される事実が確認できた。とくにセメント工業について，装置の大きさを強調する写真や模式図がみられた。たとえば，ロータリーキルンの下端から上方向に向けて撮影した写真があった[37)]。この構図では，ロータリーキルンを前景にして後方に高さのある予熱機が入るため，遠近法により結果的に機械の大きさがより強調されることになる。先の鳥瞰する形の模式図と同様，装置産業であるセメント工業の大きさが強調されている。ある写真論者は，工業写真によるイメージ形成について，「作者の沈黙」の概念で解説した[38)]。溶鉱炉や給水塔の写真を撮り続ける写真家を事例にしながら，イメージをできるだけ非個性化するからこそ，こうしたイメージの非個性化が極度に意識化されて，もともと個人を超えたイメージである工業写真が，逆に主観的な認識に見えるのではないかと考えた。化学教育研究者の１人は，化学教科書中の写真や模式図に限らず，広くメディア教材の視点から，化学を学ぶ生徒への影響を次のように述べた[39)]。第５章第２節で考察するように，正の側面（興味と好奇心を生み出す，批判的な省察を動機づける，教育内容が表現される）と負の側面（否定的な態度の伝達，誤った概念の伝達，宣伝と広告を通した誤認）の二面性があるというのである。巨大装置産業としての視覚表象は，生徒に，仕組みの巧みさから興味と好奇

表 4-2-7　高等学校化学教科書における窯業・セラミックス工業教材の選択とその背景

<table>
<tr><th>年代</th><th>教科書記述内容の特徴</th><th>歴史的背景</th></tr>
<tr><td>1950</td><td>多くの紙面が割かれていた。ロータリーキルン（模式図），板ガラス製造（模式図），ろくろによる陶磁器製造（写真），板ガラス製造（写真），登り窯（模式図）等々が登場した。</td><td>事業所数上位10産業の長期推移において窯業は，5位（1955年）→7位（1965年）に位置。従業者数の長期推移は，7位→9位（記載順は前述の事業所数の長期推移と同様）。事業所数と従業員数の点で，看過できない一定の規模を有し続けた。</td></tr>
<tr><td>1960,
1970</td><td>記述が減少し，1978年版の高等学校化学教科書において最少となった。全体的に，模式図よりも写真の掲載が増えるようになった。</td><td rowspan="2">窯業からセラミックス工業（ニューセラミックス工業，ファインセラミックス工業を含む）に名称を変えた時期。産業界において窯業が，伝統工芸の技術を活用した先端技術へ脱却した時期に重なるものであった。</td></tr>
<tr><td>1980～</td><td>1989年版『化学ＩＡ』において増加に転じたが，その後再び減少する傾向にある。ファインセラミックス製品（写真），ガラス製品（写真），陶磁器製品（写真），セメント製品（写真）など，先端技術と伝統工芸に関する製品が併存する。</td></tr>
<tr><td colspan="3">窯業・セラミックス工業教材選択の視点
・窯業・セラミックス工業の趨勢</td></tr>
</table>

心を生み出す一方，装置の巨大さゆえに生活世界とは離れたイメージを形成する可能性もある。

以上，戦後発行の化学教科書における窯業・セラミックス工業の変遷をまとめたものが表 4-2-7 である。学習指導要領レベルの記述内容の変遷については，3つの時期に分けることができた。すなわち，第１期が学習指導要領に当該工業が記述された1951年度版から1956年度版までである。第２期が学習指導要領に当該工業が記述されなくなった1960年度版から1978年度版までである。第３期が学習指導要領に当該工業が再び記述された1989年度版以降である。化学教科書執筆者のねらいについては，主として日本の化学工業の実態と趨勢を説明することにあった。

第3節　1990年代にみられた医薬品教材の出現と合成有機化学の強調

本節では，高等学校化学教科書における医薬品教材の選択理由を記した主として教師用指導書の記述内容の分析を通して，教科書執筆者の医薬品教材選択の視点を明らかにする。

分析の対象にした高等学校化学教科書は，1951年から2004年までに発行された，12社53種53冊であった[40)]。対応する高等学校学習指導要領ごとに分けると，1951年度版が2種2冊，1956年度版が12種12冊，1960年度版が15種15冊，1970年度版が7種7冊，1978年度版が5種5冊，1989年度版が5種5冊，および1998年度版が7種7冊となっている。このように内訳に差異が生じたのは，各時期によって化学教科書を発行する教科書会社に増減があったという理由だけでなく，教師用指導書も分析の対象にするため，教科書とその指導書をペアで入手する制約があり，悉皆調査が困難であったからである。

教師用指導書も分析の対象としたのは，教科書執筆者の意図を探るためである。近年のテキスト論の動向を踏まえれば，テキストにおける記述内容は著者の意図を離れて読者に無限の解釈を生み出すという見解もみられるが，教科書（テキスト）についてはその前提が妥当ではないように思われる。というのも，無限の解釈を生じないように編まれるのが，理科教科書だからである。文学作品とは異なり，教科書においては執筆者の意図こそが重要な要因になることが考えられる。そこで，この意図を抽出するために，教師用指導書の記述内容にも注目したのである。

この教科書および教師用指導書の分析は，以下の3つの手順を踏むことにした[41)]。第一に，教科書の記述内容や形式に影響を与える学習指導要領における「医薬品」の記述内容を調べ，その移り変わりを跡づけることにした。第二に，教師用指導書における当該単元の学習目標やねらいを分類したうえで，提示された授業時間案および留意点を手がかりにして，教科書執筆者の意図を探った。第三に，高等学校化学教科書に占める医薬品関連教材に関する記述の割合を，便宜的に対応の学習指導要領ごとに算出して，特徴的な時期を同定した。その結果に関連づけながら，記述されてきた医薬品関連教材の種類およびその回数をカウントしていき，特徴的な変遷を示す教材をみつけた。最後に，その特徴的な変遷を示した教材を事例にして，その記述内容の特徴を抽出した。

このように，高等学校化学カリキュラムに関わるいくつかのテキスト（学習指導要領，教科書および教師用指導書）の分析を通して，医薬品関連教材の特徴を探ることにした。

はじめに，戦後の高等学校学習指導要領理科編における医薬品に関する記述内容をみてみることにする[42]。1947年度版では，35項目からなる教材一覧に，医薬品の１つの「アルカロイド」が示されていた。その指導上の注意点には，「重要な概念・法則及び理論はいろいろな事象においてくり返しこれを思い出させて，その意義を徹底させ，個々の場合に対する応用に慣れさせる」，「日常生活並びに産業との関係に留意し，化学の発達が文化の向上にいかに貢献したかを知らしめる」，「つとめて研究所・工場等の参観を行い，また化学に関する講演会・映画等によって理解を助けるように努める」ことが示されていた。1951年度版では，例示されていた高等学校化学の展開例には，単元の「食品はどんな成分からできているか」のなかに，「農薬や医薬にはどんなものが使われるか」が示されており，その学習内容には，「殺虫剤・防腐剤・消毒剤にはどんなものがあるか」，「ふつうの医薬にはどんなものがあるか」および「化学研究の進歩によって，どんな新しい医薬ができたか」が列挙されていた。これらの学習内容は，演示実験（煙草からニコチンをとる），生徒の話し合いや調査（スルファミン剤・ペニシリン・ストレプトマイシンなどの性質・発見された方法・製造法）による学習が想定されていた。当時の化学教師は，この具体的な展開例を手がかりにしながら，地域や学校の実情に適した化学教育を構想，実践していたのである。

つづく1956年度版学習指導要領では，試案の文字が消えて，コース制の導入に伴い，３単位と５単位の「化学」が示された。３単位の内容には「医薬」がなく，５単位の内容には，生活および産業に関係の深い物質として，「おもな医薬」が示された。その内容を解説した冒頭にあるように，「物質に関しては，目標にかんがみ，生活に関係の深い物質と産業上重要な物質の中から選んだが，いくつかの項目に関係のある物質は，いずれか一つの項目中に示して重複を避けたから，ある物質が，どの項目中にあるかということにとらわれる必要はない。これらの物質のほか，生徒が興味・関心をもつ物質として，地域の自然現象，地域の産業，時事問題，学習の中や日常生活の中の物質をも加えるべきである」というように，前回の学習指導要領における生徒の実態や実情に応じたカリキュラム編成の強調を踏襲するものであった。とはいえ，その備考には，応用科学ではなく純粋科学の立場を明確にするためか「化学の観点から扱う」とされ，学問の系統性を重んじた系統学習が強調されつつあった。さらに，指導上の留意点には「必要に応じて地域の産業や日常生活等との関連をはかって指導する」（下線は筆者）と示され，応用科学に関する内容のもつ産業や日常生活等との関連づけは，配慮事項に後退していた。

1960年度版は，前回指導要領の性格をより一層推し進めたものになっていた。すなわち，Ａ類型（どの教科にも比較的片寄らないもの），Ｂ類型（国・社・数・理・外の５教科に重点を置くもの）に分けられ，３単位の「化学Ａ」と，４単位の「化学Ｂ」が示された。そこに記された「化学Ａ」および「化学Ｂ」の内容には，「医薬品」はなく，それに関連するものとして，指導上の留意事項には，「生活や産業（特に化学工業）との関連を考慮して指導するようにする。実際の応用例などを取り扱うときは，細部にわたったり特殊な事項にふれたりすることを避け，化学の基本的な事実，法則などとのつながりをじゅうぶんに理解させることがたいせつである」（化学A），「基本的な事項の指導においても，生活や産業（特に化学工業）との関連を図り，具体的な例などを用いて帰納的な考え方をさせることがたいせつである」（化学B）とされていた。

1970年度版および1978年度版の高等学校学習指導要領理科編には，「医薬品」に関連する記述はみられなかった。日常生活と関係の深い化学的な事物・現象に関する探究活動を通して，科学的な見方や考え方を養うとともに化学的な事物・現象や化学の応用についての理解を図ることを標榜した1989年度版の「化学ＩＡ」にも「医薬品」に関連する記述内容はみられなかった。続く1998年度版の「化学Ⅱ」において，医薬品に関する記述内容が再び現れた。すなわち，「生命と物質」の単元において「生命体を構成する物質，生命現象と関係する化学反応，医薬品や肥料を観察，実験などを通して探究し，それらの性質や利用について理解させ，化学の成果が日常生活に役立っていることを認識させる」ことが目指されている。その指導に際しては「薬理作用をもつ基本的な物質の性質や構造を扱うが，羅列的な扱いはしない」とされている。なお，現行の指導要領においてこの単元は，日常生活と関係の深い食品や衣料，プラスチック，金属，セラミックスを扱った単元「生活と物質」とあわせ，そのなかから１つの単元を，生徒が選択することになっている。

以上，戦後の高等学校学習指導要領理科編における「医薬品」の記述内容を調べたところ，1951年度版および1998年度版には，「医薬品」に関する記述がみられ，そのほかの学習指導要領には，「医薬品」の名称が記述されていない事実が明らかになった。この事実より，少なくとも1956年度版，1960年度版，1970年度版，1978年度版および1989年度版の学習指導要領に対応した教科書においては，教科書執筆者が何らかの教育内容を生徒に教えるために選んだ教材であったといえよう。また，1998年度版の学習指導要領には，確かに「医薬品」に関する記述がみられたものの，具体的な医薬品の名称までは示さない大綱的なものであり，その教材の選択は教科書執筆者の判断に依るところが大きいと推察した。さらに，1951年度版の学習指導要領（試案）が手引書の性格を有していたことを踏まえれば，戦後の高等学校化学教科書における医薬品関連教材の選択は，教科書執筆者の裁量に専ら委ねられてきたと結論づけた。

それでは，教科書執筆者は，何をねらって医薬品関連教材を選択してきたのであろうか。その意図を探るため，教師用指導書を分析した。当該学習単元について，何らかの目的，目標，ねらいを明示していた教師用指導書は，1951年度版，1989年度版および1998年度版の14種14冊であった。その記述内容を調べ類型化したところ，「薬理作用」，「最近の有機化学の進歩」，「化学工業発達の歴史」，および「化学の成果と日常生活の関連」の理解を深めることが挙げられていた。このうち，「薬理作用」は1998年度版の教師用指導書に特有のものであり，その原因の１つには，「薬理作用をもつ基本的な物質の性質や構造を扱う」という高等学校学習指導要領における指導上の留意点に関する記述があると思われる。ほかの３つの意図については，時期を問わず，教師用指導書において見受けられたものであった。

では，教科書執筆者は，これらの意図をどのようにカリキュラムとして具体化しようとしていたのかを探るため，教師用指導書に例示された指導案や指導上の留意点を調べることにした。その結果，1951年度版の教師用指導書では主に発表を中心にした学習活動が想定されており，その授業時間が１時間であったことが明らかになった。表 4-3-1 は，当時の教師用指導書に示された典型的な指導案を転載したものである[43]。

この指導案によれば，生徒は，「医薬はどのように進歩し変遷してきたか」，「家庭常備薬としてはどんなものが使われているか」および「農薬にはどんなものが使われるか」を授業に先立って調べることになっていた。授業では，調べてきた内容の発表を行い，授業のおわりには，「ネズミを殺す薬にはど

表 4-3-1　医薬品関連教材の指導案の一例

医薬や農薬にはどんなものが使われるか 指導案の一例（時間配当１時間）			
順序と方法	学習活動	目標Ａ	目標Ｂ
予習 １．発表 ２．質問 まとめ	次のことをしらべてきて発表させる。 １．医薬はどのように進歩し変遷してきたか。 ２．家庭常備薬としてはどんなものが使われているか。 ３．農薬にはどんなものが使われるか。 問１～２ 質疑応答，復習	生薬と合成薬品 化学と医学との関係 農薬の例	科学を尊重し，科学者の貢献に感謝する 科学を生活に取り入れる

【出典】柴田雄次（1952）：『化学新版解説と指導』，大日本図書，152頁より転載。

んなものがあるか」および「駆虫剤（虫下し）にはどんなものがあるか」という問題を解いて，「医薬の進歩に化学の発達がどんな貢献をしたかを述べ」たり，「医薬・農薬は，注意をして使わなければならない。なぜか」を考えたりする展開であった。この１時間の学習活動を通して，生徒には，生薬と合成薬品，化学と医学との関係および農薬の例について理解を深めて，科学を尊重し，科学者の貢献に感謝したり，科学を生活に取り入れたりする態度を育成することが目指されていた。生徒の自主性に基づいた医薬品に関する学習活動は，1960年度版の化学教科書にも引き継がれ，「この節は時間の関係では生徒の自習に任せてよい。医薬がどんなに複雑な構造をもつものであるか，歴史的にどういう経過で発見されてきたかということの大要について生徒が関心をもつことが主眼で詳細な記述を記録させる必要はない」とされていた[44]。

1998年度版の「化学ＩＡ」教師用指導書には，「アセチルサリチル酸は，天然の医薬の性質を化学的に改良できることを示した歴史的に意味のある薬品であることを強調する。この後天然の医薬から，より毒性を低くして，より有効に，吸収されやすい医薬品の合成の研究が行われていったという，医薬の歴史についても触れておく」と示され，医薬の歴史に重点が置かれていた[45)]。

「化学Ⅱ」教科書の指導書をみると，医薬の化学を教えるポイントとして，「現在用いられている薬品の構造はきわめて複雑なものが多く，高校化学では手に負えない。そのような事情であるから，この章の指導にあたっては，薬品の構造とか薬理には深入りせず，薬，それも化学的に合成される薬がどのように発展してきたかを中心に捉えるとよい。当時の限られた知識と研究手段の限界の中で，どのように考えながら研究を進めていったかは，まさに生き生きとした物語である」と記され，医薬の歴史について重点が継続していた。なお，当該単元は医薬品のほかに肥料に関する学習内容を含め６～７時間であり，生徒の興味・関心に応じて選択することになった[46)]。

以上をまとめれば，教科書執筆者は，「薬理作用」，「最近の有機化学の進歩」，「化学工業発達の歴史」および「化学の成果と日常生活の関連」の理解を深めさせるために，医薬品関連教材を記述してきた。また，1951年度版および1956年度版の教師用指導書によれば，１時間程度の調べ学習が想定されて，しかも場合によって生徒の自主性に基づく学習活動が展開されていた。

高等学校化学教科書における医薬品関連教材の選択は教科書執筆者の裁量に専ら委ねられ，教科書執筆者は「薬理作用」，「最近の有機化学の進歩」，「化学工業発達の歴史」，および「化学の成果と日常生活の関連」の理解を深めるために具体的な医薬品教材を選んできたのだとすれば，化学教科書において医薬品関連教材は具体的にどのように記述されてきたのであろうか。便宜的に対応の学習指導要領毎に算出して，特徴的な時期を同定した。図4-3-1は，医薬品関連教材の記述の割合を，対応する学習指導要領毎に分けて示したものである。1951年度版に対応した教科書は，医薬品関連教材に

19‰（パーミル，千分率）の紙面を割いていたが，その後，医薬品関連教材の記述割合は漸減する傾向があった。しかし，1998年度版の「化学Ⅱ」対応教科書で急増に転じ，29を占めていた。つまり，化学教科書における医薬品関連教材の記述割合には，年代によって変化があることが明らかになった。なお，1970年度版，1978年度版の学習指導要領に対応した化学教科書には医薬品関連教材がほとんど見られなかったため，図中には示していない。

高等学校化学教科書における医薬品関連教材には，具体的にどのようなものがあったのか。調査対象の教科書における医薬品関連教材の種類と登場回数を調べた。同じ化学教科書の文章中に，具体的な医薬品の名称が複数回あった場合には1回としてカウントした。また，図表に具体的な医薬品の名称が示されていた場合も1回としてカウントした。その結果，調査対象の化学教科書には，126種類の医薬品が延べ483回登場していたことが明らかになった。図 4-3-2 は，登場回数の多かった医薬品上位10種を示したものである。最も多く登場していたのは，サルファ剤であり，アセチルサリチル酸，ペニ

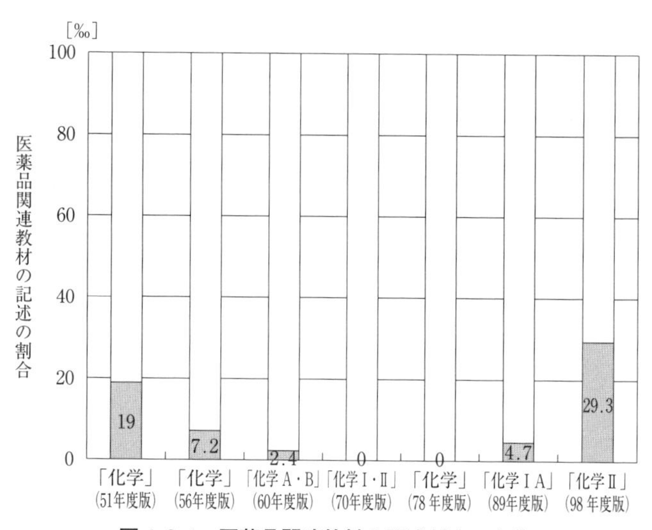

図 4-3-1　医薬品関連教材の記述割合の変化

シリン，ストレプトマイシン，サリチル酸メチル等々がつづいていた。このように，医薬品関連教材の種類は実に多岐にわたるものであり，いくつかの教材には頻出する傾向がみられた。そこで，最も多く登場していた「サルファ剤」の記述内容に着目して，その記述内容の類型化を行い，その類型を踏まえて，医薬品関連教材の特徴を探ることにした。

調査対象の化学教科書において「サルファ剤」は最多の36回登場したものの，図表ではなく文章として記されていたのは25種25冊であった。これらの化学教科書における「サルファ剤」に関する記述内容と筆者による類型を表4-3-2に示した。記述内容に基づいて7つの類型，すなわち，「化学療法に関するもの」(〈化学療法〉と略記)，「化合物の合成に関するもの」〈化学合成〉，「化学結合や誘導体の構造など化学構造に関するもの」〈化学構造〉，「医薬品の効能や用途に関するもの」〈効能用途〉，「医薬史における出来事に関するもの」〈医薬史〉，「医薬品の進歩に有機化学の発展を関連づけるもの」〈有機化学〉，および「他の医薬品の有する性質を説明するために，補足的に

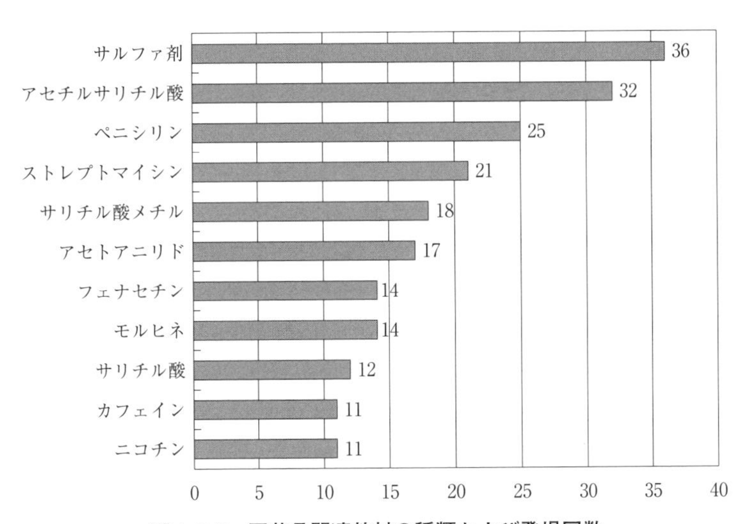

図4-3-2　医薬品関連教材の種類および登場回数

表 4-3-2　高等学校化学教科書のサルファ剤の記述内容

1951年度版

①「化学療法のうち，サルバルサンや各種のサルファ剤は，化学的に合成したものである。」〈化学療法〉〈化学合成〉

1956年度版

①「複雑なサルファ剤は，スルファミンのイオウ原子に結合している$-NH_2$のかわりに，複雑なアミンが結合しているものである。」(2)〈化学構造〉

②「サルファ剤は，細菌性疾患などに用いられるが，アセトアニリドは，その重要な原料である。」〈効能用途〉

③「肺炎菌やブドウ球菌などに対して有効に働くサルファ剤（スルファミン剤）がいろいろつくりだされている。サルファ剤の種類はすこぶる多いが，いずれもベンゼン環を持った環式化合物で，その分子の中に何個かのアミノ基$-NH_2$とスルファミン基$-SO_2NH_2$とを持っていることを，共通の特徴としている。」〈効能用途〉〈化学構造〉

④「サルファ剤のきく菌にはもちろん，そのほかチフス菌や赤痢菌などにもきくクロロマイセチンは，初め一種の放線菌から得られたものであるが，近ごろでは合成品が実用化されている。」(2)〈他薬補足〉

⑤「化学療法のうち，サルバルサンや各種のサルファ剤は，化学的に合成したものである。」〈化学療法〉〈化学合成〉

⑥「多数のサルファ剤がつくられ，化膿性疾患や肺炎などのぶどう状球菌による病気の化学療法が発達した。」(2)〈化学療法〉

1960年度版

①「化学療法剤としては，そのほかに種々の細菌性疾患に対して特効を示すサルファ剤や抗生物質などがある。」(5)〈化学療法〉

②「複雑なサルファ剤は，スルファミンのイオウ原子に結合している$-NH_2$のかわりに，複雑なアミンが結合しているものである。」(3)〈化学構造〉

③「化のう性菌や，肺炎菌などによる病気の治療剤となるサルファ剤は，パラアミノベンゼンスルホン酸アミドの誘導体で，ひじょうに多種類のものが合成されている。」(2)〈効能用途〉〈化学構造〉

1989年度版

①「19世紀末になると，有機化合物は医薬として注目され，アセチルサリチル酸やアセトアニリドなどの解熱鎮痛剤がみつかった。また，20世紀前半にはスルファニルアミドの抗菌作用が確認され，いろいろなサルファ剤の開発が行われた。」(2)〈効能用途〉〈医薬史〉

1998年度版

①「いろいろなサルファ剤は，細菌性の病気への化学療法剤として使われる。」〈化学療法〉

②「アセトアニリドは，現在では医薬品として用いられていないが，この物質を原料として，種々のサルファ剤が合成されている。(略) このように，有機化学の発展が，医薬品の進歩に貢献している。」〈有機化学〉〈化学合成〉

③「硫黄を含むこれらの薬品はサルファ剤と呼ばれ，有用な抗菌剤として現在でも用いられている。」〈効能用途〉〈化学構造〉

注　(　) の数字は，同じ記述内容の回数を，〈　〉は筆者による類型をそれぞれ示している。

例示したもの」〈他薬補足〉である。

1951年度版の化学教科書には，〈化学療法〉と〈化学合成〉に関する記述がみられた。1956年度版および1960年度版の化学教科書からは，〈化学療法〉と〈化学合成〉に加えて，〈化学構造〉や〈効能用途〉に関する記述がみられるようになった。1970年度版および1978年度版になると医薬品関連教材に関する言及はみられず，1989年度版において，〈医薬史〉および〈有機化学〉が記されるようになった。このように，同じ「サルファ剤」という医薬品教材であっても，教科書の発行された年代によってその記述内容の意味には差異がみられた。図4-3-3は，記述内容の数を，7つの類型に分けてカウントしたものである。この図によれば，医薬や薬学の学問領域に属する〈化学療法〉（10回）および〈効能用途〉（7回）が多いとはいえ，純粋自然科学の学問領域に属する〈化学構造〉（8回）および〈化学合成〉（3回）に結びつけた記述内容も多い。1989年度版教科書以降，〈有機化学〉や〈医薬史〉に関連づけた教科書もみられたのが特徴的であった。

「サルファ剤」教材の事例分析によれば，当該教材の記述内容は発行時期

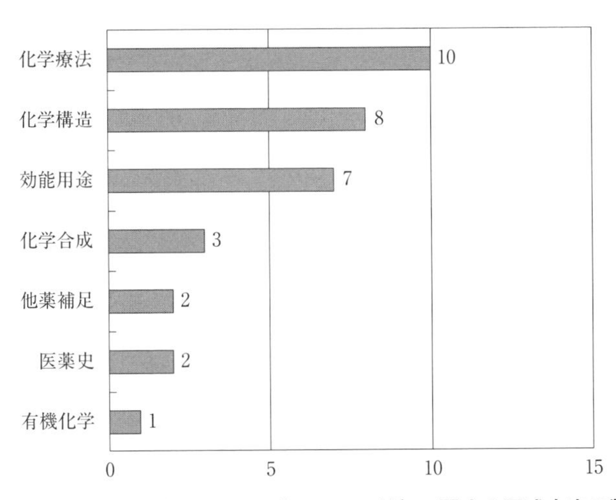

図4-3-3　化学教科書における「サルファ剤」に関する記述内容の類型

によって多様であり，記述内容には7つの類型が確認された。この教科書記述内容の類型を，戦後の化学教科書執筆者の医薬品関連教材選択の視点，すなわち，「薬理作用」，「最近の有機化学の進歩」，「化学工業発達の歴史」，および「化学の成果と日常生活の関連」との関わりから論じたい[47)]。

まず，教材選択の意図の1つであった「化学の成果と日常生活との関連づけ」であるが，この意図は「サルファ剤」教材において実現するものとは言い難い。一般的な生徒が「サルファ剤」を日常生活で頻繁に目撃するとは考えにくいからである。だが，ほかの教材選択の意図であった「薬理作用」を説明するためには，「サルファ剤」は典型的な教材になり得るものである。なぜならば，「サルファ剤」は，代表的な抗菌薬であり，しかも，スルファニルアミドを共通の骨格としているため，その〈効能用途〉，〈化学療法〉および〈化学構造〉を記述内容にすれば，その意図が達成しやすいからである。さらに，ほかの教材選択の意図であった「最近の有機化学の進歩」および「化学工業発達の歴史」は，有機化学工業における「サルファ剤」開発の歴史的展開（1935年，プロントジルに抗菌作用が見出されたことから始まる），つまり，〈医薬史〉および〈有機化学の進歩〉を記述内容とすることによって具現するといえる。そこで，1989年度版の学習指導要領対応化学教科書から，〈医薬史〉や〈有機化学の進歩〉を強調し始めたと考えられる。このように，教科書執筆者の意図が，医薬品関連教材の選択に作用してきた結果，多岐にわたる教材の種類へとつながっていると考えられる。

この医薬品関連教材選択の意図と教科書記述内容の関わりを，「サルファ剤」についで登場回数の多かった「アセチルサリチル酸」に当てはめて考えてみたい。「アセチルサリチル酸」は，アスピリンとして広く知られており，「化学の成果と日常生活の関連」の意図を実現しやすい教材である。また，アスピリンの薬理作用（解熱鎮痛作用）もまた広く知られているため，「薬理作用」を説明する意図も達成しやすい教材である。その有機合成の発見は1890年代にまでさかのぼるため，「最近の有機化学の進歩」の説明には不向

表 4-3-3　高等学校化学教科書における医薬品教材の選択とその背景

年代	教科書記述内容の特徴	歴史的背景
1950	〈化学療法〉と〈化学合成〉に関する記述がみられた。	・国内に保健薬のブームが始まる。
1960	〈化学療法〉と〈化学合成〉に加えて，〈化学構造〉や〈効能用途〉に関する記述がみられた。	・国内でビタミン剤ブーム。 ・武田薬品がアジアに進出する（1962年）。
1970	記述量が急減した。	・風疹の最初のワクチン開発。
1980	記述量が急減した。	・改正薬事法を中心に医薬品の安全性・品質面への監視がさらに厳しくなる中，国内の医薬品総生産額は3兆6790億円に達する（1981年）。
1990	〈医薬史〉および〈有機化学〉に関する記述がみられた。	・海外メーカーとの連携が進む。

医薬品教材選択の視点
・薬理作用
・最近の有機化学の進歩
・化学工業発達の歴史
・化学の成果と日常生活の関連

きでありながら，逆に「化学工業発達の歴史」を解説するにはすぐれた教材である。さらにいえば，「アセチルサリチル酸」は，サリチル酸のアセチル化という基本的な化学合成によって得られる化合物であるため，〈化学構造〉および〈化学合成〉の記述内容に適しており，この適性こそが科学の基本概念の獲得を重視した1970年代のいわゆる現代化運動の影響下にあっても，医薬品教材として登場した要因になったと考えられるのである。

以上，戦後発行の化学教科書における医薬品教材の変遷をまとめたものが表 4-3-3 である。高等学校化学教科書に占める医薬品関連教材の記述の割合は，1951年度版の学習指導要領（試案）に対応した化学教科書を1つのピークとして，以降漸減したものの，1998年度版の学習指導要領に対応した化学教科書から急増に転じた。この間，高等学校化学教科書に記述された医薬品関連教材の種類は多岐にわたるものであり，いくつかの教材には頻出する傾向があった。また，化学教科書執筆者は，具体的な医薬品の説明を通して，薬理作用，化学工業発展の歴史，有機化学の進歩および日常生活の関連性を生徒に理解させるため，医薬品関連教材を選択してきたことが明らかとなった。

第5章　戦後日本の高等学校化学教科書における化学工業に関する教材変遷と選択意図

第1節　高等学校化学教科書における化学工業に関する教材変遷

第2章から第4章では，安定的な教材（ほぼ一貫して掲載された教材），出入りの多い教材，新しく登場した教材を典型事例として選出した。

1つめの安定的な教材として，ハーバー・ボッシュ法教材，二酸化硫黄関連工業教材および繊維産業教材の変遷に着目した。ハーバー・ボッシュ法教材についてみると，学問的に重要な複数の化学概念を応用した工業プロセスだけでなく近代重化学工業史における画期性が記述されるようになった。二酸化硫黄関連工業教材についてみると，銅の製錬による地域的な環境破壊が記述され，石油化学工業に関連づけられるようになり，大気汚染，光化学スモッグ等々から酸性雨を中心とした世界的な環境問題が記述されるようになった。1990年代では，派生技術の脱硫装置の開発とリサイクル製品が記述されるようになった事実も確認された。繊維産業教材については，1950年代の高等学校化学教科書が繊維製品の記述に最も多く紙面を割いていて，天然繊維と化学繊維に分けると年代の変化とともに後者が増加する傾向が明らかになった。

2つめの出入りの多い教材として，鉄鋼業教材，水酸化ナトリウム製造法教材，窯業・セラミックス工業教材を取り上げた。鉄鋼業教材については，製鋼工程においてエネルギー効率の低い「平炉」教材の登場は掲載されないようになり，大気汚染問題を記述した教科書は，1970年代発行のものが多数を占めていた。鋼材製造工程の「圧延」は，発行年代に関わらず一部の教科書で記述され続けてきた。水酸化ナトリウム製造法教材は，炭酸ソーダ法，隔膜法，水銀法，イオン交換膜法の４つであった。また，化学教科書の当該製造法教材変遷は，化学工業内部の製造法変遷とほぼ一致していた。窯業・セラミックス工業教材について，頻繁に登場したのは，ロータリーキルン，ガラス製品，陶磁器製品，セラミックス製品，ファインセラミックス製品であった。登場頻度には，教科書の発行時期によって差異があった。窯業・セラミックス工業教材には，工業プロセスから工業製品の機能性を強調する傾向があった。

３つめの新しい教材として，1960年代の石油化学工業教材の登場と巨大産業化，1970年代の燃料電池教材の登場と環境問題の顕在化および，1990年代の医薬品教材の出現と合成有機化学の強調を調べた。石油化学工業教材の変遷については，分留，クラッキング等々の化学操作が一貫して記述されていた。また，石油化学工業教材は，石油化学原料および製品に関連づけられて記述される傾向にあった。燃料電池教材について教科書の燃料電池教材の記述内容の特徴を調べて，産業界における燃料電池技術の開発過程を調べた。教科書における燃料電池教材の初出は1975年発行教科書であり，1980年後半以降，各社が当該教材を記述するようになった。燃料電池教材の種類は，アルカリ型，リン酸型，溶融炭酸塩型であった。教科書における燃料電池教材の導入始期は，産業界における燃料電池研究発展時期と，社会における燃料電池の普及，浸透時期にほぼ対応していた。医薬品教材に焦点を当てたところ，高等学校化学教科書に占める医薬品教材の記述の割合は，1951年度版の学習指導要領に対応した化学教科書を１つのピークとして，以降漸減したものの，1998年度版の学習指導要領に対応した化学教科書から急増に転じた。この間，高等学校化学教科書に記述された医薬品関連教材の種類は多岐にわたるものであり，いくつかの教材には頻出する傾向があった。

第2節　高等学校化学教科書における化学工業に関する教材の選択意図

我々の生活には，数十万もの物質が工業的に製造・利用されているといわれている[1)]。第2章から第4章において，工業に関する典型教材の分析を通して，その意図を抽出した。永田の『日本理科教材史』研究では，理科教材が変化する（しない）動因を「理科教材の保守性」概念で説明していた。さらに，保守性がもたらされる要因を，「変更に合わせて教材の開発ができる保証がない」点に求めていた。本研究では，「教材の保守性」といった静態的把握ではなく，表5-2-1にまとめたように，教材選択の視点に基づいて，理科教材が変化する（しない）理由を動態的に捉え直すことができた。

本章では，事例研究より得られた知見をもとに，日本の理科教育における

表5-2-1　本研究の事例分析で明らかになった化学工業教材の選択意図

安定的な教材	出入りのある教材	新しい教材
ハーバー・ボッシュ法 ・主要な化学的概念・原理・法則の反映 ・化学史上における画期性	**鉄鋼** ・連続工程の解説 ・環境問題との関わり ・産業の趨勢の反映	**石油化学** ・日常生活との関連 ・化学工業の趨勢の反映 ・化学工業における基幹性
二酸化硫黄関連工業 ・工業的な用途 ・人体への影響（有害性） ・派生技術への関連づけ	**水酸化ナトリウム製造法** ・最新の科学技術の成果をリアルタイムに反映する ・教材配列	**燃料電池** ・自然環境の低負荷性 ・化学史上の先進性
繊維工業 ・繊維産業の趨勢 ・日常生活との関連性 ・エピソード性 ・高機能性 ・人体に対する安全性	**窯業・セラミックス工業** ・産業の趨勢	**医薬品** ・薬理作用 ・最近の有機化学の進歩 ・化学工業発達の歴史 ・化学の成果と日常生活の関連

工業に関する教材の選択視点を２点明らかにして，背後にある技術観を論じることにする。

戦後の高等学校化学教科書の記述内容を規定する高等学校学習指導要領理科編には，化学工業に関連した体系的な記述はほとんどみられなかった。高等学校化学教科書における化学工業に関する内容は，化学教育内容に即して教材化された化学工業教材という形で記載されている。つまり，化学工業教材の選択は高等学校化学教科書執筆者の裁量に委ねられてきたといえる。事例研究から明らかとなった化学工業教材の選択視点について整理しておきたい。

１つめに，化学工業的教材選択の視点には，共通性がみられた。それは，純正化学における主要な化学的概念の応用例を提示する視点であった。燃料電池教材は，「酸化還元反応」概念の工業的応用例であり，水酸化ナトリウム製造法教材は「電気分解」概念のソーダ工業における応用例であり，ハーバー・ボッシュ法教材は，「酸・塩基」，「化学平衡」，「触媒作用」，「窒素化合物」等，複数の化学概念の応用例であった。高等学校化学教科書執筆者は，化学工業教材をその根幹をなす化学的知識，原理，法則から切り離して選択することはなく，純正化学における主要な化学的知識，原理，法則を教材選択の基軸としてきたと考えられる。

２つめに，教材の前後関係の点でいえば，当該工業製品，製造法の新規性を呈する構成材料に関する学習の有無を勘案する視点である。つまり，当該工業製品，製造法の新規性を呈する構成材料を生徒が学習しない段階では，高等学校化学教科書執筆者は，当該工業製品，製造法を化学教科書に掲載しないこともある。その好例が，水酸化ナトリウム製造法の一種のイオン交換膜法教材であった。ソーダ工業におけるイオン交換膜法の中核をなす化学材料は，陽極と陰極の間の隔膜に利用する陽イオン交換膜である。従来使用していたアスベスト隔膜を，陽イオン交換膜に代替したことが，イオン交換膜法の製法的特徴であった。高等学校化学教科書をみてみると，たとえば，

1989年度版高等学校学習指導要領理科編によれば，イオン交換膜法教材を数多く記載した「電気分解」は「化学ＩＢ」の学習内容であるのに対して，陽イオン交換樹脂に関する化学的性質は，「化学Ⅱ」の学習内容となっている。そこで，教材の前後関係を考えて，イオン交換膜法を掲載しない高等学校化学教科書があった。さらに，この教材配列の視点による選択は，燃料電池教材においても見出せた。第３章第３節で論じたように，燃料電池の種類は，電解質の種類によって，アルカリ型（AFC），リン酸型（PAFC），固体高分子型（PEFC），溶融炭酸塩型（MCFC），固体電解質型（SOFC）の５種に大別される。その電解質の種類は各々，水酸化カリウム水溶液，リン酸水溶液，陽イオン交換膜，溶融炭酸塩，ジルコニア系セラミックスであった。産業界における研究は，1970年代に実用化された特殊用途のアルカリ型（AFC）と1980年代に実用化された小規模発電用のリン酸型（PAFC）から，自動車に搭載可能な固体高分子型（PEFC）へと移行している。本研究で調べた高等学校化学教科書は，アルカリ型（AFC），リン酸型（PAFC）の燃料電池を多く記述していた。生徒が「酸化還元反応」以前に学習するのは，水酸化カリウム，リン酸といった基本的な化学物質である。固体高分子型（PEFC）の電解質である陽イオン交換樹脂は，先述したように「化学Ⅱ」の学習内容であり，溶融炭酸塩型（MCFC）の溶融炭酸塩はイオン性結合の通常の炭酸塩と比べて特殊な化学的性質を有している。また，固体電解質型（SOFC）のジルコニア系セラミックスは，組成式の各原子数が整数とならない非化学量論的化合物である。溶融炭酸塩やジルコニア系セラミックスは，水酸化カリウム，リン酸に比べて高度な学習内容であり，高等学校化学教科書執筆者は，教材配列の視点から，アルカリ型（AFC），リン酸型（PAFC）の燃料電池を多く記述していると考えられる。

つぎに，高等学校化学教科書における化学工業教材に特有の選択の意図について着目すると，以下の３つを確認することができた。

１つめの意図は，当該工業の「話題性」の反映である。この意図には，過去の出来事か，あるいは未来に起こり得る出来事という点で，２つの種類を確認することができた。過去の出来事としては，ハーバー・ボッシュ法が好例である。連続化大型化といった近代化学合成技術の確立は化学工業のエポックであり，いわば「画期性」に関わる話題性であった。また，1950年代の有機化学工業教材，1970年代の燃料電池教材，1990年代のスーパー繊維教材などは日常生活や社会に本格的に浸透・普及する前から選択されたものであり，当該工業・製品の「先駆性」に関わる話題性を反映しようとする教科書執筆者の先見的な判断であった。

２つめの意図は，化学工業における当該工業の「基幹性」の重視である。「基幹性」をもたらすものとして，当該工業における「中間原料の重要性」，「製造法・製品の消長」があった。たとえば，ハーバー・ボッシュ法により生産されるアンモニア，二酸化硫黄から得られる硫酸，鉄鋼業の冶金により製造される鉄などは，すべての産業にとって重要な中間原料となる。さらに，水酸化ナトリウムもまた，硫酸と同様に必要不可欠な中間原料になるものの，公害問題の発生に起因して消えていった水銀法は「製造法の消長」の点で基幹性を失っている。また，繊維産業におけるスフ・レーヨンのように，製造量が著しく減少した製品についても，基幹性を弱めることになっている。

３つめの意図が，化学工業史上のエピソード性の担保である。上述の「話題性」および「基幹性」がなくても登場し続ける化学工業教材があった。たとえば，繊維産業のビニロンが典型例である。ビニロンもかつては，「話題性」を有したものの，現在の製造量は少なく，日常生活にみられる衣料とは言い難い。技術革新によって「話題性」の生じた製品と製造法は，同じく技術革新によって陳腐化するものである。とくに，現代の産業では技術革新の間隔が短くなる傾向にある。

戦後の日本の化学工業は，1955年頃から高分子化学製品を中心とする新規製品の開発，1960年頃から新プロセス開発による在来産業の代替，1965年頃からの大型化と，三段階の合理化過程を経てきたといわれる。合理化段階の頂点を極めた大型化の段階に，1970年から72年の不況が起こったので，技術革新を中心にコストを下げ製品価格を下げてきた化学工業は，この不況を転機として製品価格の上昇を目指すようになった[2)]。それまでいわゆる「重厚長大」型を標榜してきた化学工業は，1973年の石油危機以降，知識集約型産業，「軽薄短小」型に路線を変更するようになった。この路線変更のかなめとなる技術は，ニュー・テクノロジーと呼ばれて，具体的には，1980年代のマイクロ・エレクトロニクス，1990年代以降のバイオテクノロジーであった。1980年代のテクノロジー・ブームの原因を政府・産業界におけるイノベーション待望論の過熱とした吉岡の指摘を，若干長くなるが引用しておこう。

> 今日のテクノロジー・ブームは，産業界を最大のよりどころとしつつ，ジャーナリズムを通して，広く一般にも波及してきている。（略）ニュー・テクノロジーに熱い視線を注いでいるのは産業界ばかりではない。“科学技術立国”のかけ声のもとに，政府が強力な科学技術推進体制を整備しつつあることは，周知のとおりであるが，なかでも産業の知識集約化の方向をさらに進め，より高次の創造的知識集約化を指向する技術開発を精力的に推進すべきことが，強調されている。ここで注目すべきは，ニュー・テクノロジーが，めざましい成果をおさめているといえないにもかかわらず，期待ばかりが先行している，という事実である。今日のテクノロジー・ブームは，実は日本の政府・産業界におけるイノベーション待望論の過熱によってもたらされた多分に人為的なものである。（略）日本では，ニュー・テクノロジーという言葉は，イノベーション待望論のなかで肯定的イメージを付与されているのである[3)]。

1980年代以降，産業界においてその新規性が評価されて，1990年後半以降にマスコミを通して広く一般市民にも普及した燃料電池は，高成長の期待感，産業規模の潜在力の点で，2000年代のニュー・テクノロジーであった。1970年代，産業界における燃料電池技術開発は通商産業省主導のムーンライト計画により開始され，進行した。1990年代後半になると，燃料電池は自動車産業と結びつき，さらに企業の環境 PR という戦略を通して，一般に報道されるようになった。つまり，燃料電池は科学技術政策→技術の進展→世論という影響関係にあったといえよう。このような影響関係は，燃料電池のような産業界や一般市民に肯定的なイメージを付与された工業製品，工業的製法に限ったことではない。産業界や一般市民に否定的なイメージを付与された工業製品，工業的製法にもみられる関係である。ソーダ工業における水銀法製法転換の原動力は，1973年6月のいわゆる「水銀追放」世論の高揚にあった。この高揚によって，漁民による工場封鎖運動や消費者による汚染魚不買運動が発生して，社会不安の様相を呈したことにより，水銀法の技術的卓越性にも関わらず，政府は製法転換施策をとって，化学工業内部で水銀法は消滅していった。つまり，水銀法による水酸化ナトリウム製造法は，世論→科学技術政策→技術の進展という影響関係のもと，現実の工業的製法をリアルタイムに反映するために，高等学校化学教科書から水銀法教材は消滅したと考えられる。このように高等学校化学教育における化学工業教材選択の場は，化学工業界における産業変動と無関係に成立し得ないのである。

しかしながら，ニュー・テクノロジーの内容が，「エネルギー収支」といった化学的概念に基づいて，化学的に説明されるとは限らないし，化学工業内部の製法転換の原動力となった世論が，科学的方法によって明らかにされた因果関係をもとに形成される訳でもない。結果的に高等学校化学教科書執筆者は，「エネルギー収支」の側面よりも，新技術の話題性を記述したり，世論による製法転換であったとしても，化学教科書のなかの記述を削除してしまうことがある。この点について，もう一度，燃料電池教材と水酸化ナトリウム製造法の水銀法教材の事例から確認しておきたい。

まず，実用化された燃料電池についていえば，排気ガスを生成しないという点で，濃水酸化カリウム水溶液を電解質として純水素と純酸素を反応させて電力を得るアルカリ型（AFC）は，環境に低負荷の技術である。ところが，純水素は，改質器（リフォーマー）という装置を用いた改質（リフォーム）という化学操作により製造されることが一般的である。この改質技術や関連技術は，ガスの改質，液体の改質，固体の液化とガス化など数多く開発されつつあって，これらの技術は既存のインフラを活用できるという点で実用性に長ける一方で，改質操作段階で，莫大なエネルギーを使用するばかりでなく，二酸化炭素などの副生物質を併産するため欠点をもつのである。産業界においては，たとえば太陽光の約半分を占める可視光などのエネルギーを用いて水を水素と酸素に分解する光触媒の開発が模索されている[4)]。そこで，1980年代になって登場したリン酸（PAFC）の燃料電池では，燃料を純酸素から空気にして精製コストを低減させて，純水素ではなく天然ガスやメタノール等を改良して使用することによって，採算性の向上に努めたのであった。1980年以降に開発された固体高分子型（PEFC），溶融炭酸塩型（MCFC），固体電解質型（SOFC）も，いずれも燃料を石油から合成されるアルコール類や天然ガスを燃料としている。国内有数の燃料電池関連団体の燃料電池実用化推進協議会は，定置用燃料電池の燃料として水素を想定していない。つまり，高等学校化学教科書において数多く登場した燃料電池教材のアルカリ型（AFC）とリン酸型（PAFC）の両者は，水素燃料の製造段階や使用段階において，多くのエネルギーを使用しており，環境に低負荷であるとは断言できないのである。

また，水酸化ナトリウム製造法の一種の水銀法は，1973年6月の水銀追放の世論を原動力として，化学工業内部で製法転換が実施された。この水銀追放世論の高揚は，水俣病報道に由来するものであったが，水俣病の原因物質の有機水銀を海水中に投棄した企業で採用されていた製造法は，有機化学合成工業のアセトアルデヒド製造法であって，ソーダ工業の水銀法水酸化ナトリウム製造法ではなかった。水銀法は無機水銀を電極として利用し，反応系からの水銀流出を防止する「クローズドシステム」を採用していた。無機水銀が有機水銀に転化する化学的メカニズムには，現在においても諸説あって，医学界，化学界，生理学界において一定の結論は得られていない。水俣病研究の第一人者であり，患者の救済裁判支援を行っていた熊本大学医学部の原田は，国内における製法転換後の水銀法工場の海外移転問題を次のように指摘している[5]。1976年，タイのバンコク市のメナム川で問題になった水銀汚染事件では，日本系企業の苛性ソーダ工場が汚染源視された。工場周辺の川から最高3.6ppm（安全基準は0.5ppm）の水銀を含む魚と，周辺の水草から最高1.26ppmの水銀が検出された。しかし結果的には，工場周辺の住民の毛髪水銀値は3 ppm前後（危険値50ppm以上）で人体への影響はみられなかった。同様に，1983年に問題化したインドネシア・ジャカルタ湾の水銀汚染事件もまた，その汚染源として疑われたのは日本系資本企業の苛性ソーダ工場であった。この苛性ソーダ工場の廃水口近くの海水から，0.24ppmの水銀が検出されたので汚染源として疑われた。だが，この患者もまた水俣病と認定されなかったのである。

高等学校化学教科書に，一般市民に肯定的に受容された技術を掲載して，否定的なイメージのある技術を掲載しなくなる背景には，高等学校化学教科書執筆者が，純正化学に対する負のイメージを払拭しようとしていることが挙げられる[6]。周知のように，1970年代の公害問題の顕在化は，国内外を問わずに，化学物質や化学工業，ひいては純正化学に対しても不信感を招くものであった。

Anastasらは，1970年代の化学に対する不信感を「モラルの低い，無知な，あるいは無責任な人たちがかつて化学を誤用した結果セントラルサイエンスたる化学への嫌悪と，化学者への不信を世間に生んでしまったという現実」[7]と結論づけた。この不信感は，高等学校化学とも無縁ではなかった。ところで，「酸化還元反応」や「電気分解」といった化学概念それ自体は，通常，純正化学に対する否定的な態度を低減したり，肯定的態度を高揚することはないものの生徒が解釈する過程で肯定的態度を育成することがある。こうした点を踏まえて，高等学校化学教科書執筆者は，純正化学の応用であり，社会と密接に関連する化学工業を，主要な化学概念を基軸として教材化するといえる。一般市民において肯定的評価を得た工業製品や工業的製造法を教材化すれば，生徒の化学に対する態度も肯定的になり，一般市民において否定的評価を得た工業製品や工業的製造法を教材化しなければ，化学に対する否定的態度も低減すると仮定しているかもしれないのである。とはいえ，化学工業における技術革新を想定して新規性を評価された新製品や世論を原動力とした製法転換が，常に科学的判断によってなされるという訳ではない。教科書執筆者は，化学に対するイメージ形成を優先させて，当該教材の背景にあるはずの「エネルギー収支」といった化学概念や因果関係を記述せずに，化学工業教材を登場・消滅させてしまうこともあるのではなかろうか。これは，純正化学においてほとんど中立的なイメージしか与えられていない客観的な化学概念を，応用化学を中核とする化学工業において教材化することで，化学に対する肯定的態度を育成する意図があると考えられる。

話題性を伝える新聞や科学雑誌の影響を述べたHans-Dieterらは，化学を学ぶ生徒への影響を次のように述べている[8)]。すなわち，

（1）興味と好奇心を生み出すものである。生徒が，自動車産業に関する形状記憶合金の関わりと数多くの技術的応用に関する新聞記事を見つけるならば，そのことが形状記憶現象の興味を誘発するかもしれない。授業のなかで，新聞記事は当該現象を議論するための出発点として使われ得るものであり，科学雑誌の記事も同じように活用され得るものである。

（2）批判的な省察を動機づけるものである。すなわち，スモッグ警報や核廃棄物の輸送に関する新聞とテレビ番組は，この報道の批判的な分析とジャーナリストの誤りを正すことへの動機づけになり得る。

（3）映画とテレビの手助けによって教育内容が表現される。多くの生徒が，ダイナマイトの発見と歴史に関するテレビ番組やアルフレッドノーベルの映画を見ているならば，ニトログリセリンに関わる生徒の興味に使うことができるであろう。グリセリンのエステル化の実験が計画され，それを実施するであろう。こうして，ダイナマイト

の製造が説明され得るのである。

しかしながら，彼らによれば，否定的な影響もあるという。

（1）否定的な態度を伝達する。すなわち，食物における毒性のある物質や医薬品の望ましくない副作用に関する一方的な報道は，ひとびとに化学への非難を招くことになる。この非難は，ジャーナリストから発せられた化学への否定的態度を生徒がとることに影響するものである。否定的な態度は，化学授業における生徒の学習受容性を減衰するものである。

（2）誤った概念を伝える。すなわち，石油消費や電力消費のようなエネルギー消費に関する新聞やテレビ番組は，エネルギーが「消えてなくなる」という信念を深化させるものである。メディアで伝えられる「破壊」は科学概念の対極にある。そのため，別の形態へのエネルギー変換を教えようとする教師はより大きな問題を抱えることになるに違いない。

（3）宣伝と広告を通した誤認。洗剤の広告のように，多くの商品が魔法のようなアニミズム的なやり方で話されている。たとえば，物質が「魔法をかける」といわれる。洗濯物が「白より白く」なったり，「実際はきれいに」なったりするのであり，洗剤は「白い巨人の力」をもっているというのである。新聞が「有機洗剤は化学物質を含まない」というならば，全体として読者は誤解するであろう。このフレーズは，「生物学は善で化学は悪」という印象を際立たせるものである。あらゆる洗剤が洗浄作用のある物質つまり化学物質を含むものであり，洗浄作用がないものでも同様に化学物質であることを，故意に隠すことになる。

この限界を打破するには，化学工業における環境対策だけでなく，純正化学の実験段階から，自然環境に配慮した化学合成法の考案と分子設計を行うという新たな考え方の導入が必要である。この純正化学における新たな化学の考え方は，「グリーンケミストリー」と呼ばれている。先述の Anastas らの提唱した「グリーンケミストリーの12原則」[9]の１つである「人体と環境に害の少ない反応物・生成物を合成する」に基づけば，「酸化還元反応」の化学実験で使用される酸化剤は，過マンガン酸カリウムや二クロム酸カリウムのように，有害物質であることが多く，酸化剤自体の使用を抑止するようになる。代わって，電源と電極を使用した電気化学反応の利用を，「グリーンケミストリー」では推奨している。このように，純正化学では新たな化学合成方法の体系化が進行しているのである。工業的製法と実験室的製法を区別して，各々について教える工夫も必要になるであろう。加えて，紙幅の限られた高等学校化学教科書では，将来生徒の役に立つ製造工場の写真や概念図の描写などをどの程度扱うかが，教科書執筆者の関心となるといえよう。

1950年代の日本の高等学校化学教科書執筆者は，純粋自然科学の系統性に基づいて実験し得るものを選んだ可能性があった。基本的な化学概念の理解は重要なものであるけれども，このアプローチは，工業における製造プロセスをフラスコや試験管で再現するという点で，どうしてもリアリティを欠くものであった。このようなアプローチをとることになったのは，終戦直後にみられた生徒の身の回りにある工業製品について，教える傾向があったのかもしれない。現在においても，理科学習内容を実社会・実生活とのつながりにおいて教える際，理科教師が生徒の実生活において目の当たりにすると想定した工業製品に応用されている科学原理を紹介するのでは，学習者の動機づけは困難な場合があるかもしれない。

さて，「工業技術」と呼ばれるように，現代の工業は技術を土台にして成立している。したがって，教科書執筆者の技術の見方が，工業に関する教材選択の視点に根本的に影響すると考えられる。

村田によれば，応用科学としての科学の見方では，技術の開発，改良，普及の過程が終わった時点において，１つの技術の成立過程を先行する理論の

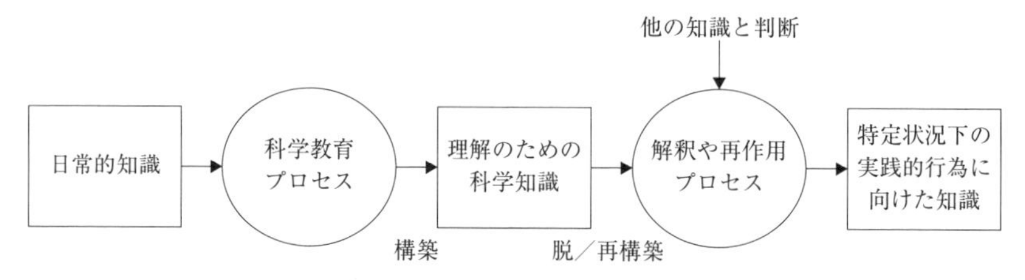

図 5-2-1　科学知識の構築と脱／再構築

【出典】Layton, D. (1993): *Technology's Challenge to Science Education*, Open University Press, pp. 57-66.

「応用」として描くことも不可能ではないものの，その「応用」過程を詳しくみると，理論には還元できないさまざまな固有の性格があるという。技術的活動とそれに備わる知識の性格はまさに「応用」の過程にあり，過程に焦点を合わせない限り技術の特有性を明らかにできず，それこそが重大な欠陥であるという[10)]。

しかも，理科教育実践では，授業時間といった現実的な制約があるのも事実である。この制約はおそらく日本に限らず，海外の理科教育にもあると思われる。にもかかわらず，海外において工業に関する教材を手厚く取り扱おうとする傾向がみられるのはなぜか。その手がかりの１つになるのが工業に関する教材の中核をなす「技術」の捉え方の転換にあるといえよう。本節ではLaytonの議論をもとにその捉え方を考えてみたい。

まず，彼の提起する科学学習プロセスのモデル（図 5-2-1）は，日常知識を科学教育のプロセスを経ることで，科学知識にするだけでなく，その先をも見通して，特定状況下の実践的行為に向けた知識の育成を目指すものであった。この学習モデルは，以下の各段階から構成されている。

（1）抽象のレベルに適合すること

熱運動論を理解させようとしている科学教師は，分子運動の観点から物質の熱伝導を取り扱うだろう。ビルの断熱を改善し，熱損失を減少させる課題に従事する技術者にとっては，単純な熱流体モデルが大部分の課題に対して適当である。同様に，新しいビルの照明システムと電力システムを構想するデザイナーは，銅の原子核の周囲に広がる電荷を帯びた電子雲のような電流モデルを，その仕事の対象としていないようである。さらにいえば，プロトン供与体モデルは，物質の酸性を理解する強力な手段であるけれども，酸に関連した大多数の日常的な状況にとって，過剰に複雑なモデルである。まとめると，ここで示唆されることは，高水準の抽象度において科学の理解に達していて，抽象の段階を下げることができて，たとえば，ある特定の技術的課題に最適な水準を認識するなど，どこまでその抽象度を下げるかを判断することのできる生徒の必要性である。

（2）知識を再びまとめる

ひとびとがその経験から構築した「問題」は，既存の科学の学問領域と教育学的に組織された知識に，整然と位置づけられている訳ではない。技術的問題の解決に必要なことは，多様な抽象のレベルにおける多様なアカデミック科学の領域から引き出されて，取り組んでいる基本的な課題の効果的な手段と調和しなければならないだろう。精神的肉体的に障がいを抱える子どもたちが使えるような水泳補助をデザインして製作する生徒は，さまざまな材料の性質の知識，密度といった物理概念，アルキメデスの原理といった諸原理，さらに，水のなかで自信と安心を感じるような諸条件と同様に筋肉と生理学的解剖学的な特性の理解を，相互に結びつけなければならない。

（3）知識を再構築する

知識の再構築は，解決されようとする実践的な課題に対して科学的概念よりも適切な新しい「概念」を創出したり発見したりすることに関係する。科学に基礎を置いた単元に対抗するように，実践的な単元を採用することが，ここで何を含んでいるかを例示する。その具体的な例とは，技術者の研究のような特殊な状況において，アカデミックな科学の概念よりもより効果的な概念を考案する必要があると，技術者が経験的に感じていることにある。

（4）文脈化する

科学はしばしば，複雑な現実生活の状況を単純化することで，進歩する。初等物理において材木は完全な剛体であり，てこは滅多に壊れない。傾いた平面上を転がり落ちる球は，完全球体で，空気の抵抗と摩擦に妨げられることはない。脱文脈化，すなわち，特定の経験から一般的な知識を分離することが，最も成功した戦略の１つであった。技術的問題の解決は，知識を再文脈化することで還元主義の過程を逆転しながら，状況を「現実生活」の複雑化のあらゆる要因に再び組み込む必要がある。その結果生じた事柄だけが，特定の文脈や一連の環境のなかに適用し得るであろう。

Pacey は，人工物の技術からシステムとしての技術へとする技術の本質に関連した論点を指摘した。医療実践が技能的であるばかりでなく，倫理的組織的要素もあることを議論して，医療の類似点を指摘していた。彼の図示した定義は図 5-2-2 のようなものであった。「技術」といえば，人工物（自動車，ワープロ，家庭セキュリティシステムの赤外線センサー，スーパーマーケットトロリー，温室温度制御装置）そのものと，それに関連した技能的要件（道具，スキル）を，第一に考えがちであるが，限られた技術の意味であるという。Pacey は技術的実践の組織的側面，文化的側面と呼ぶ側面も「技術」に含み込んでいた。組織的側面は，とりわけ，人工物の生産と使用に関連したあらゆる計画と組織的な要件を含むものとしており，文化的側面は，人工物に染み込まれた価値，信念，創造的な活動に関連すると指摘したのである[11)]。

工業に関する教材の捉え方の基礎をなす「技術」を総体的な意味（技術的実践）で捉えるならば，文化的側面や組織的側面との関わりにおいて生じるエピソードを，学習者はたとえば水銀法の歴史的背景を探究することができ

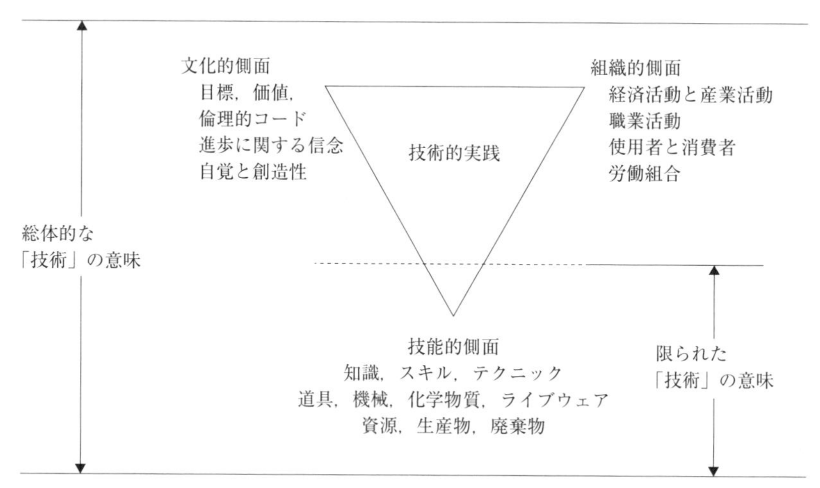

図 5-2-2 「技術」と「技術的実践」の定義

【出典】Pacey, A. (1983): *The Culture of Technology*, The MIT Press, pp. 4-7.

るであろう。この科学学習の流れのなかで，工業に関する教材が学習者に伝えるものは，現実の産業に関する知見や身の回りにある製品に関する情報に留まらず実践的知識に変えるための人間的側面でもある。二酸化硫黄教材についても，脱硫装置とリサイクル製品の掲載は，化学概念を教えるうえで不可欠なものでなく，元来，環境問題への対処という社会的にニーズに起因しているのである。

この教材選択の意図は，Feenbergの技術論に一脈通じるものがあるといえる。彼は技術に，物を脱物象化して，その内在的な価値や，人間世界や自然との多様なつながりを活性化する作用があることを見出している[12]。飯田は，「日本の文化の1つの表現としてのことばは，「技術」の場合も，歴史的には大きく変化をたどりつつ現代にいたっている。しかし，近代の文化も長い土着文化の土壌のうえに成り立ってきた以上，「技術」ということばの背景には，私たちの先人が営々と積み上げてきた，つねに変わらない英知，いわば人間的な精神がひそんでいるにちがいない」[13]と述べている。

また，「アジアの国々は，科学の体系をもたず，早くから技術の伝統を長くもちつづけていた。これに対し，アメリカ合衆国のように若い国家は，おもに産業革命期ころからの，科学や工学の知識を基に成り立った新しい技術―俗にいう応用としての技術―を建国の当初から背景にもつ。「技術」に対する考え方，受け止め方がちがうのは，歴史的にみれば，いわば自明の理である」[14]とも論じている。

教科書執筆者の回答にあったように，人間的世界を開示する化学工業に関する教材のエピソード性は現在の視点からみて生じるものである。もしも，現在のある工業を最善の形態としてみなすと，そこに至るまでの出来事を選択したうえでのことになり，ホイッグ史観につながりかねない。村田のいうように，「出来上がった対象がもつ抽象的な技術的な論理を，発展の原因として過去に投影し，かくしてあたかも物語の結末がまさしくはじめから必然的だったかのように思わせる」[15]からである。技術革新には開発者の意思があるはずであり，その意思が「エピソード性」をもたらすことになる。たとえば，燃料電池教材の「エピソード性」についても，現在や未来のあるべき「最善」の姿を想定して，過去にさかのぼるものの，アポロ計画やその前の電気自動車の失敗例にまでは到達しない。すべて過去にさかのぼりそこから説明をすることはできないものの，人間的側面を化学工業において鮮明化する際には，慎重な吟味が必要である。

終　　章

第1節　本研究の成果

本書は，戦後日本の高等学校化学教科書における化学工業教材の変遷を対象にした研究の成果をまとめたものである。研究目的は2つある。第一に，戦後日本の高等学校化学教科書における化学工業に関する教材の移り変わりを典型事例に即して具体的に明らかにすることである。第二に，日本の高等学校化学教科書における化学工業に関する教材選択の意図を明らかにすることである。研究方法は主として，高等学校化学教科書，教師用指導書および学習指導要領の記述，関連する教育雑誌および各種議事録の内容分析である。

本書は，3つの部分から構成されている。1つめが，理科カリキュラムや理科教材の「変化」を説明する理論の検討部分である（第1章）。2つめが，典型事例に即して化学工業に関する教材の移り変わりを明らかにする部分である（第2，3，4章）。3つめが，戦後日本の高等学校化学教科書における化学工業に関する教材選択の視点について変遷の特質を考察する部分である（第5章）。

序章第1節では，理科教材史研究，歴史社会学研究のなかで化学教科書における化学工業に関する教材の変遷が明らかにされていない実態を論じた。第2節では，化学教科書における化学工業に関する教材の変遷を明らかにする調査方法を論じた。第3節では，用語の定義を行った。

第1章は，理科カリキュラムや教材の「変化」の考え方と典型事例の選択基準を説明した。第1節では，理科教材の「変化」の原因について，理科カリキュラム論における先行研究から整理・分析した。分析の結果，変化の原因が行為主体，構造およびディスコースに求められて，「変化」が説明されている事実を明らかにした。各々のアプローチの利点と課題を指摘し，本研究では，行為主体を主たる原因と捉えて，教科書執筆者の意図に着目して，実証的にアプローチすることを論じた。

第2節では，日本の高等学校化学教科書における化学工業に関する教材の選択について，内的条件として教科書執筆者の意図とすること，また，産業構造や社会動向を外的条件として調べることの理由と妥当性を述べた。

第3節では，数多くの化学工業に関する教材から，典型事例を選び出す基準を2つ説明した。1つめの基準は，化学教科書において特徴的な移り変わりのパターンを示しているかである。そのパターンとは，ほぼ変わらずに安定的に登場しているもの，教科書において出入りの多いもの，新たに登場したもののいずれかである。この基準は，永田が教材変遷のパターンを理科教材の「断絶と復活」と表現したことに基づいている。2つめの基準は，1つめの基準を満たしつつ，化学工業界において，以下の特徴のいずれかを満たすかである。第一に，化学工業界において基幹産業と呼ばれているものである。化学工業には，生徒が普段見聞し得ないような素材を製造する側面がある。日常生活や環境問題とは異なり，生徒の生活世界と関わりの希薄な化学工業に関する教材を選ぶ点において，教科書執筆者の意図が明らかになると考えたからである。第二に，公害問題の発生と環境問題の顕在化の影響を受けて発展した，低環境負荷型の化学工業である。この基準は，公害問題の発生と環境問題の顕在化が1970年代における化学工業のイメージを激変させたことに起因している。社会全体における化学工業のイメージの悪化は，高等学校化学のイメージ変化と深い関係があるので，教科書執筆者の意図が瞭然たるものになると考えたからである。第三に，高付加価値型の化学工業である。これは，安価な原料をもとに高い機能性を有する材料を開発する，日本の製造業の特徴をもとにしている。将来の化学工業像を考慮する点において，教科書執筆者の意図が鮮明化するのではないかと考えたのである。このように，9通りの組み合わせから典型事例を選出し，教材の変遷を調べた。いうまでもなく，各々の事例は，完全には独立していない。たとえば，環境問題の影響を受けた基幹産業があれば，ある製造法が公害問題を発生させたこともある。つまり，第2章から第4章までの各節は，いわばモノグラフ形式をとるものの，教科書執筆者の意図の解明を基軸にして，相互に密接に関連したものになっている。

第2章では，戦後日本の化学工業の基幹であるハーバー・ボッシュ法教材（安定的な教材）と鉄鋼業教材（出入りの多い教材），石油化学工業教材（新しく登場した教材）を典型事例として選出した。

第1節では，化学教科書に安定的に登場してきたハーバー・ボッシュ法教材に着目した。学習指導要領における当該製造法の関連記述内容および化学教科書における当該教材の記述内容はほとんど変化がみられないことが明らかになった。また，1990年代に発行された化学教科書の執筆関係者の意図を，執筆者へのインタビューおよび教師用指導書の分析から探った。その結果，同法に関する教材選択の意図が明らかになった。すなわち，学問的に重要な複数の化学概念を応用した工業プロセスと近代重化学工業史における画期性を理解させることにあった。

第2節では，鉄鋼業教材を取り上げ，教科書記述の特徴を5点明らかにした。（1）製鋼工程においてエネルギー効率の低い「平炉」教材の登場は，1979年発行教科書が最後であった。（2）大気汚染防止の主要装置の1つである「集塵器（ガス清浄装置）」は，1980年発行教科書以降登場していなかった。（3）大気汚染問題を記述した教科書は，1970年代発行のものが多数を占めていた。一部の2010年代発行教科書は，二酸化炭素の排出と地球温暖化現象に関連づけていた。（4）鉄リサイクルの主要技術に進展している製鋼工程の「電気炉法」の登場は，1978年発行教科書が最後であった。（5）鋼材製造工程の「（連続）圧延」は，発行年代に関わらず一部の教科書で記述され続けてきた。教師用指導書を分析した結果，製鉄の基幹性や文明における鉄の重要性といった社会的側面だけでなく，炭素の含有率による鉄の性質変化や冶金の方法等々，実学的側面からも選択されていたことが明らかとなった。

第3節では，化学教科書における石油化学工業教材の記述内容と教師用指導書における選択意図を分析した。教材の変遷については，分留，クラッキング等々の化学操作が一貫して記述されていた。また，石油化学工業教材は，石油化学原料および製品に関連づけられて記述される傾向にあった。また，教師用指導書の分析から，教科書執筆者には，純粋自然科学の学問体系に基づいた系統性の観点から当該教材の取扱いに賛否があった事実が明らかになった。

第2章における3つの事例分析から，化学工業における趨勢が教科書内容にも反映する傾向があるものの，基幹産業ではなくなっても過去の化学工業史上におけるエピソードを記述する傾向も認められた。

第3章は，環境低負荷型の化学工業教材の変遷を，二酸化硫黄を排出する工業に関する教材，水酸化ナトリウム製造法教材および，燃料電池教材の分析を通して明らかにしたものである。教材の移り変わりのパターンでいえば，順に，安定的な教材，出入りの多い教材，1970年代から新たに登場した教材である。

第1節では，化学教科書の硫酸工業の単元を中心に，原料として必要不可欠な二酸化硫黄に関する記述内容に着目して，環境問題，工業における用途，人体への影響，派生技術の4点から移り変わりを調べた。その結果，二酸化硫黄関連工業教材については以下の4つの事実を確認した。第一に，すでに1940年代から銅の製錬による地域的な環境破壊が記述されていた。第二に，1970年代には，石油化学工業に関連づけられるようになった。第三に，1980年代には，大気汚染，光化学スモッグ等々から酸性雨を中心とした世界的な環境問題が重視されるようになった。第四に，1990年代では，派生技術の脱硫装置の開発とリサイクル製品が記述されるようになった。教材選択の意図についていえば，二酸化硫黄の有害性を火山噴気や工場の排気と関連づけて健康衛生面の注意を喚起するだけでなく，新たな産業を生み出す実態を解説するものがあった。

第2節では，教科書の水酸化ナトリウム製造法教材の変遷を調べ，化学工業における当該製造法と公害問題の発生との関連を探った。教科書の当該製造法教材は，炭酸ソーダ法，隔膜法，水銀法，イオン交換膜法の4つであった。また，化学教科書の当該製造法教材変遷は，化学工業内部の製造法変遷とほぼ一致していた。さらに，教科書執筆関係者にインタビューを行い，当該製造法の教材選択の意図を明らかした。当該製造法教材選択の意図は，工業的製法の消長を化学教材に即時に反映するもの，製造法の中核をなす化学概念を生徒が学習しない段階で化学教材としない教材配列に関するものであった。

第3節では，燃料電池教材について教科書の燃料電池教材の記述内容の特徴を調べて，産業界における燃料電池技術の開発過程を調べた。教科書における燃料電池教材の初出は1975年発行教科書であり，1980年代後半以降，各社が当該教材を記述するようになった。燃料電池教材の種類は，アルカリ型，リン酸型，溶融炭酸塩型であった。教科書における燃料電池教材の導入始期は，産業界における燃料電池研究発展時期と，社会における燃料電池の普及，浸透時期にほぼ対応していた。また，燃料電池教材選択の意図を教科書執筆者への質問紙調査とインタビュー調査を行い，教科書執筆関係者は，自然環境に対する低負荷性が生徒の学習関心を喚起すると期待したため，燃料電池を化学教科書で教材化したと結論づけた。

第3章における3つの事例分析から，公害問題の発生と環境問題の顕在化がもたらした環境低負荷型の化学工業が，「産業界における製造法の消長を速やかに反映する」，「生徒の関心を喚起する」といった理由で，化学工業に関する教材の選択に影響を与えていると推定した。

第4章は，高付加価値型の化学工業を対象にした部分である。繊維教材

(安定的な教材）と窯業・セラミックス工業教材（出入りの多い教材）および，医薬品化学教材（新たに登場した教材）の分析から明らかにした。

第1節では，戦後の高等学校化学教科書における繊維教材の変遷に着目した。教科書調査の結果，1950年代の高等学校化学教科書が繊維製品の記述に最も多く紙面を割いていた事実，天然繊維と化学繊維に分けると年代の変化とともに後者が増加する傾向がある，スフ・アスファルト繊維については1960年代以降登場していない，スーパー繊維の一種である炭素繊維の初出は1989年であることが明らかになった。また，教師用指導書の分析から，（1）繊維産業の趨勢を反映する，（2）日常生活との関連づけを図る，（3）化学研究と応用の過程を典型的に示す，（4）先端的な技術製品を例示する，（5）人体への安全性に配慮する意図が明らかになった。

第2節では，窯業・セラミックス工業を典型事例として，その教材変遷を明らかにした。頻繁に登場した教材は，ロータリーキルン，ガラス製品，陶磁器製品，セラミックス製品，ファインセラミックス製品であった。登場頻度には，教科書の発行時期によって差異があった。窯業・セラミックス工業に関する教材には，工業プロセスから工業製品の機能性を強調する傾向があった。教師用指導書の分析の結果，その選択意図はケイ酸塩工業の解説を主とするものであった。

第3節では，医薬品に焦点を当てて，化学教科書および教師用指導書を分析した。高等学校化学教科書に占める医薬品関連教材の記述の割合は，1951年度版の学習指導要領に対応した化学教科書を1つのピークとして，以降漸減したものの，1998年度版の学習指導要領に対応した化学教科書から急増に転じた。この間，高等学校化学教科書に記述された医薬品関連教材の種類は多岐にわたるものであり，いくつかの教材には頻出する傾向があった。教科書執筆者の意図としては，具体的な医薬品の説明を通して，薬理作用，化学工業発展の歴史，有機化学の進歩および日常生活の関連性を生徒に理解させるため，医薬品関連教材を選択してきた。

第４章における３つの事例分析から，教科書執筆者は，科学知識の活用・応用の実例を教授し，社会生活との関わりに関する理解を深める意図で工業に関する教材を選んできた。また，化学工業史における当該製造法や製品の先駆性などを説明することにより，学問自体への関心を高めようとする意図もあったと結論づけた。

第５章では，第２章から第４章までの９つの典型事例の移り変わりの解明と分析を踏まえて，教科書における化学工業に関する教材の変遷について総合的な考察を加えて，研究の成果をまとめた。

第１節では，戦後の日本の高等学校化学教科書における化学工業に関する教材の変遷と社会との関わりを考察した。公害問題が発生して環境問題が顕在化した1960年代後半から1970年代前半にかけて，汚染の発生源とされた製造法，製品が記述されなくなった傾向を確認した。また，化学工業に関する教材の変遷と化学工業界の趨勢との関わりを考察した。鉄鋼業の溶鉱炉の記載に代表されるように教科書記述が一貫して継続するものだけでなく，化学産業への脱却を図る繊維産業のように，伝統的な繊維から化学繊維の記述に重点が移行したものもあった。新たに登場したセラミックス工業も同様に窯業から変化しており，工程（プロセス）から機能性（アウトプット，製品）に着目した記述内容へ移り変わりが認められた。

第２節では，教科書における化学工業に関する教材選択の意図を３つ考察した。１つめは，当該工業が社会に普及・浸透する前の萌芽段階で掲載しようとする「話題性」を反映させる意図である。ただし，1960年代に発行された教科書執筆者のように，萌芽段階であり，純粋科学の体系に即していないからこそ掲載しない判断もあった。また，燃料電池のように，話題性があったとしても，エネルギー概念から考えれば必ずしも効率的とはいえないようなものもあった。２つめは，教科書に記述される時点において，化学工業の枢要な部分をなしているかという「基幹性」を表現する意図である。基幹性をもたらすものとして，当該工業における，「製造法・製品の消長」が関連しており，近年では高付加価値製品の記述が顕著になっている。3つめは，基幹産業としての位置づけが弱まったとしても，エピソード性を示して化学工業史における人間的側面を開示しようとする意図であり，ハーバー・ボッシュ法教材がその好例であった。

第2節　今後の課題

本研究では，主として日本の高等学校化学における化学工業教材の移り変わりを典型事例に即して調べて，歴史的変遷とその意図を明らかにした。当初の研究目的は達成したものの，今後の課題として3つ考えることができる。

1つめが，工業に関する教材によって媒介される学習者の認識の実態解明である。本研究では，教科書における化学工業に関する教材変遷の解明を中心にしたので，学習者の工業に関する認識まで立ち入っていない。科学技術が急速に発展し，陳腐化することもある現代社会において，教育内容と学習内容を結びつけると想定された工業教材が，どの程度，学習者認識に作用しているのか，その実態解明もまた求められているといえよう。

2つめが，これからの教科書における化学工業に関する教材選択への寄与である。物理学，生物学，地球科学等々，諸学問の知見を活用した工業（発電，バイオテクノロジー等々）の取扱いのなかで，化学工業の選択を検討することができれば，工業一般に関する教材選択の歴史的な特徴をさらに鮮明にすることができると思われる。現代理科教育では，理科教育内容と実生活との関連づけや科学技術人材育成のような，国々の教育事情や地域性を活かした工業に関する教材づくりが行われつつある。日本の場合，化学工業教材の歴史からいえば議論やノウハウの集積があるとはいえ，そのことがかえって事態の自明化につながってしまっているためか，体系化が図られているとは言い難い状況にある。序章で述べたように，教育内容・教材に関心を抱く外的条件として産業界とどのような関係を構築していくのか，その提示も必要である。理科教育において，工業教材の実用的側面だけでなく技術的実践を伝える側面にも着目したときに，理科カリキュラム編成をどのようにすべきか，教材づくりが本格化するにつれて新たな課題が生じると思われる。

3つめが，理科教育における工業に関する教材の個別史研究への展開である。本研究では主に高等学校を対象にしたものの，小学校，中学校など学校種が異なれば当然，工業に関する教材の変化の様相が異なるものと思われる。また，理科教育の背後にある学問として化学だけに着目したものの，物理学，生物学，地球科学等々，諸学問の知見を活用した工業の動向によっても，工業に関する教材の歴史的な移り変わりは異なってくると思われる。理科教材史研究全体からみれば，本研究は，1つの学校種における1つの学問の知見を活用した工業に関する教材について変遷とその意図を提示したものであり，今後は個別史研究への展開が求められる。たとえば，高度経済成長期における学習指導要領作成過程の資料を集めてその分析を行い，研究を精緻化する必要もあるといえよう。また，大学入試問題や高等学校のニーズ等々，多様な視点から分析することも必要である。本研究は，工業に関する教材を対象にしたものであり，学習指導要領の作成過程を直接の対象とはしなかったものの，教科書記述内容に対する強い規定要因は学習指導要領である。とりわけ，高等学校化学における工業に関する教材は，高度経済成長期の学習指導要領改訂の時期において顕著な変化が認められた。学校種を小学校・中学校に広めたうえで物理学や生物学，地球科学に関する科目の学習指導要領作成過程の資料を集めてその分析を行うことになるといえよう。

文 献 一 覧

序章

1）「純正化学」は，“pure chemistry”の訳語であり，純粋自然科学としての「化学」を意味する用語である。“International Union of Pure and Applied Chemisty（IUPAC）”を「国際純正・応用化学連合」と称するように，日本の化学界は，“pure chemistry”を「純正化学」と訳すことが一般的である。本書も，以降，「純正化学」を用いることにする。

2）スコチポル著，小田中直樹訳（1995）：『歴史社会学の構想と戦略』，木鐸社，329-359頁。

3）藤谷健（1981）：「中等教育の理科化学分野における応用化学及び工業化学の取り扱いについて」，広島大学教育学部，『広島大学教育学部紀要』，第2部，121-130頁。

4）篠原助市（1937）：『理科教授原論』，東洋圖書。

5）吉本市（1967）：『理科教育序説』，培風館，32-47頁。

6）板倉聖宣（2009）：『日本理科教育史—付・年表（増補版）』，仮説社，451-452頁。

7）Black, P. and Atkin, J. M.（1996）: *Changing the Subject. Innovations in Science, Mathematics and Technology Education*, Routledge.

8）M. Kesner, A. Hofstein and R. Ben-Zvi（1997）: The Development and Implemention of Two Industrial Chemistry Case Studies for the Israeli High School chemistry curriculum, in *International Journal of Science Education*, Vol. 19, No. 5, pp. 565-576.

9）鈴木寿雄（1960）：「産業・技術と理科教育」，日本理科教育学会，『理科の教育』，第9巻，第11号，27-28頁。この記事は，次の文献に再録されている。鈴木寿雄（2009）：『技術科教育史—戦後技術科教育の展開と課題』，開隆堂出版。

10）「安定」という表現は，本来，状態を表すものであるため，状態の判断には何らかの基準が必要になる。本書では，教科書が改訂されても何度も採録される教材の意味で使用している。この用語使用は，国語教材史研究を参考にしたものである。吉田裕久（2012）：「国語教科書研究小史」，全国大学国語教育学会，『国語教科書研究の方法』，14頁。

11）山田恵吾・藤田祐介・貝塚茂樹（2009）：『新訂版学校教育とカリキュラム』，文化書房博文社，44-45頁。

12）国会会議録検索システムから引用した。同情報は，レファレンス協同データシステムから入手した。
http://kokkai.ndl.go.jp/SENTAKU/syugiin/028/0462/main.html（確認日：2019年１月10日）
13）国立教育政策研究所（2012）：『理系文系選択に関する意識調査』，24-25頁。
14）国立国会図書館（2014）：蔵書検索・申込システム雑誌索引，https://ndlopac.ndl.go.jp および ERIC（2014）：http://eric.ed.gov/ を使い検索した。
15）松永新之助（1898）：『工業大意日用百科全書第28編』，博文館，159頁。
16）水津嘉之一郎（1915）：『化学工業大勢講話化学工業大勢講話　内外輓近』，春秋社書店，46-50頁。
17）社団法人工学会（1925）：『明治工業史化学工業編』，内外出版，１-12頁（目次部分）。
18）同上書：１頁（例言部分）。
19）松本竹二（1941）：『化学工業大辞典』，第２巻，非凡閣，430-431頁。
20）化学大辞典編集委員会（1960）：『化学大辞典』，第２巻，共立出版，300-301頁。
21）大木道則ほか（1989）：『化学大辞典』，東京化学同人，404-405頁。
22）渡辺徳二・林雄二郎（1974）：『日本の化学工業』，岩波書店，３頁。
23）徳久芳郎（1995）：『化学産業に未来はあるか』，日本経済新聞社，15頁。
24）日本化学工業協会（2011）：『グラフでみる日本の化学工業』，１頁。
25）経済産業省：生産動態統計 http://www.meti.go.jp/statistics/tyo/seidou/result/ichiran/08_seidou.html#seigo（確認日：2019年１月10日）
26）永田英治（1994）：『日本理科教材史』，東京法令出版，50-53頁。
27）稲田結美（2012）：「理科の教材と教材研究」，大髙泉・清水美憲，『教科教育の理論と授業Ⅱ理数編』，協同出版，253-254頁。
28）中内敏夫（1990）：『新版教材と教具の理論』，あゆみ出版，22-23頁。
29）同上書：14-15頁。
30）柴田義松（2001）：「教材研究」，日本カリキュラム学会，『現代カリキュラム事典』，ぎょうせい，161頁。
31）長谷川榮（2008）：『教育方法学』，協同出版，169-170頁。
32）小笠原喜康（2013）：「教材の概念」，日本教材学会，『教材事典』，22-23頁。

第１章

１）日本語の「権力」は，ネガティヴな語感を伴うものである。しかし英語の “power” は「能力」の意味を強くもち，主体に対立するものとして強く意識はされない。盛山和夫（2000）:『権力』，東京大学出版会，179頁。フーコーにおける権力の概念は，産出的で可能性を与える意味も含まれている。日本語の「権力」の語感との混乱を避けるために，本章では「パワー」を用いることにする。なお，権力に関する2つの見方（抑圧的強制的なもの，および，産出的で可能性を与えるもの）を体系的に扱う理論は確立されていないという。アバークロンビーほか，丸山哲央監訳（2005）:『新版新しい世紀の社会学中辞典』，ミネルヴァ書房，324頁。Abercrombie, N, *et al.* (2000): *Dictionary of Sociology Fourth edition*, Penguin Books, p. 276.

2）Fensham, P. (1992): Science and Technology, in Jackson, P. W. (Ed.), *Handbook of Research on Curriculum*, Macmillan, pp. 792-794.

3）永田英治（1994）:『日本理科教材史』，東京法令出版，2頁。

4）同上書：4頁。

5）同上書：冒頭2頁。

6）同上書：213-241頁。

7）同上書：3頁。

8）同上書：5頁。

9）倉沢剛（1985）:『米国カリキュラム研究史』，風間書房，21頁。

10）Waring, M. (1979): *Social Pressures and Curriculum Innovation*, Mathuen, p. 4.

11）Millar, R. (1981): Curriculum Rhetoric and Social Control: a Perspective on recent science curriculum development, in *European Journal of Science Education*, Vol. 3, No. 3, p. 272.

12）Hodson, D. (1987): Social control as a factor in science curriculum change, in *International Journal of Science Education*, Vol. 9, No. 5, p. 531.

13）田中統治（2001）:「社会統制機能」，日本カリキュラム学会，『現代カリキュラム事典』，56頁。

14）「ディスコース discourse」には，2つの意味がある。(1) ひとびとの間で実際に話されたやりとり，(2) 特定の仕方で対象を構築する，体系的で統一的な一群のイメージ，メタファー等々である。ヴィヴィアン・バー，田中一彦訳（2002）:『社会的構築主義への招待』，川島書店，285頁。なお，行動主義的な権力観に立った科学カリキュラム分析においても，ディスコースを分析の対象とすることもあるが，それは (1) の意味でのディスコースであり，そのねらいが因果関係の推定にあるという点で，本書で扱う「ディスコース」の意味とは異なるものである。

15) Neves, I. P. and Morais, A. M. (2001): Knowledges and Values in Science Syllabuses: a Sociological Study of Educational Reforms, in *British Journal of Sociology Education*, Vol. 22, No. 4, pp. 534-536.

16) バーンスティン，久冨善之他訳（2000）：『〈教育〉の社会学理論』，法政大学出版局，38-40頁。

17) 同上書，83頁。

18) 同上書，195頁。

19) カテゴリーは以下の通りである。①GRD（一般的規制ディスコース）：一般の教育的文脈において考えられる，知識，価値，態度に関する意図と一般的な原理を説明する，②SID（特定的教授ディスコース）またはSRD（特定的規制ディスコース）：教授一学習過程で育成される知識と能力を説明する。シラバスの文章が認知に関わる知識と能力に焦点化したのであればSID，態度と社会情意的能力に焦点化したのであればSRD，なお，①②において文章が両方のメッセージを伝達したのであればSID/SRD。カテゴリーGRDとSID/SRDは排他的な関係にある。

20) 浅沼茂・中野和光・山本哲示・岡崎勝・長尾彰夫・佐藤学（1995）：『ポストモダンとカリキュラム』，みくに出版，74頁。および，佐藤学（1996）：『カリキュラムの批評』，世織書房，13-15頁。

21) ヴィヴィアン・バー，田中一彦訳（1997）：『社会構築主義への招待』，川島書店，74頁。

22) 杉田：前掲書，31頁。

23) 広田照幸（2001）：『教育言説の歴史社会学』，名古屋大学出版会，5-6頁。

24) 今津孝次郎・樋田大二郎編（2010）：『続教育言説をどう読むか』新曜社，8-11頁。

25) 浅石卓真・影浦峡（2013）：「中学・高校理科教科書の記述様式に関する予備的考察ー従来研究の概観と課題ー」，『東京大学大学院教育学研究科紀要』，第52巻，255-261頁。

26) 国立国語研究所（1983）：『高校教科書の語彙調査』，秀英出版，506-514頁。当時の『化学Ｉ』教科書に登場した語彙について，度数，比率，順位が示されている。

27) 上野嗣弥・阿部二郎（2008）：「コンピュータを利用した教科書の量的分析手法の研究ー富澤・上野手法の汎用性の検証：理科教科書の場合ー」，日本科学教育学会，『科学教育研究会報告』，第23巻，1号。

28) 松森靖夫・入山裕・田中啓太（2012）:「我が国の理科教科書にみる用語の概念規定の分析とその問題点の抽出－用語『元素』・『単体』・『化合物』・『混合物』を中心にして－」，山梨大学教育人間科学部，『紀要』，第13巻，22-30頁。
29) 浅石卓真（2013）:「高等学校理科教科書における記述様式の研究」，中央教育研究所，『教科書フォーラム』，第11号，2-17頁。
30) Östman, L. (1996) Discourses, Discursive Meaning and Socialization in Chemistry Education, in *Journal of Curriculum Studies*, Vol. 28, No. 1, p. 37.
31) *Ibid.*, p. 38.
32) *Ibid.*, p. 47.
33) *Ibid.*, p. 47.
34) Niaz, M. and Maza, A. (2011): *Nature of Science in General Chemistry Textbooks*. Springer, pp. 4-8.
35) *Ibid.*, p. 9.
36) *Ibid.*, pp. 9-10.
37) *Ibid.*, pp. 26-31.
38) 中内敏夫（1988）:『教育学第一歩』，新評論，25-27頁。
39) University of York Science Education Group (2000): *Chemical Storylines*, Heinemann, p. 284.
40) University of York Science Education Group (2000): *Teacher's and Technician's Guides*, Heinemann, pp. 127-128.
41) Hofstein, A. and Kesner, M. (2006): Industrial Chemistry and School Chemistry: Making Chemistry Studies More Relevant, in *International Journal of Science Education*, Vol. 28, No. 9, p. 1021.
42) Coles, M. (2002): Science Education Vocational and General Approaches, in Sandra Amos, Richard Boohan (ed.): *Teaching Science in Secondary Schools: A Reader*, Routledge, pp. 92-93.
43) Bell, J. and Donnely, J. (2009): Applied Science in the English School Curriculum: The Meaning and Significance of 'Vocationalization', in *Journal of Curriculum Studies.*, Vol. 41, No. 1, pp. 25-47.
44) Solomon, J. (2002): The Dilemma of Science, Technology and Society Education., in Amos, S. Boohan, R. (ed.): *Teaching Science in Secondary Schools: A Reader.*, Routledge, p. 99.
45) 熊谷一乗（1984）:『学制改革の社会学』，有信堂，176-187頁。

46）西川純，小林学（1985）：「戦後の経済・産業界の教育に関する要望・意見の変遷」，日本科学教育学会，『科学教育研究』，第9巻，100-106頁。

47）日本ソーダ工業会（1982）：『日本ソーダ工業百年史』，1105頁。

48）化学工学会（2000）：「新春対談工学教育再考」，化学工学会，『化学工学』，第64巻，第1号，30-35頁。

49）化学工学会人材育成センター設立準備委員会（2000）：『ケミカルエンジニア人材育成センター設置提案書』。

50）化学工業日報社（1998）：「教育改革に向けた化学産業からの要望（社説）」，『化学工業日報』，9月16日，2頁。

51）日本化学会（1978）：『日本の化学百年史』，東京化学同人，285-291頁。

52）化学工業日報社（1997）：「科学技術立国の基盤理科教育の強化急げ」，『化学工業日報』，7月26日，21頁。

53）ユルゲン・コッカ（1994）：『歴史と啓蒙』，未來社，59頁。

54）同上書：61頁。

55）ハーバー・ボッシュ法，石油化学，硫酸，水酸化ナトリウム製造法（隔膜法，水銀法，イオン交換膜法，燃料電池の定義は，以下の辞典による。岩波書店（1999）：『岩波理化学辞典第5版CD-ROM版』。

第2章

1）調査を行った高等学校化学教科書5社86種90冊は，つぎの通りである。『　』に書名を，（　）に発行年を示す。大日本図書発行化学教科書25種28冊。柴田雄次，津田栄，島村修ほか：『高等学校の科学化学Ⅰ』（1949），『高等学校の科学化学Ⅱ』（1950），『化学上』（1952），『化学下』（1952），『化学上新版』（1956），『化学下新版』（1956），『化学』（1957），『化学3単位用』（1960），『化学5単位用』（1962），『化学B』（1964），『化学A』（1967）。柴田雄次ほか：『新版化学A』（1967），『新版化学B』（1967），『新訂版化学A』（1970），『新訂版化学B』（1971）。柴田雄次・島村修・吉岡甲子郎ほか：『化学Ⅰ』（1973），『化学Ⅱ』（1974），『改訂化学Ⅰ』（1976），『改訂化学Ⅱ』（1976），『新版化学Ⅰ』（1979），『新版化学Ⅱ』（1981）。島村修ほか：『化学』（1983），『改訂化学』（1986）。柴田村治ほか：『化学』（1984），『化学改訂版』（1987）。白石振作ほか：『新版化学』（1990），『化学ⅠB』（1994），『新訂化学Ⅱ』（1999）。実教出版20種21冊。白井俊明，井上敏，志賀義雄ほか：『化学の教室上』（1955），『化学の教室下』（1955）。白井俊明ほか（1958）：『高校化学5単位用』（1958），『高校化学3単位用』

(1962),『高校化学５単位用改訂版』(1962),『化学Ａ改訂版』(1967),『化学Ｂ改訂版』(1967),『化学Ａ三訂版』(1970),『化学Ｂ三訂版』(1971)。白井俊明,野村祐次郎ほか:『化学Ⅰ』(1973),『化学Ⅰ改訂版』(1976),『化学Ⅰ三訂版』(1979)。長島弘三,井口洋夫ほか:『新化学Ⅰ』(1973),『新化学Ⅰ改訂版』(1976),『新化学Ⅰ三訂版』(1979)。野村祐次郎,平澤冷ほか:『化学』(1983),『化学改訂版』(1986)。長島弘三,井口洋夫,富田功,目良誠二ほか:『高校化学』(1984),井口洋夫,木下實ほか:『新版化学』(1990)。相原惇一,小林啓二ほか:『高校化学ⅠＡ』(1994),『高校化学ⅠＡ新訂版』(1998)。学校図書発行化学教科書４種４冊。都築洋次郎ほか:『化学Ａ改訂版』(1973),『化学Ｂ改訂版』(1973)。高橋武美ほか:『化学』(1983),『化学改訂版』(1986)。新興出版社啓林館発行化学教科書22種22冊。小林無次雄,中塚佑一ほか:『高等学校理科化学』(1958)。伊勢村寿三,松浦多聞ほか:『化学Ａ』(1963),『化学Ｂ』(1964),『化学Ａ改訂』(1967),『化学Ｂ改訂』(1967),『化学Ａ再訂』(1969),『化学Ｂ再訂』(1970),『化学Ⅰ』(1972),『化学Ⅰ改訂』(1976),『化学Ⅱ改訂』(1976),『化学Ⅰ新訂』(1978),『化学Ⅱ新訂』(1979),『化学』(1982),『化学改訂版』(1985)。坪村宏,菅隆幸ほか:『新選化学』(1985),『化学新訂版』(1988),『新選化学改訂版』(1988),『化学最新版』(1991),『化学ⅠＢ』(1993),『化学ⅠＡ』(1993),『標準化学ⅠＢ』(1994),『化学ⅠＡ改訂版』(1997)。数研出版発行化学教科書15種15冊。小林正光,野村祐次郎,小寺熊三郎ほか:『化学Ⅰ』(1974),『化学Ⅰ改訂版』(1977),『化学Ⅱ改訂版』(1977),『化学Ⅰ三訂版』(1979),『化学Ⅱ三訂版』(1980)。小林正光,野村祐次郎ほか:『化学』(1983),『最新化学』(1984),『化学改訂版』(1986),『最新化学改訂版』(1987),『化学三訂版』(1989),『最新化学三訂版』(1990),『化学四訂版』(1992),『化学ⅠＢ』(1994)。黒田晴雄ほか:『新編化学ⅠＢ』(1995),『新編化学ⅠＢ改訂版』(1997)。

2) 文部省(1948):『高等学校学習指導要項(試案)物理・化学・生物・地学』,大日本図書。

3) 柴田雄次,津田栄,島村修ほか(1949):『高等学校の科学化学Ⅰ』,大日本図書,113-118頁。

4) 文部省(1951):『中学校高等学校学習指導要領理科編試案』,大日本図書,255頁,268頁。

5) 柴田雄次,津田栄,島村修ほか(1952):『化学上』,大日本図書,121-128頁。

6) 白井俊明,井上敏,志賀義雄ほか(1955):『化学の教室上』,実教出版,119-128頁。

7）文部省（1955）：『中学校高等学校学習指導要領理科編試案』，大日本図書，22-34頁。
8）小林無次雄，中塚佑一ほか（1958）：『高等学校理科化学』，新興出版社啓林館，75-77頁。
9）柴田雄次，津田栄，島村修ほか（1960）：『化学３単位用』，大日本図書，52-56頁。
10）柴田雄次ほか（1967）：『新版化学Ａ』，大日本図書，61-65頁。
11）白井俊明ほか（1958）：『高校化学５単位用』，実教出版，66-68頁。
12）白井俊明ほか（1967）：『化学Ａ改訂版』，実教出版，65-66頁。
13）文部省（1963）：『高等学校学習指導要領』，大蔵省印刷局，81-86頁。
14）文部省（1972）：『高等学校学習指導要領』，大蔵省印刷局，72-78頁。
15）柴田雄次・島村修・吉岡甲子郎ほか（1973）：『化学Ｉ』，大日本図書，92-97頁。
16）柴田雄次・島村修・吉岡甲子郎ほか（1976）：『改訂化学Ｉ』，大日本図書，93-98頁。柴田雄次・島村修・吉岡甲子郎ほか（1979）：『新版化学Ｉ』，大日本図書，92-97頁。
17）小林正光，野村祐次郎，小寺熊三郎ほか（1974）：『化学Ｉ』，数研出版，104-105頁。小林正光，野村祐次郎，小寺熊三郎ほか（1977）：『化学Ｉ改訂版』，数研出版，104-105頁。小林正光，野村祐次郎，小寺熊三郎ほか（1979）：『化学Ｉ三訂版』，数研出版，104-105頁。
18）伊勢村寿三，松浦多聞ほか（1972）：『化学Ｉ』，新興出版社啓林館，116頁。
19）伊勢村寿三，松浦多聞ほか（1976）：『化学Ｉ改訂』，新興出版社啓林館，113-114頁。
20）伊勢村寿三，松浦多聞ほか（1978）：『化学Ｉ新訂』，新興出版社啓林館，169頁。
21）白井俊明，野村祐次郎ほか（1973）：『化学Ｉ』，実教出版，153-155頁。
22）長島弘三，井口洋夫ほか（1973）：『新化学Ｉ』，実教出版，147頁。長島弘三，井口洋夫ほか（1976）：『新化学Ｉ改訂版』，実教出版，147頁。長島弘三，井口洋夫ほか（1979）：『新化学Ｉ三訂版』，実教出版，147頁。
23）文部省（1986）：『高等学校学習指導要領解説理科編理数編』，実教出版，34頁。
24）島村修ほか（1983）：『化学』，大日本図書，101-102頁。
25）柴田村治ほか（1984）：『化学』，大日本図書，73-74頁。
26）島村修ほか（1986）：『改訂化学』，大日本図書，105-106頁。柴田村治ほか（1987）：『化学改訂版』，大日本図書，104-105頁。
27）野村祐次郎，平澤冷ほか（1983）：『化学』，実教出版，86-87頁。
28）野村祐次郎，平澤冷ほか（1986）：『化学改訂版』，実教出版，112-113頁。

29）坪村宏，菅隆幸ほか（1985）：『新選化学』，新興出版社啓林館，98頁，および154頁。坪村宏，菅隆幸ほか（1988）：『化学新訂版』，新興出版社啓林館，100頁，および152頁。坪村宏，菅隆幸ほか（1988）：『新選化学改訂版』，新興出版社啓林館，102頁，および160頁。坪村宏，菅隆幸ほか（1991）：『化学最新版』，新興出版社啓林館，102頁，および156頁。
30）小林正光，野村祐次郎ほか（1983）：『化学』，数研出版，90-91頁。小林正光，野村祐次郎ほか（1984）：『最新化学』，数研出版，82-83頁。小林正光，野村祐次郎ほか（1986）：『化学改訂版』，数研出版，97-98頁。小林正光，野村祐次郎ほか（1987）：『最新化学改訂版』，数研出版，89-90頁。小林正光，野村祐次郎ほか（1990）：『最新化学三訂版』，数研出版，101-102頁。小林正光，野村祐次郎ほか（1992）：『化学四訂版』，数研出版，102頁。
31）高橋武美ほか（1983）：『化学』，学校図書，144頁。高橋武美ほか（1986）：『化学改訂版』，学校図書，140頁。
32）文部省（1994）：『高等学校学習指導要領理科編理数編』，実教出版，75頁。
33）同上書，76頁。
34）相原惇一，小林啓二ほか（1994）：『高校化学ＩＡ』，実教出版，54-55頁。相原惇一，小林啓二ほか（1998）：『高校化学ＩＡ新訂版』，実教出版，58-59頁。
35）坪村宏，菅隆幸ほか（1993）：『化学ＩＡ』，新興出版社啓林館，114-115頁。
36）文部省（1994）：前掲書，88頁。
37）白石振作ほか（1994）：『化学ＩＢ』，大日本図書，127頁。坪村宏，菅隆幸ほか（1991）：『化学ＩＢ』，新興出版社啓林館，186頁。坪村宏，菅隆幸ほか（1994）：『標準化学ＩＢ』，新興出版社啓林館，177頁。黒田晴雄ほか（1995）：『新編化学ＩＢ』，数研出版，192頁。黒田晴雄ほか（1997）：『新編化学ＩＢ改訂版』，数研出版，191-192頁。
38）文部省（1994）：前掲書，96頁。
39）同上書，97頁。
40）白石振作ほか（1999）：『新訂化学Ⅱ』，大日本図書，45-46頁。
41）渡邊徳二（1968）：『化学工業（上）』，現代日本産業発達史，第13巻，現代日本産業発達史研究会，300頁。
42）終戦直後から「合理化五ヵ年計画」までのアンモニア合成工業は，次の文献を参考にした。通商産業省（1969）：『商工政策史』，第21巻，247-277頁。
43）肥料協会新聞部（1967）：『肥料年鑑昭和42年度版』，肥料協会新聞部，5-13頁。
44）化学工業日報社（1985）：『昭和60年版化学工業年鑑』，化学工業日報社，337-338

頁。
45) 化学工業日報（2001）:『2001年版化学工業年鑑』，化学工業日報社，459頁。
46) 化学工業日報（1990）:『1995年版化学工業年鑑』，化学工業日報社，332頁。
47) 渡辺徳二，林雄二郎（1974）:『日本の化学工業』，岩波書店，71-116頁。
48) 資源エネルギー庁（2014）:『平成25年度エネルギー白書』，145-147頁。
49) 加治木紳哉（2010）:『戦後日本の省エネルギー史―電力，鉄鋼，セメント産業の歩み』，エネルギーフォーラム，16頁，29頁。
50) 調査対象の高等学校化学教科書は，以下の通りである。教科書番号と発行年のみを記した。また，現行の指導書については，調査対象からはずした。発行年および教科書のページ数は，教科書図書館データベースの情報に基づいている。高理10-1026（1955），高理10-1031（1955），高理10-1046（1955），高理10-1048（1956），高理10-1050（1956），高理10-1066（1956），高理A-1000（1959），高理A-1010（1959），高理A-1015（1959），高理A-1001（1959），高理A-1011（1959），化学004（1962），化学007（1962），化学012（1963），化学014（1963），化学034（1966），化学038（1966），化学048（1969），化学049（1969），化学010（1963），化学015（1963），化学019（1963），化学031（1966），化学035（1966），化学056（1970），化学061（1970），化学400（1972），化学410（1972），化学423（1975），化学431（1975），化学432（1975），化学450（1978），化学453（1978），化学454（1978），化学414（1973），化学419（1973），化学434（1976），化学437（1976），化学445（1976），化学466（1979），化学467（1979），化学474（1979），化学475（1980），化学046（1989），化学047（1989），化学053（1991），化学055（1991），化学063（1992），化A518（1993），化A519（1993），化A520（1993），化A521（1993），化A610（1997），化Ⅱ001（2003），化Ⅱ003（2003），化Ⅱ006（2003），化Ⅱ007（2004），化Ⅰ013（2006），化Ⅰ014（2006），化Ⅰ015（2006），化Ⅰ016（2006），化Ⅰ017（2006），化Ⅰ018（2006），化Ⅰ019（2006），化Ⅰ020（2006），化Ⅰ021（2006），化Ⅰ022（2006），化Ⅰ023（2006），化Ⅰ024（2008），化Ⅰ025（2006），化Ⅱ002（2003），化Ⅱ003（2003），化Ⅱ004（2003），化Ⅱ005（2003），化Ⅱ008（2007），化Ⅱ009（2007），化Ⅱ010（2007），化Ⅱ011（2007），化Ⅱ012（2007），化Ⅱ013（2007），化Ⅱ014（2007），化基301（2011），化基302（2011），化基303（2011），化基304（2011），化基305（2011），化基306（2011），化基308（2011），化基309（2011），化基310（2011），化基311（2011），化基312（2011），化学301（2012），化学302（2012），化学303（2012），化学304（2012），化学305（2012）化学306（2012）。

51）学習指導要領の記述内容は，次のデータベースから引用した。本文中における発表・告示年度は，同データベースの分類に依拠した。国立教育政策研究所：学習指導要領データベース，https://www.nier.go.jp/guideline/（確認日：2019年1月10日）
52）加治木（2010）：上掲書，30-31頁。
53）杉山清（2007）：『炉の歴史物語』，成山堂出版，111頁。
54）岩崎岩次・杉山登・山本大二郎・新井田円二（1962）：『標準高等化学（A）』，講談社，109頁。
55）日本鉄鋼連盟：http://www.jisf.or.jp/data/seisan/documents/2013CY.xls（確認日：2019年1月10日）
56）岩崎岩次・杉山登・山本大二郎ほか2名（1972）：『標準高等化学1』，講談社，146頁。
57）半谷高久・渡辺健一・田辺秀雄ほか4名（1972），『三省堂化学1』，三省堂，129頁。
58）白石振作ほか8名（1990）：『新版化学教授資料』，大日本図書，153頁。
59）田村三郎ほか8名（1992）：『高等学校化学最新版指導と研究』，清水書院，152頁。
60）相原惇一・小林啓二（1993）：『高校化学ⅠA指導資料』，実教出版，52頁。
61）野村祐次郎ほか8名（2003）：『高等学校化学2』，数研出版，173頁。
62）佐野博敏ほか22名（2003）：『高等学校化学2』，第一学習社，172頁。
63）井口洋夫・相原惇一（2011）：『新版化学基礎』，実教出版，79頁。
64）石油化学工業協会ホームページ：「石油化学工業とは」
http://www.jpca.or.jp/4stat/01aramashi/00sekika.htm（確認日：2019年1月10日）
65）板倉聖宣（1987）：『理科教育史資料』，第5巻，東京法令出版，362-365頁。
66）湯田重太郎・村田房一（1928）：『中等化学新教科書』，積善館，241-250頁。
67）中等教育会（1925）：『受験参考答案式化学粋』，慶文堂書店，141-142頁。
68）三井澄雄（1987）：『化学教育入門』，新生出版，19-28頁。
69）大幸勇吉（1928）：『三訂女子化学教科書』，冨山房，137-138頁。
70）国立教育政策研究所：学習指導要領データベース
https://www.nier.go.jp/guideline/（確認日：2019年1月10日）

第3章

1）調査対象教科書の教科書番号と発行年のみを記載した。本脚注は，二酸化硫黄教

材が認められなかったものである。高理1013（1948），高理1-1002（1950），高理1-1003（1950），高理1023（1950），高理1024（1950），高理1030（1950），高理1031（1950），高理10-1033（1950），高理-1042（1951），高理1062（1952），高理1063（1952），高理1051（1954），高理1052（1954），高理1083（1954），高理1095（1954），高理1098（1954），高理10-1006（1955），高理10-1020（1955），高理10-1031（1955），高理1094（1955），高理10-1022（1956），高理10-1026（1956），高理10-1050（1956），10-1072（1956），高理10-1066（1958），高理A-1004（1959），高理10-1068（1959），高理10-1027（1960），高理10-1081（1962），化学004（1963），化学014（1963），化学015（1963），化学007（1964），化学010（1964），化学019（1964），化学034（1966），化学035（1966），化学034（1968），化学A040（1969），化学B041（1969），化学024（1970），化学046（1970），化学048（1970），化学055（1970），化学039（1971），化学052（1971），化学059（1971），化学049（1972），化学055（1972），化学410（1975），化学414（1975），化学419（1975），化学401（1976），化学412（1976），化学416（1976），化学437（1978），化学446（1978），化学450（1978），化学437（1979），化学448（1979），化学454（1979），化学468（1979），化学467（1980），化学475（1980），化学008（1983），化学001（1984），化学002（1984），化学003（1984），化学005（1984），化学006（1984），化学009（1984），化学010（1984），化学011（1984），化学013（1984），化学014（1984），化学016（1984），化学403（1984），化学017（1985），化学020（1985），化学024（1985），化学025（1985），化学018（1986），化学019（1986），化学021（1986），化学022（1986），化学026（1986），化学028（1986），化学029（1986），化学031（1987），化学034（1987），化学039（1988），化学040（1988），化学035（1989），化学037（1989），化学038（1989），化学042（1989），化学043（1989），化学044（1989），化学046（1990），化学047（1990），化学049（1990），化学050（1990），化学051（1990），化学052（1990），化学056（1991），化学057（1991），化学053（1992），化学059（1992），化学060（1992），化学061（1992），化学062（1993），化学063（1993），化B528（1993），化B529（1993），化A518（1994），化A520（1994），化B523（1994），化B524（1994），化B527（1994），化B530（1994），化B532（1994），化B531（1994），化B533（1994），化Ⅱ566（1994），化B560（1995），化Ⅱ561（1995），化Ⅱ562（1995），化Ⅱ563（1995），化Ⅱ564（1995），化Ⅱ565（1995），化Ⅱ567（1995），化Ⅱ568（1995），化Ⅱ569（1995），化B619（1997），化B620（1997），化A607（1998），化A608（1998），化A610（1998），化B612（1998），化B613（1998），化B614（1998），化B616

(1998)，化Ｂ617（1998)，化Ｂ621（1998)，化Ｂ622（1998)，化Ｂ623（1998)，化Ｂ625（1998)，化Ⅱ653（1999)，化Ⅱ654（1999)，化Ⅱ657（1999)，化Ｂ658（1999)，化Ⅱ659（1999)，化Ⅰ006（2002)，化Ⅰ007（2002)，化Ⅰ008（2002)，化Ⅰ009（2002)，化Ⅰ002（2003)，化Ⅰ005（2003)，化Ⅰ010（2003)，化Ⅰ012（2003)。

2）化基301（2012)：91頁，149頁。化基302（2012)。化基303（2012)：197-199頁。化基304（2012)。化基305（2012)。化基306（2011)：166頁。化基307（2011)。化基308（2012)。化基309（2012)。化基310（2012)。化基311（2012)：174頁，221頁。化学301（2013)：206-207頁。化学302（2013)：132-133頁。化学303（2013)：178頁，180頁。化学304（2013)：140頁。化学305（2012)：198-199頁。化学306（2013)：206-207頁。化学307（2013)：171-173頁。

3）高理1032（1950)，70頁。高理1034（1951)：140頁。高理1041（1951)：87頁。高理1055（1952)：87頁。高理1082（1954)：140頁。高理10-1013（1956)：287頁。高理Ａ1011（1959)：65頁。化学016（1965)：79頁。化学026（1968)：80頁。化学400（1973)：109頁。化学403（1973)：187頁。化学431（1975)：114頁。化学423（1978)：109頁。化学453（1979)：96頁。化学004（1983)：82頁。化学007（1984)：87頁。化学012（1984)：99頁。化学015（1984)：98-99頁。化学023（1986)：91頁。化学027（1986)：45頁。化学030（1987)：93頁。化学032（1987)：50頁。化学041（1989)：47頁。化学045（1990)：95頁。化学048（1990)：50頁。化学054（1992)：189頁。化学055（1992)：191頁。化学058（1992)：49頁。化Ａ521（1993)：125頁，130-131頁。化Ａ609（1997)：96頁，130頁，136頁。化Ａ611（1998)：129頁，136-137頁。化Ｂ525（1994)：186頁，192頁。化Ｂ624（1998)：97頁。化Ⅰ003（2003)：85頁。化Ⅰ011（2003)：80頁。化Ⅰ004（2003)：138頁。学習指導要領の記述内容については以下のデータベースを利用した。国立教育政策研究所：学習指導要領データベース https://www.nier.go.jp/guideline/（確認日：2019年１月10日）

4）武原熊吉（1950)：『高等化学上巻』，大日本雄弁会講談社，70頁。武原熊吉（1951)：『改訂高等化学上巻』，大日本雄弁会講談社，87頁。武原熊吉（1952)：『改訂高等化学上巻』，大日本雄弁会講談社，87頁。

5）武原熊吉（1955)：『改訂高等化学解説』，大日本雄弁会講談社，38頁。

6）柴田雄次・津田栄・島村修（1948)：『高等学校の科学化学Ⅰ』，大日本図書，97頁。

7）柴田雄次・津田栄・島村修（1951)：『高等学校理科用化学上』，大日本図書，140

頁。柴田雄次・津田栄・島村修（1954）：『高等学校理科用化学上』，大日本図書，140頁。
8）柴田雄次（1952）：『化学新版―解説と指導―』，大日本図書，90頁。
9）柴田雄次・津田栄・島村修（1956）：『高等学校理科用化学上』，大日本図書，287頁。
10）稲村耕雄・岩倉義男・菊池真一・久保昌二・小泉正夫・榊友彦（1959）：『化学（三単位用）』，開隆堂出版，65頁。稲村耕雄・岩倉義男・菊池真一・久保昌二・小泉正夫・榊友彦（1965）：『化学』，開隆堂出版，79頁。稲村耕雄・岩倉義男・菊池真一・久保昌二・小泉正夫・榊友彦（1968）：『新編化学』，開隆堂出版，80頁。
11）江上不二夫（1963）：『新版化学Ｂ教師用指導書』，清水書院，116-117頁。
江上不二夫（1967）：『新版化学Ｂ改訂版教師用指導書』，清水書院，114-115頁。
12）岩崎岩次・杉山登・山本大二郎（1973）：『標準高等化学Ｉ』，講談社，109頁。
岩崎岩次・杉山登・山本大二郎（1978）：『標準高等化学Ｉ改訂版』，講談社，109頁。
13）岩崎岩次・杉山登・山本大二郎（1973）：『標準高等化学Ｉ指導資料』，講談社，139頁。
14）長島弘三・井口洋夫（1975）：『新化学Ｉ改訂版』，実教出版，114頁。
15）岩崎岩次・杉山登・山本大二郎（1979）：『標準高等化学Ｉ』，講談社，96頁。
16）稲本直樹・鶴田禎二・大内昭・中條利一郎（1983）：『化学』，開隆堂出版，82頁。
17）田村三郎（1984）：『高等学校化学』，清水書院，87頁。田村三郎（1986）：『高等学校化学』，清水書院，91頁。
18）田村三郎（1983）：『高等学校化学指導と研究』，清水書院，110頁。
19）鐸木啓三・今坂一郎・野上浩・増渕紀一・松並佑二（1986）：『高校化学教授指導書』，大原出版，58-59頁。
20）小林正光（1984）：『高等学校最新化学』，数研出版，98-99頁。
21）藤原鎮男（1992）：『化学四訂版』，三省堂，189頁。
22）第一学習社編集部（1994）：『高等学校図解化学ＩＡ指導と研究』，第一学習社，247-248頁。
23）坪村宏・菅隆幸（1993）：『高等学校化学ＩＡ』，啓林館，85頁。
24）佐野博敏（1998）：『改訂新化学ＩＢ』，第一学習社，97頁。
25）第一学習社編集部（1998）：『高等学校改訂新化学ＩＢ指導と研究』，第一学習社，151頁。

26）井口洋夫・木下實（2003）：『化学Ⅰ』，実教出版，138頁。
27）白石振作（2003）：『化学Ⅰ』，大日本図書，85頁。
28）佐野博敏（2003）：『化学Ⅰ』第一学習社，80頁。
29）第一学習社編集部（2003）：『高等学校化学Ⅰ指導と研究』，第一学習社，161頁。
30）独立行政法人環境再生保全機構：「日本の大気汚染の歴史」
http://www.erca.go.jp/yobou/taiki/rekishi/index.html（確認日：2019年1月10日）
31）硫酸協会（2012）：『硫酸入門（改訂版）』，54-55頁。
32）「公害と教育」研究会（1973）：『「公害と教育」四日市集会の報告』，明治図書，74-75頁。
33）資源エネルギー庁：『エネルギー白書2005年版』
http://www.enecho.meti.go.jp/about/whitepaper/2005html/（確認日：2019年1月10日）
34）日本貿易振興機構『2007年度日本の環境技術・調査報告』
http://www.jetro.go.jp/ttppoas/special/env_rep2/env_rep_05_1j.html（確認日：2016年8月31日）
35）文部省（1948）：『高等学校学習指導要項（試案）』，5－9頁。
36）『中学校高等学校学習指導要領理科編（試案）』（1952），260-263頁。『高等学校学習指導要領理科編』（1956），22-34頁，いずれも大日本図書。『高等学校学習指導要領』（1963），81-86頁。『高等学校学習指導要領』（1972），72-78頁，ともに大蔵省印刷局。『高等学校学習指導要領解説理科編理数科編』（1981），106-108頁。『高等学校学習指導要領解説理科編理数科編』（1994），237-245頁，ともに実教出版。
37）文部省：『化学（1）』（1947），『化学（2）』（1947），『化学（3）』（1947），いずれも大日本図書。
38）東京書籍発行20種20冊は，以下の教科書である。長倉三郎ほか：『化学A』（1968），『化学B』（1968），『化学A新訂』（1973），『化学B新訂』（1973），『化学Ⅰ』（1974），『化学Ⅱ』（1976），『化学Ⅰ新訂』（1977），『精選化学Ⅰ』（1977），『化学Ⅰ新訂』（1977），『化学Ⅰ改訂』（1979），『精選化学Ⅰ新訂』（1979），『化学Ⅱ改訂』（1980），『精選化学』（1986），『改訂化学』（1986），『新訂精選化学』（1989），『化学』（1989），『改訂化学』（1991），『化学の世界ⅠA』（1993），『化学ⅠB』（1995），『化学Ⅱ』（1995）。
39）大日本図書発行教科書24種27冊は，次の通りである。柴田雄次ほか：『高等学校

の科学化学Ⅰ』（1951），『高等学校の科学化学Ⅱ』（1951），『化学上』（1952），『化学下』（1952），『化学上』（1956），『化学下』（1956），『化学』（1956），『化学3単位用』（1962），『化学5単位用』（1962），『化学A』（1963），『化学B』（1964），『新版化学A』（1967），『新訂版化学A』（1970），『新訂版化学B』（1971），『化学Ⅰ』（1973），『化学Ⅱ』（1974），『改訂化学Ⅰ』（1976），『改訂化学Ⅱ』（1976），『新版化学Ⅰ』（1979），『新版化学Ⅱ』（1981）。島村修ほか：『化学』（1983），『改訂化学』（1986），『化学』（1986），『化学改訂版』（1987）。白石振作ほか：『新版化学』（1990），『化学ⅠB』（1994），『化学Ⅱ』（1995）。

40）三省堂発行28種31冊は，次の教科書である。三省堂編修所：『化学上』（1953），『化学下』（1953），『化学上改訂版』（1954），『化学下改訂版（1954），『化学上三訂版』（1955），『化学下三訂版』（1955）。千谷利三：『化学四訂版5単位』（1955），『標準化学3単位』（1956），『標準化学改訂3単位』（1962），『化学五訂版5単位』（1962），『標準化学A新訂版』（1963）。千谷利三ほか：『化学B新訂版』（1966），『標準化学A改訂版』（1967），『化学B改訂版』（1967），『標準化学A三訂版』（1970），『化学B三訂版』（1970）。半谷高久ほか：『化学Ⅰ』（1973），『化学Ⅱ』（1975），『化学Ⅰ改訂版』（1976），『化学Ⅱ改訂版』（1977），『化学Ⅱ三訂版』（1980），『化学Ⅰ三訂版』（1981）。藤原鎮男ほか：『新化学Ⅰ』（1979），『新化学Ⅱ』（1980），『化学』（1983），『化学改訂版』（1986），『詳説化学』（1991），『化学ⅠA』（1994），『化学ⅠB』（1994），『詳説化学ⅠB』（1995），『詳説化学Ⅱ』（1995）。

41）啓林館出版23種23冊は，以下の教科書である。中塚佑一：『高校理科化学』（1958）。伊勢村寿三ほか：『化学A』（1963），伊勢村寿三ほか：『化学B』（1964），『化学A改訂』（1967），『化学B改訂』（1967），『化学B再訂』（1970），『化学A再訂』（1972），『化学Ⅰ』（1972），『化学Ⅱ改訂』（1974），『化学Ⅰ改訂』（1976），『化学Ⅰ新訂』（1978），『化学Ⅱ新訂』（1979），『化学』（1982），『化学改訂版』（1987）。坪村宏ほか：『新選化学』（1985），『新選化学改訂版』（1988），『化学最新版』（1991），『新選化学新訂版』（1992），『化学ⅠB』（1993），『化学ⅠA』（1994），『標準化学ⅠB』（1994），『化学Ⅱ』（1994）。

42）数研出版14種14冊は，以下の教科書である。小林正光ほか：『化学Ⅰ』（1974），『化学Ⅰ改訂版』（1977），『化学Ⅱ改訂版』（1977），『化学Ⅰ三訂版』（1979），『化学Ⅱ三訂版』（1980），『化学』（1983），『最新化学』（1984），『化学改訂版』（1986），『最新化学改訂版』（1987），『化学三訂版』（1989），『最新化学三訂版』（1991），『化学ⅠB』（1994）。黒田晴雄ほか：『新編化学ⅠB』（1995），『新編化学Ⅱ』(1996)。
43) 文部省:『化学 (3)』(1947), 230-231頁, 大日本図書。
44) 柴田雄次ほか:『高等学校の科学化学Ⅰ』(1951), 74-76頁。『化学上』(1952), 56-57頁。『化学』(1956), 98-100頁, いずれも大日本図書。三省堂編修所:『化学上』(1953), 122-125頁。『化学上改訂版』(1954), 51-53頁。『化学上三訂版』(1955), 60-62頁, いずれも三省堂出版。
45) 柴田雄次ほか:『化学5単位用』(1962), 大日本図書, 98-100頁。千谷利三:『化学四訂版5単位』(1955), 47頁。『化学五訂版5単位』(1962), 65頁。『標準化学3単位』(1956), 38頁。『標準化学改訂3単位』(1962), 38頁, いずれも三省堂出版および三省堂。中塚佑一:『高校理科化学』(1958), 169-171頁, 啓林館。
46) 柴田雄次ほか:『化学Ⅰ』(1973), 142頁。『改訂化学Ⅰ』(1976), 142頁, ともに大日本図書。
47) 小林正光ほか:『化学Ⅰ』(1974), 132-135頁。『化学Ⅰ改訂版』(1977), 132-135頁, ともに数研出版。
48) 島村修ほか:『化学』(1983), 143頁。『改訂化学』(1986), 147頁, ともに大日本図書。
49) 小林正光ほか (1989):『化学三訂版』, 数研出版, 162頁。
50) 藤原鎮男ほか (1994):『化学ⅠA』, 三省堂, 117頁。
51) 長倉三郎ほか:『新編化学ⅠB』(1998), 東京書籍, 127頁。
52) 長島弘三ほか:『新化学Ⅰ』(1972), 84-85頁。『新化学Ⅰ改訂版』(1977), 84-85頁, ともに実教出版。
53) 白井俊明ほか:『化学Ⅰ』(1973), 143-144頁。『化学Ⅰ改訂版』(1977), 141-142頁, ともに実教出版。山村等ほか:『化学Ⅰ』(1977), 195-196頁。『改訂化学Ⅰ』(1979), 156-157頁, ともに第一学習社。
54) 菊池真一ほか:『化学Ⅰ』(1972), 174-175頁。『新編化学Ⅰ』(1975), 189-190頁, ともに開隆堂出版。
55) 今堀和友ほか:『化学Ⅰ』(1977), 152-153頁。『新版化学Ⅰ』(1979), 142頁, ともに大原出版。
56) 白石振作ほか (1994):『化学ⅠB教授資料』(1994), 大日本図書, 95-96頁。
57) 鎌谷親善 (1989):『日本化学工業の成立』, 朝倉書店, 195頁。
58) 日本ソーダ工業会 (1982):『日本ソーダ工業百年史』, 845頁。
59) 高松亨 (1995):「重化学工業と臨海工業地帯」, 中山茂ほか, 『通史日本の科学技術』, 第2巻, 学陽書房, 261頁。

60）石油化学工業協会（1981）:『石油化学工業20年史』，23頁。
61）日本化学工業協会（1979）:『日本の化学工業戦後三十年のあゆみ』，269頁。
62）厚生省五十年史編集委員会（1988）:『厚生省五十年史記述編』，1156-1165頁。
63）日本ソーダ工業会：前掲書，856頁。
64）同上書：667頁。
65）日本化学工業協会：前掲書，190頁。
66）日本ソーダ工業会：前掲書，669頁。
67）日本化学工業協会：前掲書，192頁。
68）日本ソーダ工業会：前掲書，491頁。
69）化学工業日報社（1987）:『昭和62年版化学工業年鑑』，52頁。
70）通産省大臣官房調査統計部：『化学工業統計年報』（各年版）より作成。なお，水酸化ナトリウムには液状製品と固型製品があり，1985年以降，隔膜法固型製品とイオン交換膜法固型製品の統計値が秘匿のために不明である。そのため，液状製品の生産量推移を表している。
71）若松征男，「70年代公害環境報道」，中山茂ほか：前掲書，第4巻，103-108頁。
72）朝日新聞と毎日新聞は，記事項目索引のカテゴリー「公害」から水銀関連公害報道を集計した。読売新聞は，カテゴリー「公害」が無く，そのためカテゴリー「厚生・福祉」中の水銀関連公害報道を集計した。なお毎日新聞は，3月の水俣病判決と4月の水俣病補償，6月のカセイソーダ工場規制および水銀汚染問題の国会追及がカテゴリー外のため，集計に含めていない。雑誌は，大宅壮一文庫所蔵雑誌の記事索引から，小項目「水銀中毒（水俣，新潟ほか）を集計した（件数229）。財団法人大宅壮一文庫（1985）:『大宅壮一文庫雑誌記事索引総目録』，件名編3，紀伊國屋書店，153-157頁。
73）朝日新聞（1973）：5月22日，朝刊。
74）毎日新聞（1973）：6月18日，朝刊。同日，読売新聞もまた徳山第四水俣病疑惑を報道した。
75）化学工業日報社：前掲書，185頁。
76）日本ソーダ工業会：前掲書，645頁。
77）水俣病医学研究会（1995）:『水俣病の医学』，ぎょうせい，21頁。
78）中山茂（1994）:『戦後科学技術の社会史』，朝日新聞，211頁。
79）調査を行った高等学校化学教科書11社83種85冊は，次の通りである。なお，『　』に書名を，（　）に発行年を示す。なお，表記順は次の教科書目録に記された教科書会社表記順に準拠している。東京書籍株式会社附設教科書図書館東書文庫

(1982)：『東書文庫所蔵教科用図書目録』，東京書籍。東京書籍 9 種 9 冊。長倉三郎・吉野諭吉・高橋詢ほか：『新訂精選化学Ⅰ』(1981)，『改訂化学Ⅱ』(1981)。長倉三郎・渡邊啓ほか：『精選化学』(1986)，『改訂化学』(1986)，『新訂精選化学』(不明)，『改訂化学』(1993)。長倉三郎・渡邊啓・竹内敬人ほか：『化学の世界ⅠA』(1998)，『化学ⅠB』(1998)，『化学Ⅱ』(1999)。大日本図書発行化学教科書 6 種 6 冊。柴田雄次・島村修・吉岡甲子郎ほか：『新版化学Ⅰ』(1981)，『新版化学Ⅱ』(1981)。柴田村治ほか：『高等学校化学』(1986)。島村修ほか：『改訂化学』(1986)，白石振作ほか：『新訂化学ⅠB』(1998)，『新訂化学Ⅱ』(1999)。実教出版 9 種 9 冊。長島弘三・井口洋夫ほか：『新化学Ⅰ三訂版』(1981)。白井俊明・野村祐次郎ほか：『化学Ⅱ三訂版』(1981)。野村祐次郎・平澤泠ほか：『化学』(1986)，『化学改訂版』(1986)。長島弘三・井口洋夫・富田功・目良誠二ほか：『高校化学』(1986)。小林啓二・相原惇一ほか：『高校化学ⅠA新訂版』(1998)。井口洋夫・富田功・相原惇一・小林啓二ほか：『高校化学ⅠB新訂版』(1998)。井口洋夫・木下實ほか：『化学ⅠB新訂版』(1998)，『化学Ⅱ新訂版』(1999)。開隆堂出版 2 種 2 冊。稲本直樹・鶴田禎二・大内昭・中條利一郎ほか：『化学』(1985)。稲本直樹ほか：『新化学』(1985)。三省堂発行化学教科書20種22冊。三省堂編修所：『化学上』(1953)，『化学下』(1954)，『化学改訂版上』(1953)，『化学改訂版下』(1954)。千谷利三：『化学四訂版』(1956)，『標準化学三単位用』(1956)，『化学五訂版』(1962)，『標準化学改訂版』(1962)，『標準化学新訂版』(1963)。千谷利三・田辺秀雄：『標準化学改訂版』(1967)，『標準化学三訂版』(1970)。千谷利三ほか：『化学新訂版』(1966)，『化学改訂版』(1967)，『化学三訂版』(1973)。半谷高久・渡辺健一・田辺秀雄ほか：『三省堂化学Ⅰ』(1975)，『三省堂化学Ⅰ三訂版』(1981)，『三省堂化学Ⅱ三訂版』(1981)。藤原鎮男ほか：『化学改訂版』(1986)，『化学Ⅱ』(1995)。藤原鎮男・野本博之ほか：『化学ⅠA改訂版』(1998)。藤原鎮男・富永健ほか：『詳説化学ⅠB改訂版』(1998)，『詳説化学Ⅱ』(1995)。清水書院発行化学教科書 2 種 2 冊。田村三郎ほか：『高等学校化学新訂版』(1986)，『高等学校化学三訂版』(1989)。新興出版社啓林館発行化学教科書10種10冊。伊勢村寿三・松浦多聞ほか：『新訂化学Ⅰ』(1980)，『新訂化学Ⅱ』(1980)。伊勢村寿三・松浦多聞・宮原豊ほか：『高等学校化学改訂版』(1985)。坪村宏・管隆幸ほか：『高等学校新選化学』(1985)，『高等学校化学最新版』(1991)，『高等学校新選化学新訂版』(1992)，『高等学校化学ⅠA改訂版』(1997)，『高等学校化学ⅠB改訂版』(1997)，『高等学校標準化学ⅠB改訂版』(1997)，『高等学校化学Ⅱ改訂版』(1998)。大原出版発行教科書 4 種 4

冊。表美守・鐸木啓三ほか：『化学改訂版』(1986)，鐸木啓三ほか：『高校化学』(1986)，『高校化学改訂版』(1989)，『新化学』(1989)。数研出版発行教科書９種９冊。小林正光ほか：『高等学校最新化学』(1986)，『高等学校化学』(1987)。黒田晴雄ほか：『新編化学Ⅱ』(1995)，『高等学校精解化学ＩＢ』(1998)，『改訂版新編化学ＩＢ』(1998)，『高等学校精解化学Ⅱ』(1999)。野村祐次郎ほか：『高等学校化学ＩＡ』(1998)。小林正光・野村祐次郎ほか：『改訂版高等学校化学ＩＢ』(1998)，『改訂版高等学校化学Ⅱ』(1999)。第一学習社８種８冊。禰宜田久男ほか：『高等学校新化学』(1986)，『高等学校改訂化学』(1986)，『高等学校新編化学』(1992)，『高等学校改訂新化学』(1994)，『高等学校改訂化学』(1994)。佐野博敏ほか：『高等学校化学ＩＡ』(1998)，『高等学校改訂新化学ＩＢ』(1998)，『高等学校改訂化学Ⅱ』(1999)。

80) 文部省 (1956)：『高等学校学習指導要領理科編』，大日本図書。文部省 (1963)：『高等学校学習指導要領』，大蔵省印刷局。文部省 (1972)：『高等学校学習指導要領』，大蔵省印刷局。文部省 (1981)：『高等学校学習指導要領解説理科編理数科編』，実教出版。文部省 (1994)：『高等学校学習指導要領解説理科編理数科編』，実教出版。

81) 各燃料電池の略称については，以下のホームページを参照した。
社団法人日本ガス協会：http://www.gas.or.jp/fuelcell/fc3.html#１（確認日：2002年１月９日）

82) 特許庁技術調査課 (2001)：『燃料電池に関する技術動向調査』，８頁。

83) 半谷高久，渡辺健一，田辺秀雄ほか：『三省堂化学Ｉ』，三省堂，141頁。

84) 高橋武美ほか (1983)：『化学』，学芸図書，123-124頁。

85) 野村祐次郎，平澤冷ほか (1986)：『化学』，実教出版，120頁。

86) 禰宜田久男ほか (1986)：『高等学校改訂化学』，第一学習社，192-193頁。

87) 坪村宏・管隆幸ほか (1992)：『高等学校新選化学新訂版』，新興出版社啓林館，140頁。

88) 野村祐次郎ほか (1997)：『高等学校化学ＩＡ』，数研出版，220-221頁。

89) 小林正光・野村祐次郎ほか (1997)：『改訂版高等学校化学ＩＢ』，数研出版，149頁。

90) 長倉三郎・渡邊啓・竹内敬人ほか (1998)：『化学ＩＢ』，東京書籍，122頁。

91) 白石振作ほか (1997)：『新訂化学ＩＢ』，大日本図書，99頁。

92) 宮武公夫 (2000)：『テクノロジーの人類学』，岩波書店，158-190頁。

93) The American Chemical Society (1971): “Chemical Abstracts Subject Index”.

The American Chemical Society (1976, 1981, 1986): "Chemical Abstracts General Subject Index".
94) 燃料電池実用化推進協議会：http://www.fccj.jp/index2.html（確認日：2002年1月9日）。
95) 経済産業省（2001）:『燃料電池実用化戦略協議会報告』，21頁。
96) 広瀬隆（2001）:『燃料電池が世界を変える』，日本放送出版協会，345-359頁。

第4章

1) 中岡哲郎（2006）:『日本近代技術の形成』，朝日新聞，420頁。
2) 一般財団法人伝統的工芸品産業振興協会：http://kougeihin.jp/association/about/（確認日：2019年1月10日）
3) 永田英治（1994）:『日本理科教材史』，東京法令出版，169頁。
4) 調査対象の高等学校化学教科書は，以下の通りである。教科書番号と発行年のみを記した。また，2008年度版の指導書については，調査対象からはずした。発行年および教科書のページ数は，教科書図書館データベースの情報に基づいている。
高理10-1026（1955），高理10-1031（1955），高理10-1046（1955），高理10-1048（1956），高理10-1050（1956），高理10-1066（1956），高理A-1000（1959），高理A-1010（1959），高理A-1015（1959），高理A-1001（1959），高理A-1011（1959），化学004（1962），化学007（1962），化学012（1963），化学014（1963），化学034（1966），化学038（1966），化学048（1969），化学049（1969），化学010（1963），化学015（1963），化学019（1963），化学031（1966），化学035（1966），化学056（1970），化学061（1970），化学400（1972），化学410（1972），化学423（1975），化学431（1975），化学432（1975），化学450（1978），化学453（1978），化学454（1978），化学414（1973），化学419（1973），化学434（1976），化学437（1976），化学445（1976），化学466（1979），化学467（1979），化学474（1979），化学475（1980），化学046（1989），化学047（1989），化学053（1991），化学055（1991），化学063（1992），化A518（1993），化A519（1993），化A520（1993），化A521（1993），化A610（1997），化Ⅱ001（2003），化Ⅱ003（2003），化Ⅱ006（2003），化Ⅱ007（2004），化Ⅰ013（2006），化Ⅰ014（2006），化Ⅰ015（2006），化Ⅰ016（2006），化Ⅰ017（2006），化Ⅰ018（2006），化Ⅰ019（2006），化Ⅰ020（2006），化Ⅰ021（2006），化Ⅰ022（2006），化Ⅰ023（2006），化Ⅰ024（2008），化Ⅰ025（2006），化Ⅱ002（2003），化Ⅱ003（2003），化Ⅱ004（2003），化Ⅱ005（2003），化Ⅱ008（2007），化Ⅱ009（2007），化Ⅱ010（2007），化Ⅱ011（2007），

化Ⅱ012（2007），化Ⅱ013（2007），化Ⅱ014（2007），化基301（2011），化基302（2011），化基303（2011），化基304（2011），化基305（2011），化基306（2011），化基308（2011），化基309（2011），化基310（2011），化基311（2011），化基312（2011），化学301（2012），化学302（2012），化学303（2012），化学304（2012），化学305（2012）化学306（2012）。学習指導要領の記述内容は，次のデータベースから引用した。また，本文中における発表・告示年度は，同データベースの分類に依拠した。https://www.nier.go.jp/guideline/（確認日：2019年1月10日）

5）玉虫文一（1953）：『自然の探究化学（修正版）指導の手引き』，中教出版，91頁。

6）好学社編修局（1957）：『高等学校化学教授資料』，好学社，208頁。

7）千谷利三（1959）：『標準化学改訂版』，三省堂，109頁。

8）江上不二夫ほか4名（1970）：『新版化学B最新版』，7頁。

9）田村三郎ほか7名（1981）：『化学Ⅱ（新訂版）指導と研究』，清水書院，212頁。

10）藤原鎮男・野平博之ほか5名（1994）：『化学ⅠA指導資料』，三省堂，90頁。

11）藤原鎮男・野平博之ほか5名（1993）：『化学ⅠA』，三省堂，61頁。

12）日本銀行統計局（1961）：『最近10年間の主要企業経営分析』，日本銀行統計局，7頁。

13）阿部武司・平野恭平（2013）：『繊維産業』，日本経営史研究所，162-163頁，198-199頁。

14）日本化学繊維協会：高強度・高弾性率繊維など各種高機能繊維に関するデータ集 http://www.kaizenken.jp/db/chap2.html（確認日：2014年9月15日）

15）独立行政法人環境再生保全機構石綿健康被害救済部（2013）：『石綿と健康被害第7版』，5頁。

16）通商産業省：昭和30年度版通商白書 http://warp.da.ndl.go.jp/info:ndljp/pid/285403/www.meti.go.jp/hakusho/（確認日：2015年4月21日）

17）日本セラミックス協会：21世紀に向けたセラミックスの研究開発について（各研究分野からの提言）平成14年3月改訂 http://www.ceramic.or.jp/csj/vision_21/vision_21.html（確認日：2019年1月10日）

18）佐藤秀夫・中村紀久二（1986）：『文部省掛図総覧』，東京書籍，62-63頁。

19）Gilbert, K & Afonso, A (2014): Visualizations in Popular Books About Chemistry, *Science Teachers' Use of Visual Representations*, Springer, pp. 235-236.

20）年度の表記は，指導要領の名称欄に施行年月が書かれたものは告示年度，それ以

外は発表年度で分けた。国立教育政策研究所：学習指導要領データベース
https://www.nier.go.jp/guideline/（確認日：2019年1月10日）
21）大饗茂（1978）：『化学454用教授用指導書高校化学Ⅰ（改訂版）』，大原出版，86頁。
22）稲村耕雄・岩倉義男・菊池真一（1956）：『化学』，開隆堂，226-227頁。
23）柴田雄次・津田栄・島村修（1962）：『化学A』，大日本図書，123頁。
24）岩崎岩次・杉山登・山本大二郎・新井田円二（1962）：『標準高等化学（A）』，講談社，81頁。
25）岩波書店（1999）：『岩波理化学辞典第5版CD-ROM版』。
26）経済産業省：我が国の工業－変化を続ける製造業－，
http://www.meti.go.jp/statistics/tyo/kougyo/wagakuni/2011.html（確認日：2019年1月10日）
27）セメント協会：セメントの需給
http://www.jcassoc.or.jp/cement/1jpn/jc5.html#（確認日：2019年1月10日）
28）経済産業省（2003）：『平成14年窯業建材統計日報』，経済産業統計協会，86頁，90頁。
経済産業省：経済産業省生産動態統計調査，
http://www.meti.go.jp/statistics/tyo/seidou/index.html（確認日：2019年1月10日）
29）井口洋夫・相原惇一ほか6名（2012）：『新版化学』，実教出版，175頁。
30）辰巳敬ほか13名（2014）：『化学』，数研出版，220頁。
31）浜幸次郎（1929）：『化学教科書教授精説』，光風館書店，218頁。
32）岩崎岩次・杉山登・武原熊吉・山本大二郎（1955）：『－自然の科学－化学』，大日本雄弁会講談社，192頁。
33）井口洋夫・木下實ほか11名（2012）：『化学Ⅱ』，実教出版，177頁。
34）稲村耕雄・岩倉義男・菊池真一（1956）：前掲書，226-227頁。
35）額賀淑郎（2002）：「科学論における視覚表象論の役割」，『年報科学・技術・社会』，第11号，96頁。
36）国立教育政策研究所：『国際数学・理科教育動向調査の2011年調査（TIMSS 2011）国際調査結果報告（概要）』，42頁。
https://www.nier.go.jp/timss/2011/gaiyo.pdf（確認日：2019年1月10日）
37）坪村宏・菅隆幸（1993）：『高等学校化学ⅠA』，啓林館，85頁。
38）多木浩二（2003）：『写真論集成』，岩波書店，270-272頁。

39) Barke, H-D *et al.* (2011): *Essentials of Chemical Education*, Springer, pp. 111-112.

40) 対象教科書は，以下の通りである。分析の対象とした教科書は，教科書に付される教科書記号・番号のみを示し，（　）には発行年を記した。教科書に対応した教師用指導書も分析を行った。高理1035（1951），高理1063（1952），高理10-1013（1955），高理10-1026（1955），高理10-1031（1955），高理10-1046（1955），高理10-1048（1956），高理10-1050（1956），高理10-1066（1956），高理A-1015（1959），高理A-1000（1959），高理A-1010（1959），高理A-1011（1959），高理A-1001（1959），化学004（1962），化学007（1962），化学014（1963），化学012（1963），化学019（1963），化学015（1963），化学010（1963），化学031（1966），化学035（1966），化学038（1966），化学034（1966），化学048（1969），化学049（1969），化学056（1970），化学061（1970），化学414（1973），化学434（1976），化学437（1976），化学466（1979），化学474（1979），化学467（1979），化学475（1980），化学063（1992），化学046（1989），化学053（1991），化学055（1991），化学047（1989），化A518（1993），化A519（1993），化A520（1993），化A610（1997），化A521（1993），化Ⅱ002（2004），化Ⅱ001（2004），化Ⅱ003（2004），化Ⅱ004（2004），化Ⅱ005（2003），化Ⅱ006（2003）および，化Ⅱ007（2003）。

41) 分析に際しては，JustSystems 社のテキスト分析システムソフト MinningAssistant/R2を使用した。

42) 戦後の高校教育史については，以下の文献を参考にした。山口満（1995）：『教育課程の変遷からみた戦後高校教育史』，学事出版。

43) 柴田雄次（1952）：『化学新版解説と指導』，大日本図書，152頁。

44) 玉虫文一（1960）：『自然の探究化学新版指導書』，中教出版，165頁。

45) 野村祐次郎ほか（1997）：『高等学校化学ⅠA教授資料』，数研出版，120頁。

46) 化学Ⅱ編集委員会・東京書籍株式会社編集部編（2004）：『化学Ⅱ指導資料』，東京書籍，96-97頁。

47) 医薬品情報については，つぎのホームページを参照した。日本薬学会：薬学用語解説 http://www.pharm.or.jp/dictionary/（確認日：2019年1月10日）。

第5章

1) 総合科学技術会議（2006）：『化学物質リスク総合管理技術研究の現状』，41頁。

2) 渡辺徳二，林雄二郎（1974）：『日本の化学工業』，岩波書店，150-154頁。

3) 吉岡斉（1985）：『テクノトピアを超えて』，社会評論社，140-147頁。吉岡は，科学技術政策と技術の進展が密接に関連する日本の科学技術体制を，「通産省・産業界連合（MITI-industrial complex）」と呼ぶ。吉岡斉（1991）：『科学技術の暴走過程』，海鳴社，153頁。

4）この研究関心から日本の研究グループが，2001年12月6日，実験室規模の可視光領域における水分解光触媒の開発に成功した。
産業技術総合研究所：http://www.aist.go.jp/aist_j/press_release/pr20011206_1/pr20011206_1.html（確認日；2013年2月15日）。

5）原田正純（1992）：『水俣の視図』，立風書房，174-176頁。

6）井山によれば，科学のイメージの研究は，科学哲学，科学社会学，あるいはメディア論や文学史など多くの分野が交錯しあう複合領域で展開されていて，そのなかで，科学のイメージは，今や一国の科学政策を左右しかねない重要な因子となっている。井山弘幸，金森修（2000）：『現代科学論入門』，新曜社，123頁。

7）Anastas, P. T. and Warner, J. C. (1998): "*Green Chemistry: Theory and Practice*", Oxford University Press, preface p. 1. 日本化学会，化学技術戦略機構訳（1999）：『グリーンケミストリー』，丸善，序文1頁。

8）Barke, H-D *et al.* (2011): *Essentials of Chemical Education*, Springer, pp. 111-112.

9）Anastas, P. T. and Warner, J. C. (1998): *ibid.* p. 30. 日本化学会，化学技術戦略機構訳（1999）：前掲書，30頁。

10）村田純一（2009）：『技術の哲学』，岩波書店，99頁。

11）Pacey, A. (1983): *The Culture of Technology*, pp. 4-7, The MIT Press.

12）Feenberg, A.，直江清隆訳（2004）：『技術への問い』，岩波書店，284-285頁。

13）飯田賢一（1995）：『一語の辞典技術』，三省堂，25頁。

14）同上書，19-20頁。

15）村田純一（2009）：「技術哲学の展望」，岩波書店，『思想』，926号，38頁。

あとがき

本研究を進めるにあたって，多くの方々から御指導を賜った。謹んで御礼を申し上げたい。

学位請求論文審査主査の労をお取りいただいた，大髙泉先生（常磐大学教授，筑波大学名誉教授）には，筑波大学大学院修士課程在籍時から今日に至るまで，理科教育学研究の基礎のみならず大学人としての在り方をも御指導いただいている。予備知識もないまま筑波大学大学院修士課程に入り，工学から理科教育学に移ってきた私を温かく見守っていただき感謝している。筑波大学大学院博士課程在籍時にも，御指導いただき，研究に行き詰まったときには安堵して視界が開ける思いを何度も体験した。その恩義に応えるには本研究はまだまだ蕪雑であるものの，これをスタートラインとして精進し続けたい。

長洲南海男先生（筑波大学名誉教授）には，筑波大学大学院修士課程と博士課程において，公私にわたりご教示を賜った。熊野善介先生（静岡大学教授），丹沢哲郎先生（静岡大学副学長）には，学位請求論文執筆に専念できるように御助言と御配慮を賜った。深く感謝申し上げたい。

学位請求論文審査にあたって査読をいただいた，片平克弘先生（筑波大学人間系教授），甲斐雄一郎先生（筑波大学人間系教授），樋口直宏先生（筑波大学人間系教授），守橋健二先生（筑波大学数理物質系教授）には，大変お忙しいところ貴重なご助言を賜った。厚く御礼申し上げたい。

加藤幸夫先生（長岡技術科学大学名誉教授）には，学生時代，教育学を希望する私を鼓舞していただいた。杉原茂男先生（中部学院大学特任教授）には，筑波大学大学院修士課程在籍時から折に触れて激励していただいた。御厚情に感謝申し上げたい。

前任校の郡山女子大学短期大学部の故・関口富左名誉学園長，関口修理事長・学長，須田良子主任教授（当時）には，大学人としての基本的な心構え，立ち振る舞いを御教示いただいたうえ，対外的な大学教育活動について数多くのチャンスをいただいたことに感謝申し上げたい。

学友である数学教育学の牧野智彦氏（宇都宮大学准教授）と伊藤伸也氏（金沢大学准教授）とは，博士課程在籍時，同期として専門領域の枠を越えて昼夜を問わず常に議論ばかりしていた記憶がある。充実した時間を過ごすことができ，その場で培った知識，議論の技法，人間関係等々は今でも財産となっている。今後も変わらぬ御交誼をお願い申し上げたい。

本書を刊行するにあたっては風間書房の風間敬子社長から格段のお力添えを賜った。厚く御礼申し上げたい。編集担当の斉藤宗親様には的確なご対応をいただき，深謝申し上げたい。

もとより御世話になったすべての方々に御礼を申し上げることは物理的にできないものの，理科教育研究・実践の課題に遭遇する度に，御世話になった皆様に相談できることが私の拠り所となっている。感謝の念に堪えない。

本書は独立行政法人日本学術振興会平成30年度科学研究費助成事業（科学研究費補助金）（研究成果公開促進費　課題番号　18HP5227）の助成をいただき刊行されたものである。

2019年１月

郡司賀透

著者略歴

郡司賀透(ぐんじ　よしゆき)

茨城工業高等専門学校卒業
長岡技術科学大学工学部卒業
筑波大学大学院教育研究科教科教育専攻(修士課程)修了
筑波大学大学院教育学研究科(一貫制博士課程)単位取得満期退学
郡山女子大学短期大学部講師，准教授を経て，2013年10月より現職
現在　静岡大学学術院教育学領域准教授
博士(教育学)(筑波大学)

理科教育における化学工業教材の意義と変遷

2019年2月8日　初版第1刷発行

著者　郡　司　賀　透

発行者　風　間　敬　子

発行所　株式会社 風　間　書　房

〒101-0051　東京都千代田区神田神保町 1-34
電話 03(3291)5729　FAX 03(3291)5757
振替 00110-5-1853

印刷　太平印刷社　　製本　高地製本所

NDC 分類：375

ISBN978-4-7599-2272-1　Printed in Japan